普通高等教育规划教材

客户关系管理

主编 胡 英 丁思颖
参编 马连奇 陈 琳 马雪迎

机械工业出版社

本书是为普通高等院校应用型本科的教学编写的,理论与实践相结合,内容翔实,深入浅出,通俗易懂,结构合理,紧紧围绕如何策划和实践企业客户关系管理这一主线,以企业与客户之间的关系作为研究对象,灵活运用管理学、人际关系学、市场营销学等相关理论,在简述客户关系管理相关理论的基础上,重点介绍了如何建立、如何实施、如何维护客户关系,以及客户关系管理的理念、策略和操作技巧,读者通过解读成功企业的客户关系管理实践,可以更好地理解和认识管理客户关系的真谛。

本书主要作为应用型本科、高职高专市场营销、电子商务和经济管理类其他专业的教材,也可供销售行业与服务行业的管理工作者参考。

图书在版编目(CIP)数据

客户关系管理/胡英,丁思颖主编. —北京:机械工业出版社,2017.12 (2019.8重印)

普通高等教育规划教材

ISBN 978-7-111-58838-2

Ⅰ. ①客⋯ Ⅱ. ①胡⋯ ②丁⋯ Ⅲ. ①企业管理—供销管理—高等学校—教材 Ⅳ. ①F274

中国版本图书馆 CIP 数据核字(2017)第 320460 号

机械工业出版社(北京市百万庄大街22号 邮政编码100037)
策划编辑:曹俊玲 责任编辑:曹俊玲 何 洋
责任校对:黄兴伟 封面设计:张 静
责任印制:郜 敏
北京中兴印刷有限公司印刷
2019年8月第1版第3次印刷
184mm×245mm・11.5印张・248千字
标准书号:ISBN 978-7-111-58838-2
定价:29.00元

凡购本书,如有缺页、倒页、脱页,由本社发行部调换

电话服务	网络服务
服务咨询热线:010-88379833	机 工 官 网:www.cmpbook.com
读者购书热线:010-88379649	机 工 官 博:weibo.com/cmp1952
	教育服务网:www.cmpedu.com
封面无防伪标均为盗版	金 书 网:www.golden-book.com

前 言

当今企业的竞争已经从过去的以产品竞争为中心转向以客户竞争为中心，人们越来越深刻地认识到，客户是企业的一项重要资源。进入21世纪后，经济全球化和互联网技术的发展越发注定了这是以服务取胜的时代。市场竞争的加剧，尤其是处于竞争性强的产业的企业，更加注重客户的反应，"客户是上帝""客户资源成为企业发展的生命线""谁真正了解客户，拥有客户，谁就能赢得一切"等观念正逐步深入人心。

可以说，哪个企业能够准确把握客户的需求并及时提供相应的产品或服务，哪个企业就能赢得客户的心，从而提高企业的盈利水平。客户关系管理已经成为企业扩大市场占有率、提升企业运营效率、增强核心竞争力的重要手段之一。由此可见，客户关系管理理论作为一种吸引客户、保留客户、提高客户满意度的管理方法，已经成为企业在激烈的市场竞争中保持竞争能力并求得发展的关键，成为企业竞争优势的重要源泉。

客户关系管理是企业赢得长久竞争优势的根本。如何进行卓有成效的客户关系管理，是众多企业和从业人员面临的一大难题。编写本书的作者具有市场营销专业背景和在企业经营管理的实战经验，有较丰富的客户关系管理的实践经验和工作体会。本书是为普通高等院校应用型本科的教学编写的，理论与实践相结合，内容翔实，深入浅出，通俗易懂，结构合理，紧紧围绕如何策划和实践企业客户关系管理这一主线，以企业与客户之间的关系作为研究对象，灵活运用管理学、人际关系学、市场营销学等相关理论，在简述客户关系管理相关理论的基础上，重点介绍了如何建立、如何实施、如何维护客户关系，以及客户关系管理的理念、策略和操作技巧，读者通过解读成功企业的客户关系管理实践，可以更好地理解和认识管理客户关系的真谛。本书主要作为应用型本科、高职高专市场营销、电子商务和经济管理类其他专业的教材，也可供销售行业与服务行业的管理工作者参考。

本书由北京工商大学嘉华学院的胡英负责全书的整体策划和最后的统稿及修改，参与编写的还有北京工商大学嘉华学院的丁思颖、马连奇、陈琳、马雪迎。具体分工如下：胡英编写第1、2、11章，陈琳编写第3、4章，马连奇编写第5、6章，丁思颖编写第7、8章，马雪迎编写第9、10章。

在此，我们对关心本书编写的各位专家表示感谢，对在编写过程中所参考资料的作者深表谢意。本书在引用参考时可能有所遗漏或无法注明原作者及来源信息，在此深表歉意。

由于客户关系管理是一个新兴的研究领域，其理论和实践仍然处于不断发展的过程中，加上编者水平有限，书中疏漏、不足甚至错误之处在所难免，恳请读者不吝赐教和批评指正。

编　者

目录

前　言
第1章　客户关系管理概述 1
　本章学习重点 1
　1.1　客户关系管理的产生及含义 1
　　1.1.1　客户关系管理的产生 2
　　1.1.2　客户关系管理的含义 4
　1.2　客户关系管理的类型 7
　　1.2.1　按目标客户分类 7
　　1.2.2　按应用集成度分类 8
　　1.2.3　按系统功能分类 8
　1.3　客户关系管理的意义与研究内容 9
　　1.3.1　企业管理客户关系的意义 9
　　1.3.2　客户关系管理的研究内容 12
　　1.3.3　客户关系管理的发展趋势 13
　本章小结 15
　复习思考题 16
第2章　客户识别与选择 19
　本章学习重点 19
　2.1　为什么要进行客户识别 20
　　2.1.1　客户识别的基本概念 20
　　2.1.2　客户识别的内容 20
　　2.1.3　如何识别客户 22
　　2.1.4　客户识别的意义 22
　2.2　客户选择的策略 23
　　2.2.1　不是所有的客户都会给企业带来利润 23
　　2.2.2　正确选择客户是成功开发客户的前提 24
　　2.2.3　对目标客户的正确选择是成功实现客户忠诚的前提 24
　　2.2.4　目标客户的选择有助于准确定位企业及树立良好的形象 25

2.3 如何甄别优质客户 ·· 25
 2.3.1 优质客户与劣质客户的标准 ·························· 26
 2.3.2 大客户不等于优质客户 ····························· 27
 2.3.3 小客户可能是优质客户 ····························· 28
2.4 选择客户的指导思想 ·· 28
 2.4.1 选择与企业定位一致的客户 ·························· 29
 2.4.2 选择优质客户 ···································· 29
 2.4.3 选择有潜力的客户 ································ 29
 2.4.4 选择"门当户对"的客户 ···························· 30
 2.4.5 选择与忠诚客户具有相似特征的客户 ···················· 31
本章小结 ·· 32
复习思考题 ·· 32

第3章 潜在客户开发 ·· 36
本章学习重点 ·· 36
3.1 营销导向的开发策略 ·· 37
 3.1.1 有吸引力的产品或服务 ····························· 37
 3.1.2 有吸引力的价格或收费 ····························· 43
 3.1.3 有吸引力的购买渠道 ······························ 46
 3.1.4 有吸引力的促销方案 ······························ 47
3.2 推销导向的开发策略 ·· 51
 3.2.1 如何寻找客户 ···································· 51
 3.2.2 如何说服客户 ···································· 56
本章小结 ·· 60
复习思考题 ·· 60

第4章 构建客户信息库 ·· 62
本章学习重点 ·· 62
4.1 客户信息的重要性 ·· 62
 4.1.1 客户信息是企业决策的基础 ·························· 62
 4.1.2 客户信息是客户分级的基础 ·························· 63
 4.1.3 客户信息是客户沟通的基础 ·························· 63
 4.1.4 客户信息是客户满意的基础 ·························· 64
4.2 应当掌握客户的哪些信息 ····································· 64
 4.2.1 个人客户的信息 ·································· 64
 4.2.2 企业客户的信息 ·································· 66
4.3 收集客户信息的渠道 ·· 66
 4.3.1 直接渠道 ······································· 66
 4.3.2 间接渠道 ······································· 67

4.4 运用数据库管理客户信息 ·· 68
    4.4.1 运用数据库可以深入分析客户的消费行为 ··· 68
    4.4.2 运用数据库可以对客户开展一对一的营销 ·· 68
    4.4.3 运用数据库可以实现客户服务及管理的自动化 ······································ 69
    4.4.4 运用数据库可以实现对客户的动态管理 ··· 69
本章小结 ·· 69
复习思考题 ··· 70

第5章 客户的分级管理 ·· 71
本章学习重点 ··· 71
5.1 为什么对客户进行分级管理 ·· 71
    5.1.1 不同的客户带来的价值不同 ·· 72
    5.1.2 必须根据客户的不同价值分配不同的资源 ·· 72
    5.1.3 客户分级是有效进行客户沟通、实现客户满意的前提 ··························· 72
5.2 如何对客户进行分级 ·· 72
    5.2.1 关键客户 ··· 72
    5.2.2 次要客户 ··· 73
    5.2.3 普通客户 ··· 73
    5.2.4 小客户 ·· 73
5.3 如何管理各级客户 ··· 74
    5.3.1 关键客户的管理 ··· 74
    5.3.2 次要客户的管理 ··· 74
    5.3.3 普通客户的管理 ··· 75
    5.3.4 小客户的管理 ·· 75
本章小结 ·· 76
复习思考题 ··· 76

第6章 客户沟通管理 ··· 79
本章学习重点 ··· 79
6.1 客户沟通的作用、内容与策略 ·· 81
    6.1.1 客户沟通的作用 ··· 81
    6.1.2 客户沟通的内容 ··· 82
    6.1.3 客户沟通的策略 ··· 82
6.2 企业与客户沟通的途径 ·· 83
    6.2.1 通过人员与客户沟通 ·· 83
    6.2.2 通过活动与客户沟通 ·· 83
    6.2.3 通过信函、电话、电子邮件、微信、呼叫中心等方式与客户沟通 ·········· 83
    6.2.4 通过广告与客户沟通 ·· 83
    6.2.5 通过公共宣传及企业的自办宣传物与客户沟通 ······································ 84

6.2.6 通过包装与客户沟通 ………………………………………………………… 84
6.3 客户与企业沟通的途径 …………………………………………………………… 84
　　6.3.1 开通免费投诉电话、24h 投诉热线或网上投诉等 ………………………… 84
　　6.3.2 设置意见箱、建议箱、意见簿、意见表、意见卡及电子邮箱等 ………… 84
　　6.3.3 建立有利于客户与企业沟通的制度 …………………………………… 84
6.4 如何处理客户投诉 ………………………………………………………………… 85
　　6.4.1 客户投诉的原因 ………………………………………………………… 85
　　6.4.2 为什么要重视客户投诉 …………………………………………………… 85
　　6.4.3 处理客户投诉的四部曲 …………………………………………………… 86
　　6.4.4 提高处理客户投诉的质量 ………………………………………………… 86
本章小结 …………………………………………………………………………………… 87
复习思考题 ………………………………………………………………………………… 87

第7章 客户满意度管理 …………………………………………………………………… 89
本章学习重点 …………………………………………………………………………… 89
7.1 客户满意度指数模型 ……………………………………………………………… 89
　　7.1.1 客户满意度指数模型的起源 …………………………………………… 89
　　7.1.2 客户满意度指数模型简介 ……………………………………………… 90
　　7.1.3 国外几个典型的客户满意度指数模型 ………………………………… 90
　　7.1.4 中国的客户满意度指数模型 …………………………………………… 92
7.2 客户的购买决策过程 ……………………………………………………………… 93
　　7.2.1 购买决策模型 …………………………………………………………… 93
　　7.2.2 购买决策的几个阶段 …………………………………………………… 95
　　7.2.3 影响消费者购买决策的因素 …………………………………………… 95
7.3 客户需求结构 ……………………………………………………………………… 96
　　7.3.1 客户需求获取 …………………………………………………………… 97
　　7.3.2 市场细分 ………………………………………………………………… 98
7.4 客户期望 …………………………………………………………………………… 99
7.5 客户对质量的感知 ………………………………………………………………… 99
7.6 客户对价值的感知 ………………………………………………………………… 100
7.7 客户满意度 ………………………………………………………………………… 101
　　7.7.1 客户满意度概述 ………………………………………………………… 101
　　7.7.2 影响客户满意度的主要因素 …………………………………………… 102
7.8 客户抱怨 …………………………………………………………………………… 103
　　7.8.1 客户抱怨的概念 ………………………………………………………… 103
　　7.8.2 客户产生抱怨的原因 …………………………………………………… 103
　　7.8.3 处理好客户抱怨的意义 ………………………………………………… 103
　　7.8.4 处理客户抱怨的原则 …………………………………………………… 104

7.9 客户满意度指数测评指标体系 ··· 104
   7.9.1 测评指标体系的组成 ··· 104
   7.9.2 测评指标的量化 ··· 105
   7.9.3 测评指标权重的确定 ··· 106
   7.9.4 建立测评指标体系的步骤 ··· 106
本章小结 ··· 107
复习思考题 ··· 107

第8章 客户的忠诚管理 ·· 111
本章学习重点 ··· 111
8.1 客户忠诚概述 ··· 112
   8.1.1 客户忠诚的概念 ··· 112
   8.1.2 客户忠诚的重要性 ··· 113
8.2 客户忠诚分析 ··· 114
   8.2.1 客户忠诚的类型分析 ··· 114
   8.2.2 超值服务 ·· 116
   8.2.3 客户忠诚的成分 ··· 117
   8.2.4 客户忠诚度指标体系 ··· 117
8.3 客户满意与客户忠诚的关系 ·· 119
   8.3.1 客户满意与客户忠诚关系的静态分析 ························· 119
   8.3.2 客户满意与客户忠诚关系的动态分析 ························· 119
本章小结 ··· 121
复习思考题 ··· 121

第9章 客户生命周期管理 ·· 123
本章学习重点 ··· 123
9.1 客户生命周期理论 ·· 124
   9.1.1 研究客户生命周期理论的意义 ··································· 124
   9.1.2 客户生命周期理论的基本观点 ··································· 124
   9.1.3 客户生命周期的阶段划分 ·· 125
   9.1.4 客户生命周期的模式类型 ·· 127
9.2 客户生命周期各阶段的客户特点及客户价值分析 ···················· 130
   9.2.1 客户生命周期各阶段的客户特点 ······························· 130
   9.2.2 客户价值分析 ·· 132
9.3 客户维系策略 ··· 134
   9.3.1 客户维系的必要性 ··· 135
   9.3.2 客户维系策略的作用 ··· 136
   9.3.3 客户维系策略的内容 ··· 137
   9.3.4 客户维系策略的层次 ··· 138
   9.3.5 客户维系策略的效果评价 ·· 139

本章小结 ·· 140
复习思考题 ··· 141

第10章 客户的流失与挽回 ·· 143
本章学习重点 ··· 143
10.1 客户流失的原因 ··· 144
10.1.1 企业自身的原因 ·· 144
10.1.2 客户自身的原因 ·· 146
10.2 客户流失的分类 ··· 146
10.3 如何看待客户流失 ·· 147
10.3.1 客户流失会给企业带来很大的负面影响 ······································· 147
10.3.2 有些客户流失是不可避免的 ·· 148
10.3.3 流失的客户有被挽回的可能 ·· 148
10.4 区别对待不同的流失客户 ··· 148
10.4.1 对流失的关键客户要极力挽回 ··· 148
10.4.2 对流失的次要客户要全力挽回 ··· 149
10.4.3 对流失的普通客户要尽力挽回 ··· 149
10.4.4 对流失的小客户可见机行事 ·· 149
10.4.5 彻底放弃根本不值得挽留的劣质客户 ··· 149
10.5 挽回流失客户的策略 ·· 149
10.5.1 挽回流失客户的原则 ··· 149
10.5.2 挽回流失客户的措施 ··· 150
本章小结 ·· 153
复习思考题 ··· 154

第11章 客户关系管理与企业文化和核心竞争力 ····································· 156
本章学习重点 ··· 156
11.1 企业核心竞争力 ··· 157
11.1.1 什么是企业核心竞争力 ·· 157
11.1.2 如何界定企业核心竞争力 ·· 158
11.1.3 如何建设企业核心竞争力 ·· 159
11.2 如何通过客户关系管理打造企业核心竞争力 ································· 161
11.3 客户关系管理与企业文化建设 ··· 161
11.3.1 企业文化及其特征 ·· 161
11.3.2 企业文化的主要功能 ··· 162
11.3.3 企业文化对客户关系管理实施的影响 ··· 164
11.3.4 客户关系管理如何改进企业文化 ·· 165
本章小结 ·· 166
复习思考题 ··· 167

参考文献 ·· 171

第 1 章 客户关系管理概述

本章学习重点

1. 了解客户关系管理的发展历程及其未来的发展趋势
2. 熟悉客户关系管理系统的分类
3. 掌握客户关系管理的内涵及其作用

案例导入

汽车交易市场的经营思路

A 市汽车交易市场地处交通要道，与 A 市公安局车辆管理所毗邻，占地面积 20000m²，2016 年的年汽车销售量超过 10000 辆，是 A 市名副其实的汽车销售的龙头老大。但与此同时，汽车市场的内部管理也暴露出很多问题，主要表现在客户投诉居高不下，二手车价格欺诈现象屡禁不止，经销商之间恶意竞争，服务水平没有明显提高。面对 2017 年汽车销售的严峻宏观形势，面对 A 市各 4S 店良好的品牌优势，总经理陈波不得不思考汽车交易市场的客户关系管理问题。

问题：假如你是总经理陈波，你如何解决 A 市汽车交易市场的客户关系管理问题？

针对客户投诉居高不下的情况，可以运用客户关系管理知识，选择专业的客户关系管理系统协助处理。

（资料来源：子秋. 本土客户关系管理案例精解——金牌客服系列［M］. 广州：广东经济出版社，2005.）

1.1 客户关系管理的产生及含义

进入 21 世纪，随着全球经济一体化进程的加快和竞争的加剧，科学技术高度发展，逐步改变了社会生产能力的不足和商品短缺的局面，商品极其丰富甚至过剩，消费者的选择余地和选择权利显著增强，同时出现了消费者对个性化的强烈需求。因此，企业为了生存，必须完整地掌握客户信息，准确地把握客户需求，快速响应市场，提供便捷的购买渠道和完善的客户服务，以提高客户满意度和忠诚度，使得客户关系管理得到迅速发展。

1.1.1 客户关系管理的产生

客户关系管理（Customer Relationship Management，CRM）最早起源于西方的市场营销理论，产生和发展在美国，由美国高德纳咨询公司（Gartner Group）提出。自1997年开始，经过几年的发展，全球的CRM市场一直处于爆炸性的快速增长之中。1999年，全球的CRM市场收益约为76亿美元，2000年全球CRM市场收益超过120亿美元，2004年已经达到670亿美元，2014年已将近3000亿美元，年增长率一直保持在50%以上。如今在云计算、大数据和物联网等技术的推动下，全球CRM实现了快速飞跃发展。目前，我国的CEM市场也已开始启动。我国中小企业有非常大的市场潜力，伴随着市场环境的变化和高成长性，将为面向中小企业CRM市场的专业厂商提供广阔的市场空间。像企业资源计划（ERP）、电子商务等一样，CRM在我国的发展也经历了从概念传入到市场启动这样一个过程，对推动我国信息化建设将发挥积极的作用。

目前，对CRM还没有一个统一的表述，但就其功能来看，CRM是通过采用信息技术，将企业市场营销、销售管理、客户服务和支持等经营流程信息化，实现客户资源有效利用的管理软件系统。其核心思想是以客户为中心，提高客户满意度，改善客户关系，从而提高企业的竞争力。那么，CRM究竟是什么呢？

客户关系管理（CRM）产生的原因主要是需求的拉动。放眼看去，一方面，很多企业在信息化方面已经做了大量工作，收到了很好的经济效益；另一方面，一个普遍的现象是，在很多企业，销售、营销和服务部门的信息化程度越来越不能适应业务发展的需要，越来越多的企业要求提高销售、营销和服务的日常业务的自动化和科学化水平。这是客户关系管理应运而生的需求基础。

仔细地倾听一下，我们会从销售人员、营销人员、服务人员、顾客和企业销售经理那里听到各种声音：

（1）来自销售人员的声音。从市场部提供的客户线索中很难找到真正的客户，我常在这些线索上花费大量时间。我是不是应该自己来找线索？出差在外，要是能看到公司计算机里的客户、产品信息就好了。我这次面对的是一个老客户，应该给他报价才能留住他呢？

（2）来自营销人员的声音。去年在营销上的开销是2000万元，我怎样才能知道这2000万元的回报率？在展览会上，我们一共收集了4700张名片，怎么利用它们才好？展览会上，我向1000多人发放了公司资料，这些人对我们的产品看法怎样？其中有多少人已经与销售人员接触了？我应该和那些真正的潜在购买者多接触，但我怎么能知道谁是真正的潜在购买者？我怎么才能知道其他部门的同事和客户的联系情况，以防止重复地给客户发放相同的资料？有越来越多的人访问过我们的站点了，但我怎么才能知道这些人是谁？我们的产品系列很多，他们究竟想买什么产品？

（3）来自服务人员的声音。其实很多客户提出的计算机故障都是自己的误操作引起的，很多情况下都可以自己解决，但回答这种类型客户的问题占去了工程师的很多时间，工作枯燥而无聊。怎么其他部门的同事都认为我们售后服务部门只是花钱而挣不来钱？

（4）来自客户的声音。我从企业的两个销售人员那里得到了同一产品的不同报价，哪个才是可靠的？我以前买的东西现在出了问题，这些问题还没有解决，怎么又来上门推销？一个月前，我通过企业的网站发了一封电子邮件，要求销售人员和我联系一下，怎么到现在还是没人理我？我已经提出不希望某企业再给我发大量的宣传邮件了，怎么情况并没有改变？我报名参加企业网站上登出的一场研讨会，但一直没有收到确认信息。研讨会这几天就要开了，我是去还是不去？为什么我的维修请求提出一个月了，还是没有等到上门服务？

（5）来自企业销售经理的声音。有个客户半小时以后就要来谈最后的签单事宜，但一直跟单的人最近辞职了，而我作为销售经理，对与这个客户联系的来龙去脉还一无所知，真急人。有三个销售人员都和这个客户联系过，我怎么知道他们都给客户承诺过什么？现在手上有个大单子，该派哪个销售人员才能放心呢？这次的产品维修技术要求很高，我是一个新经理，该派哪一个维修人员呢？

上面的问题可归纳为两个方面：其一，企业的销售、营销和客户服务部门难以获得所需的客户互动信息；其二，来自销售、客户服务、市场、制造、库存等部门的信息分散在企业内，这些零散的信息使得企业员工无法对客户有全面的了解，各部门难以在统一信息的基础上面对客户。这需要各部门对面向客户的各项信息和活动进行集成，组建一个以客户为中心的企业，实现对面向客户的活动的全面管理。

可是，随着竞争的压力越来越大，在产品质量、供货及时性等方面，很多企业已经没有多少潜力可挖。而上面问题的解决将大大有利于企业竞争力的提高，有利于企业赢得新客户、保留老客户和提高客户利润贡献度。对于很多企业，特别是那些已经有了相当的管理基础和信息基础的企业来说，现在，这个时刻已经来临了。

实际上，正如所有的"新"管理理论一样，客户关系管理绝不是什么新概念，它只是在新形势下获得了新内涵。例如，你家门口的小吃店老板会努力记住你喜欢吃辣这种信息，当你点了一份炒面时，他会征求你的意见，要不要加辣椒。但如果你到一个大型的快餐店（假如这家店有300个座位）时，就不会得到这种待遇了，即使你每天都去一次。为什么呢？最重要的原因是，如果要识别每个客户，快餐店要收集和处理的客户信息量是小吃店的数倍，超出了企业的信息收集和处理能力。而如今信息技术的发展使得这种信息应用成为可能：

（1）企业的客户可通过电话、传真、网络等访问企业，进行业务往来。

（2）任何与客户打交道的员工都能全面了解客户关系，根据客户需求进行交易，了解如何对客户进行纵向和横向销售，记录自己获得的客户信息。

（3）能够对市场活动进行规划、评估，对整个活动进行360°的透视。

（4）能够对各种销售活动进行追踪。

（5）系统用户可不受地域限制，随时访问企业的业务处理系统，获取客户信息。

（6）拥有对市场活动、销售活动的分析能力。

（7）能够从不同角度提供成本、利润、生产率、风险率等信息，并对客户、产品、职能部门、地理区域等进行多维分析。

上面的所有功能都是围绕客户展开的。与"客户就是上帝"这种可操作性不强的口号相比，这些功能把对客户的尊重落到了实处。客户关系管理的重要性就在于它把客户单独列了出来，并围绕客户做文章。

1. 技术的推动

计算机、通信技术、网络应用的飞速发展使得上面的想法不再停留在梦想阶段。办公自动化程度、员工计算机应用能力、企业信息化水平、企业管理水平的提高都有利于客户关系管理的实现。很难想象，一个管理水平低下、员工服务意识落后、信息化水平很低的企业从技术上实现客户关系管理。有一种说法很有道理：客户关系管理的作用是锦上添花。现在，信息化、网络化的理念在我国很多企业中已经深入人心，很多企业已经有了相当的信息化基础。

电子商务在全球范围内正开展得如火如荼，逐渐改变着企业做生意的方式。通过互联网，可开展营销活动，向客户销售产品，提供售后服务，收集客户信息。重要的是，成本很低。

客户信息是客户关系管理的基础。数据仓库、商业智能、知识发现等技术的发展，使得收集、整理、加工和利用客户信息的质量大大提高。在这方面，可以看一个经典的案例：美国最大的超市——沃尔玛对顾客的购买清单信息的分析表明，啤酒和尿布经常同时出现在顾客的购买清单上。原来，美国很多男士在为小孩买尿布的时候，还要为自己捎带上几瓶啤酒。而在超市的货架上，这两种商品离得很远。因此，沃尔玛超市就重新分布货架，即把啤酒和尿布放得很近，使得购买尿布的男人很容易看到啤酒，最终使得啤酒的销量大增。这就是著名的"啤酒与尿布"的数据挖掘案例。

在可以预期的将来，我国企业的通信成本将会降低，这将推动互联网、电话的进一步发展，进而推动呼叫中心的发展。网络和电话的结合，使得企业能够以统一的平台面对客户。

2. 管理理念的更新

经过多年的发展，市场经济的观念已经深入人心。当前，一些先进企业的重点正在经历着从以产品为中心向以客户为中心转移。有人提出了客户联盟的概念，也就是与客户建立共同获胜的关系，达到双赢的目的，而不是千方百计地从客户身上谋取自身的利益。

现在是一个变革的时代、创新的时代，比竞争对手领先一步，而且仅仅一步，就可能意味着成功。业务流程的重新设计为企业的管理创新提供了一个工具。在引入客户关系管理的理念和技术时，不可避免地要对企业原来的管理方式进行改变，变革、创新的思想将有利于企业员工接受变革，而业务流程重组则提供了具体的思路和方法。

在互联网时代，仅凭传统的管理思想已经不能满足企业发展的要求了。互联网带来的不仅是一种手段，它触发了企业的组织架构、工作流程的重组以及整个社会管理思想的变革。

1.1.2 客户关系管理的含义

客户关系管理（CRM）是指通过培养企业的最终客户、分销商和合作伙伴对企业及其产品更积极的偏爱和喜好，留住他们，并以此提升企业业绩的一种营销策略。客户关系管理首先是一个管理理念。CRM 的核心思想是将企业的客户（包括最终客户、分销商和合作伙伴）作为最重要的资源，通过完善的客户服务和深入的客户分析来满足客户的需要，保证实现客户的终身价值。客户关系管理也是一种旨在改善企业和客户之间关系的管理机制。CRM实施于企业的销售、服务与技术支持等与客户相关的领域，通过向企业的市场营销和相关技术人员提供全面、个性化的客户资料，强化跟踪服务与信息服务的能力，建立和维护企业与客户及合作伙伴之间一对一的关系，从而使企业提供更快捷和周到的服务，提高客户满意度，吸引和保持更多的客户，增加销售额。另外，通过信息共享和优化商业流程来有效地降低企业的经营成本。客户关系管理还是一种管理软件和技术。CRM将最佳商业实践与数据挖掘、数据仓库、销售自动化以及其他信息技术紧密地结合在一起，为企业的销售、客户服务和决策提供一个业务自动化的解决方案，使企业建立面对客户的服务系统，从而实现由传统企业模式向以电子商务为基础的现代企业模式的转变。

总之，理念是CRM成功的关键，是CRM实施应用的基础；信息系统、技术是CRM成功实施的手段和方法；管理是决定CRM成功与否、效果如何的直接因素。

客户关系管理的目的在于，促使企业从以一定的成本取得新客户转变为想方设法留住现有客户，从取得市场份额转变为取得客户份额，从发展一种短期的交易转变为开发客户的终身价值。

CRM概念引入我国已有数年，其字面意思是客户关系管理，但其深层的内涵却有许多的解释。以下摘录国外研究CRM的几位专家对CRM的不同定义，通过这些定义，可以对CRM有一个初步的认识。

从字义上看，客户关系管理是企业管理与客户之间的关系。CRM是选择和管理有价值客户及其关系的一种商业策略，它要求以客户为中心的商业哲学和企业文化来支持有效的市场营销、销售与服务流程。如果企业拥有正确的领导、策略和企业文化，CRM应用将为企业实现有效的客户关系管理。

CRM是一个获取、保持和增加可获利客户的方法和过程。CRM既是一种崭新的、国际领先的、以客户为中心的企业管理理论、商业理念和商业运作模式，也是一种以信息技术为手段，有效提高企业收益、客户满意度、员工生产力的具体软件和实现方法。

CRM的实施目标就是通过全面提升企业业务流程的管理水平来降低企业成本，通过提供更快速和周到的优质服务来吸引和保持更多的客户。作为一种新型管理机制，CRM极大地改善了企业与客户之间的关系，实施于企业的市场营销、销售、服务与技术支持等与客户相关的领域。

随着4G移动网络的部署，CRM已经进入了移动时代。移动CRM系统就是一个集4G移动技术、智能移动终端、VPN、身份认证、地理信息系统（GIS）、Web Service（Web服务）、商业智能等技术于一体的移动客户关系管理产品。移动CRM将原有CRM系统上的客户资源管理、销售管理、客户服务管理、日常事务管理等功能迁移到手机上。它既可以像一般的CRM产品一样，在企业的局域网里进行操作，也可以在员工外出时，通过手机进行操作。客户只需下载手机版软件，然后安装在手机上，就可以直接使用了。使用计算机申请的组织名和账户名就能直接使用该系统。这样客户不仅可以随时查看信息，而且可以通过手机给企业内部人员下达工作指示，同时也可以使用平台所提供的所有功能。

直到今天，云计算的全球化使得传统 CRM 软件已逐渐被 Web CRM（又称为"在线 CRM""托管型 CRM""按需 CRM"）超越，越来越多的客户倾向于采用 Web 来管理 CRM 业务应用程序。

作为解决方案（Solution）的客户关系管理（CRM），集合了当今最新的信息技术，包括互联网和电子商务、多媒体技术、数据仓库和数据挖掘、专家系统和人工智能、呼叫中心等。作为一个应用软件的客户关系管理（CRM），凝聚了市场营销的管理理念。市场营销、销售管理、客户关怀、服务和支持构成了 CRM 软件的基石。

综上，客户关系管理（CRM）有三层含义：

（1）CRM 体现为新型企业管理的指导思想和理念。

（2）CRM 是创新的企业管理模式和运营机制。

（3）CRM 是企业管理中信息技术、软硬件系统集成的管理方法和应用解决方案的总和。

CRM 是什么？最早提出该概念的高德纳咨询公司认为，所谓的客户关系管理，就是为企业提供全方位的管理视角，赋予企业更完善的客户交流能力，最大化客户的收益率。

（1）CRM 是一项经商策略，通过选择和管理客户达到最大的长期价值。CRM 需要用以客户为中心的经商哲学和文化来支持有效的市场推广、营销和服务过程。企业只要具备了合适的领导、策略和文化，应用 CRM 可以促成具有效益的客户关系管理。

（2）CRM 是关于发展和推广经商的策略和支持科技，以填补企业在获取、增长和保留客户方面的缺口。它可以为企业做什么？CRM 可以提高资产回报率。在此，资产是指客户和潜在客户基础。

（3）CRM 是信息行业用语，是指有助于企业有组织地管理客户关系的方法、软件以至互联网设施。例如，企业建造一个客户数据库充分描述关系。因此，管理层、营业员、服务供应人员甚至客户均可获得信息，提供合乎客户需要的产品和服务，提醒客户服务要求，并可获知客户选购了其他产品。

（4）CRM 是一种基于互联网的应用系统。它通过对企业业务流程的重组来整合用户信息资源，以更有效的方法来管理客户关系，在企业内部实现信息和资源的共享，从而降低企业的运营成本，为客户提供更经济、快捷、周到的产品和服务，保持和吸引更多的客户，以求最终达到企业利润最大化的目的。

（5）CRM 是一项综合的 IT 技术，也是一种新的运作模式。它源于"以客户为中心"的新型商业模式，是一种旨在改善企业与客户关系的新型管理机制。它是一项企业经营战略，企业据此赢得客户，并且留住客户，让客户满意。通过技术手段增强客户关系，进而创造价值，最终提高利润增长的上限和底线，是客户关系管理的焦点问题。当然，CRM 系统能否真正发挥其应有的功效，还取决于企业是否真正理解了"以客户为中心"的 CRM 理念，这一理念是否贯彻到了企业的业务流程中，是否真正提高了客户满意度，等等。

（6）CRM 是企业为提高核心竞争力，达到竞争制胜、快速成长的目的，树立以客户为中心的发展战略，并在此基础上展开的包括判断、选择、争取、发展和保持客户所需的全部商业过程。它是企业以客户关系为重点，通过开展系统化的客户研究，通过优化企业组织体系和业务流程，提高客户满意度和忠诚度，提高企业效率和利润水平的工作实践；也是企业在不断改进与客户关系的全部业务流程，最终实现电子化、自动化运营目标的过程中所创造并使用的先进的信息技术、软硬件和优化管理方法、解决方案的总和。

（7）CRM 的主要含义就是通过对客户详细资料的深入分析，来提高客户的满意程度，从而提高企业的竞争力的一种手段。客户关系是指围绕客户生命周期发生、发展的信息归集。客户关系管理的核心是客户价值管理，通过"一对一"营销原则，满足不同价值客户的个性化需求，提高客户忠诚度和保有率，实现客户价值持续贡献，从而全面提升企业的盈利能力。

在国内，当一个企业开始关注客户关系管理时，往往也伴随着业务流程的调整，通过引入先进的营销管理理念、可借鉴的流程制度以及自动化工具，来实现企业的战略目标。

客户关系管理的工具一般简称为 CRM 软件。其实施起来有一定的风险，超过半数的企业在系统实施一段时间之后就将软件束之高阁。

从软件关注的重点来看，CRM 软件分为操作型和分析型两大类，当然也有两者并重的。操作型更加关注业务流程、信息记录，提供便捷的操作和人性化的界面，而分析型往往基于大量的企业日常数据，对数据进行挖掘分析，找出客户、产品、服务的特征，从而修正企业的产品策略和市场策略。

从软件的技术层面来看，CRM 软件主要以托管型为主。如何消除数据安全方面的担忧，是托管型 CRM 面临的最大难题；如何说服一个成熟企业将核心数据放置在企业可控制范围之外，是托管型 CRM 能走多远的重点。

1.2 客户关系管理的类型

CRM 的分类不论对于供应商或者企业实施者，都具有重要的意义。随着 CRM 市场的推进，CRM 越来越多，这种变化不仅包括 CRM 种类繁多，还表现为它们的功能、特性越来越复杂。因此，想要成功地研发或实施 CRM，首先对其要有全面的认识，而如何区分 CRM 的种类是最基本的。以下通过三个方面划分 CRM。

1.2.1 按目标客户分类

由于不同的企业或同一企业的不同部门或分支机构有着不同的商务需要和不同的技术基础设施，因此，根据客户的行业特征和企业规模来划分目标客户群，是大多数 CRM 的基本分类方式。在企业应用中，越是高端应用，行业差异越大，客户对行业化的要求也越高，因而有一些专门的行业解决方案。例如，银行、电信、大型零售商等 CRM 应用解决方案。而对中低端应用，一般采用基于不同应用模型的标准产品来满足不同客户群的需求。一般将 CRM 分为三类：以跨国公司或者大型企业为目标客户的企业级 CRM；以 200 人以上、跨地区经营的企业为目标客户的中端 CRM；以 200 人以下企业为目标客户的中小企业 CRM。

在 CRM 应用方面，大型企业与中小企业相比有很大的区别。大型企业在业务方面有明确的分工，各业务系统有自己跨地区的垂直机构，形成了企业纵横交错的庞大而复杂的组织体系，不同业务、不同部门、不同地区间实现信息的交流与共享极其困难；其次，大型企业的业务规模远大于中小企业，致使其信息量巨大；最后，大型企业在业务运作上强调严格的流程管理，而中小企业组织机构简单，业务分工不一定非常明确，运作上也更具有弹性。因此，大型企业所使用的 CRM 软件比中小企业的 CRM 软件要复杂、庞大得多。

以企业级客户为目标的公司包括 Siebel、Oracle 等；Onyx、Pivotal、用友 iCRM 等则与中型应用市场相联系，并试图夺取部分企业级市场；MyCRM、Goldmine、Multiactive 和 SalesLogix 等公司瞄准的是中小企业，它们提供的综合软件包虽不具有大型软件包的深度功能，但功能丰富、实用。

1.2.2 按应用集成度分类

CRM 涵盖整个客户生命周期，涉及众多的企业业务，如销售、支持服务、市场营销、订单管理等，既要完成单一业务的处理，又要实现不同业务间的协同；同时，作为整个企业应用中的一个组成部分，CRM 还要充分与企业的其他应用，如与财务、库存、ERP、SCM 等进行集成。但是，不同的企业或同一企业处于不同的发展阶段时，对 CRM 整合应用和企业集成应用有不同的要求。

从应用集成度方面，CRM 可以分为 CRM 专项应用、CRM 整合应用、CRM 企业集成应用。

以销售人员为主导的企业 CRM 应用的关键是销售能力自动化（SFA）；而以店面交易为主的企业，其 CRM 应用的核心是客户分析与数据库营销。在 CRM 专项应用方面，有著名的呼叫中心（Call Center）。随着客户对服务要求的提高和企业服务规模的扩大，呼叫中心在 20 世纪 80 年代得到迅速发展，与 SFA 和数据库营销一起成为 CRM 的早期应用。到目前为止，这些专项应用仍然具有广阔的市场，并处于不断的发展之中。代表厂商有 AVAYA（Call Center）、GoldMine（SFA）等。

CRM 整合应用是指实现多渠道、多部门、多业务的整合与协同以及实现信息的同步与共享。CRM 业务的完整性和软件产品的组件化及可扩展性是衡量 CRM 整合应用能力的关键。这方面的代表厂商有 Siebel（企业级 CRM）、Pivotal（中端 CRM）、MyCRM（中小企业 CRM）。

CRM 企业集成应用一般用于信息化程度较高的企业。对这类企业而言，CRM 与财务、ERP、SCM，以及群件产品如 Exchange/MS Outlook 和 Lotus Notes 等的集成应用是很重要的。这方面的代表厂商有 Oracle、SAP 等。

1.2.3 按系统功能分类

按照系统功能，CRM 可分为三类，即渠道型、操作型和分析型。

1. 渠道型 CRM

渠道型 CRM 主要是指通过提高对客户服务请求的响应速度来提升客户满意度的一套

管理系统。在科技飞速发展的今天，客户除了通过传统的信件、电话、传真或直接登门造访等形式与企业接触外，还会通过电子邮件（E-mail）、呼叫中心（Call Center）、互联网（Internet）等方式与企业进行信息交流。这就要求企业各部门提高对客户多种信息交换形式响应的速度和质量，企业需要将各部门对客户信息交流的需求统一在一个平台上，于是，渠道型CRM就应运而生了。值得一提的是，这里的客户是广义的客户，包括直接终端客户和企业的分销商。

2. 操作型CRM

操作型CRM是企业利用信息技术来帮助自身实现对客户资料管理、营销管理、销售环节管理、服务管理等环节的流程自动化，达到利用IT技术提高企业的运营效率、降低企业运作成本的目的，最终实现企业利润最大化和利润持续增长。

3. 分析型CRM

分析型CRM包括了上述两种CRM的功能，同时，更加强调CRM系统本身的分析功能。该系统通过建立客户数据库、销售数据库、服务数据库三个基本的环节，将企业员工的行为、思想和企业文化充分融合，通过对销售数据库的分析，得到客户消费商品的款式、周期、金额等详细信息，并进一步了解企业的服务需求、周期等内容，对大量的客户信息进行最大程度的数据化、量化，从而能针对客户的实际需求制定相应的营销战略，开发出相应的产品和服务，更好地满足客户的需求，实现企业自身的价值——获取利润。

1.3 客户关系管理的意义与研究内容

1.3.1 企业管理客户关系的意义

客户是企业的重要资源，它具有资源的可管理性特征。客户关系管理不仅仅是一个软件，而是方法论、软件和IT能力的综合，是商业策略。客户关系管理是一种以客户为核心的商业策略，它借助信息技术和互联网，以客户为导向实施营销、销售、服务等一系列工作，力求与客户建立持续性的关系，从而达到吸引新客户、留住老客户、提高客户忠诚度和客户利润贡献度的目的。

1. 从人文管理角度出发，实施客户关系管理的作用

客户关系管理首先是一种管理理念，早先的研究是从心理学、组织行为学开始的。它要求企业一切从客户需求出发，将以客户为中心的思想融入企业文化中，通过对客户信息的管理，来为客户提供满意的产品或服务。

（1）了解客户的个性化需求。在商品经济发达的今天，市场上的同质产品越来越多，消费者日趋成熟。传统的企业管理专注于产品的研发、设计和制造，而对与客户的互动没有过多涉及。这种"闭门造车"的方式已陈旧而不可取了。在这种情境之下，只有通过客户关系管理，深入了解客户的真正需求，根据客户需求来设计、定制产品，提供令消费者"惊喜"的服务，才能赢得客户，留住客户。

（2）提供针对性服务，与客户实现良性互动。意大利经济和社会学家帕累托（Pareto)的"二八法则"表明,企业80%的利润来自20%的优质客户。这就体现了这些优质客户对企业的重要性。客户关系管理可以通过对客户信息的收集、分析,找出这些优质客户,并为其提供有针对性的服务,通过定制,为客户提供更加贴心的服务。客户关系管理的模式能让"一对一"的服务形式成为可能,真正实现与客户的即时互动,体现以客户为中心的经营理念。

(3) 提高客户忠诚度,挖掘客户潜在价值。对于很多企业来说,最大的成本之一就是吸引新客户,一般吸引一个新客户的成本比保留一个老客户要高出4~6倍。因此,留住老客户,直至客户忠诚的建立,对于企业来说意义重大。企业通过加强客户关系管理,可以了解他们的情感、心理诉求,帮助客户实现价值最大化。这样,客户会对企业的文化、价值产生认同感,也会形成一种心理依赖,当竞争者想要抢夺客户资源时,客户会考虑转换成本。客户关系管理的目的是从短期交易转变为开发客户终身价值。

(4) 降低成本,实现利润最大化。布莱恩(Bryan)的一项研究统计发现,客户流失率降低2%就相当于降低了10%的成本;客户忠诚度提高5%,可使企业利润增长25%~85%。实施客户关系管理,能与客户形成相互信任的合作伙伴式关系,这样可以大幅减少广告及其他营销费用的支出。同时,良好的消费体验能产生口碑营销的效用。国外的研究数据表明,100个满意的客户会带来24个新客户。

(5) 提高企业和客户之间的沟通效率。这主要是通过建立CRM系统呼叫中心,实现客户投诉处理、故障申报、业务受理的自动化,为客户提供畅通的沟通渠道,搭建与客户平等沟通的平台,向客户提供直通车式的"一对一"服务,提高客户满意度,真正体现以客户为中心的经营理念,让顾客价值在超值的服务中得到增值,实现顾客价值的最大化。另一方面,前台自动化程度的提高,使得很多重复性的工作(如批量发传真、邮件)可由计算机系统完成,工作的效率和质量都是人工无法比拟的。

(6) 增强企业的核心竞争力。21世纪企业竞争的根源就是对客户的争夺与占有,谁能比竞争对手先行一步,谁就会与客户建立良好的双向互动关系。一旦客户获得了高度满足,他们就能放心地在企业购买商品而不会被竞争对手"挖走"。可见,客户关系管理已成为企业的竞争优势之一,可以帮助企业从竞争中脱颖而出,立于不败之地。

2. 从信息技术角度出发,客户关系管理的工作内容及主要功能

客户关系管理又是一套管理系统和软件,它是运用现代化的信息技术来处理和解决客户问题的全方位电子应用软件。通常认为,CRM系统是对客户关系管理理念的完美支撑,利用CRM系统可进行客户信息挖掘,形成数据库,实现营销、销售一体化等。研究发现,CRM系统的工作内容及主要功能主要有以下几点:

(1) 信息统一规整。CRM系统通过网站、贸易展会、研讨会、直接邮件等捕获客户信息,并导入资源库。其中包括客户的类型、基本信息、联系方式等,利用软件可以做到清晰明了的归类。根据客户的个人偏好、消费情况、财务状况等对客户进行划分,分析谁是企业的目标客户,为销售人员明确下一步的销售重点。

(2) 明确企业的任务。企业首先对不同部门所接触、掌握的客户信息进行整合和分析,确保企业所掌握的客户信息是完整、准确的;然后对客户以往的购物经历、个人偏好

进行研究，并预测客户接下来所需的产品或服务，通过 CRM 系统，将信息传递到每个部门，各部门可进行有针对性的营销活动。

（3）作业自动化。企业运用 CRM 系统之后，营销、销售的自动化程度可大幅度提高。当需要制订营销计划时，可将客户的信息数据传递到各个分销渠道，各渠道可利用信息平台反馈数据，对市场上的销售情况进行评估，提供整改意见。销售自动化是 CRM 系统中成效最显著的部分，它可以协同呼叫中心、供应链管理（SCM）系统、企业资源计划（ERP）一起实施销售任务。从企业管理层面来讲，可以利用 CRM 系统进行合同管理、账户管理、销售管理、利润分析等。

（4）作业集成化。CRM 系统还有着"电子售货员"般的功能。通过庞大的数据库及借助网络销售平台，CRM 系统可以同时处理多人的咨询、销售、售后服务，及时掌控客户反馈的信息；客户可以通过网络选择自己所需的服务，大幅度提高了工作效率和客户满意度。CRM 系统使企业与客户之间的双向沟通变得快捷方便，增进了企业与客户之间的友谊，为客户关怀提供了技术支持。

3. 客户关系管理的实施方略

从以上分析可以发现，客户关系管理可以通过管理理念和信息技术手段，为企业构建良好的客户关系，改善客户消费体验，提高客户的满意度和忠诚度，从而为企业创造更多利润。因此，企业实施客户关系管理具有极其重要的现实意义。

（1）企业上下转变观念，认识客户关系管理的重要性。要实施客户关系管理，企业领导首先要高度重视并给予支持，改变传统的管理观念。企业各部门之间要实现客户信息共享，全体员工要摒弃陈旧的经营模式，树立"以客户为中心"的思想，加强信息化技术培训，具备与客户建立相互认同感的能力。建议企业设立新的业务流程和组织架构，建立以客户满意度为衡量标准的员工考核和激励机制。

（2）构建企业文化，健全客户管理体系。企业文化是一家企业长期发展形成的价值观、信念、原则、经营方式，是全体员工的思想作风和行为规范。客户关系管理是企业整体业务流程的体现，是企业与外界市场联系、与客户接触的"眼睛和耳朵"。这就需要企业以客户关系为重点，打造自身的企业文化体系，形成全新的商业战略思维。同时，企业需要探索一套健全的管理体系，这是成功实施客户关系管理的重要保障。

（3）处理好技术和人的关系。CRM 是一套信息处理系统，良好的 IT 基础设施是 CRM 正常运行的保障。企业需要建立健全内外部网络，外部网络负责客户信息数据的采集，内部网络实现客户数据在各部门之间的共享。CRM 系统不单单是一项技术，还是技术与管理的融合，因此，企业要培养一支熟习操作系统的员工队伍，确保在信息技术上能为客户关系的建立提供人力保障。

（4）整合营销模式，提高客户忠诚度。企业需从客户关系管理的理念出发，形成一套战略思维，并渗透到营销的各个环节，产品设计、渠道开发、价格制定、促销策略都应体现"想客户所想"，为客户创造更高的价值。在这样的营销模式下，能与消费者、供应商、分销商、政府等公众进行良性互动，为客户提供比竞争者更具吸引力的产品或服务，从而提高客户的满意度和忠诚度。

(5) 整合企业对客户服务的各种资源。客户关系管理可以整合企业对客户服务的各种资源，使"各自为战"的市场调研人员、营销人员、推广人员、销售人员、客服人员等协调合作。

从某种意义上说，企业的命运是建立在与客户保持长远利益关系的基础之上的。例如，像 IBM 这样具有强大技术与经济实力的公司，当其在 1983 年 11 月 1 日推出业界期待已久的家用个人计算机 Junior（简称 PC Jr.）时，由于没有得到其客户——零售商的支持，尽管 IBM 在短短两年时间内花掉了几千万美元的广告与促销费用，仍不得不在 1985 年 3 月 19 日宣布停止 PC Jr. 的生产。由此可见客户关系的重要性。

总之，市场竞争其实就是争夺客户的竞争，吸引和争取新客户、维系和保持老客户是企业生存和发展的使命。越来越多的企业意识到客户是利润的源泉，它们希望与客户保持一种亲密的、伙伴式的关系，打造一批属于自己的忠诚客户群体。客户关系管理理论的出现让这一切变为可能，随着信息科学技术的加入，又引领了新一轮营销模式的转变。本书从人文管理和信息技术两方面对客户关系管理加以阐释，CRM 既是一种管理理念，又是一个软件系统。企业要谨记从客户出发开展各项活动，保持与客户的友好关系，为客户创造终身价值，从而提高客户忠诚度和企业利润率，实现企业与客户的双赢。

1.3.2 客户关系管理的研究内容

客户关系管理的研究内容必须遵循企业管理客户关系的逻辑。从其中的"管理"（Management）一词就说明了 CRM 不只是一套软件，它涉及企业的运营战略、业务流程、企业文化等各个方面。所以，客户关系管理是一种经营哲学。那么，什么是企业管理客户关系的逻辑呢？其实现在很多企业都在做客户关系管理，分为人工操作或者使用系统工具管理，主要是企业与客户如何建立、发展和维护关系。它是管理学、营销学、社会学相结合的产物；它将管理的视野从企业内部延伸、扩展到企业外部，是企业管理理论发展的一个新领域。其研究的主要内容和实施步骤如下：

第一步：如何建立客户关系。内容包括客户识别、客户选择以及客户开发（将目标客户和潜在客户开发为现实客户的过程）。

第二步：如何维护客户关系。内容包括客户数据的建立，客户的分级管理，即将客户区分为 A、B、C 三级，提供不同的服务并与客户进行有效沟通，客户满意度分析以及客户忠诚度管理。

第三步：如何挽回客户关系。在客户关系破裂的情况下，关系的恢复则可以从"点"上着眼，找出客户流失的原因及关系破裂的症结，然后对症下药，有针对性地采取有效的挽回措施，只有这样才能做到事半功倍。

第四步：如何建设、应用 CRM 系统。利用共同平台，将客户从一开始的业务接触信息建立，到成交，接着为后续的客服信息建立，达到单一客户信息整合。提供人员可在共同平台上查到该客户的历史记录（包含销售、来电记录、问题处理等）。

第五步：如何进行基于客户关系管理理念的销售、营销，以及客户服务与支持的业务流程重组，如何实现 CRM 与 ERP、OA、SCM、KMS 等其他信息化技术手段的协同与整合。

1.3.3 客户关系管理的发展趋势

CRM 作为一种管理理念,起源于西方的市场营销理论,产生和发展在美国。CRM 作为解决方案,集合了当今最新的信息技术,如互联网和电子商务、多媒体技术、数据仓库和数据挖掘、专家系统和人工智能、呼叫中心以及相应的硬件环境,同时还包括与 CRM 相关的专业咨询等。CRM 作为一个应用软件系统,凝聚了市场营销等管理科学的管理理念。市场营销、销售管理、客户关怀、服务和支持等构成了 CRM 软件模块的基石。

随着中国改革开放的深入、市场化的发展、WTO 的加入,市场上的产品竞争日趋激烈,市场趋于饱和,厂商面临市场循环周期缩短、客户层次化加剧的状况;互联网增加了市场供应商的透明度、降低了消费者的兴趣与对产品的信任感。这些都加速了中国企业以市场为导向的发展步伐,引发了中国企业对 CRM 的研发与应用。中国 CRM 市场经历了萌芽阶段、成长阶段,出现了一些新的发展趋势。

1. 中国 CRM 市场的萌芽阶段

由于国内 CRM 市场是从近年来才开始启动的,无论是从产品结构、区域结构、行业结构,还是从销售渠道来看,整个市场体态都还不健全。市场区域主要集中在北京、上海等经济发达地区。拥有 CRM 产品的国内厂商主要聚集在上海,在其他地区还在了解 CRM 概念的时候,上海的很多厂商已经开始开发其产品。CRM 的应用行业以电信、金融等经济实力较强、信息化程度较高的行业为主,这些用户一般都是国家重点行业,拥有强大的资金后盾,而且信息化建设已初具规模。我国加入 WTO 后引发的经济格局变化,给这些行业带来了巨大冲击,它们在感受新机遇的同时也感到了竞争的压力。在这种机遇与竞争的双重压力下,很多颇具发展眼光的用户选中了能提高营业额、扩展新商机的 CRM 产品。从销售渠道来看,CRM 销售方式单一,渠道建设不成熟。国内的销售主要是 CRM 厂商为其用户进行系统集成,单纯以软件形式销售的很少。

对客户关系管理系统的认识,在国内已有较长一段时间,它所遵从的"一对一个性化服务"的企业管理理念,逐渐被国内众多的用户所熟悉和接受。在竞争激烈的信息化时代,客户关系管理系统提出的"帮助提高本产品用户营业额、扩大市场占有率以及提高客户忠诚度"等功能,使很多企事业用户对此产品情有独钟,市场需求加大。而因为市场中真正的 CRM 产品很少,适合国情的产品更是少之又少,所以,市场上呈现出供不应求的现象。拥有"以客户为中心"的 CRM 产品的厂商戏剧性地成了用户的中心,大量的用户争先与之联系,了解或购买此产品,以提高自身在市场上的竞争力。

2. 中国 CRM 市场的成长阶段

在 CRM 刚刚进入中国之初,"CRM 是什么?"往往成为 CRM 厂商要与客户交流的第一个重要问题。然而时隔一年之后,7% 的客户会告诉你:"CRM 就是客户关系管理。"客户的反应揭示了 CRM 领域的活跃程度,在 CRM 市场步入其成长阶段后所发生的巨大变化主要体现在以下方面:

(1) CRM 成为管理软件增长最快的产业。2002 年起,咨询机构、系统供应商和专业服务厂商共同构成 CRM 产业链，产业链的形成是 CRM 产业规模发展的重要标志。2003年，CRM 的应用已经覆盖了几乎所有的行业。

（2）产品面向客户的全方位管理。不少企业开始启动移动 CRM，用户可以通过电话、电子邮件、Web 等多种方式实现移动应用。这种模式可以在任何时间、地点把用户的信息传达给销售人员。厂商和用户都开始注重前后台业务的整合和系统的协调统一，从长远的角度出发，有效地整合资金流、物流和信息流。

（3）厂商多样化发展趋向成熟。产品的可定制化设置、易用性、安全性和稳定性等特点，加强了 CRM 产品跨行业开发的可能性。针对行业的业务特点和应用模式，建立产品标准化和实施服务标准化。

（4）品牌格局初步形成。面向通用产品市场、专项定制产品市场和行业应用市场的领导厂商成为 CRM 在中国发展的主力厂商。部分国内外优秀的 CRM 专业厂商，在第三方评估、产品满足度、客户满意度和行业应用覆盖面等几个方面都具备明显的优势，市场份额占到5%以上。主力厂商的产品构架和应用模式将逐渐成为产业标准。

（5）中高端市场成熟发展。中高端客户需求成熟明确。由于他们通常具备坚实的基础、雄厚的实力、规范的管理流程和良好的客户口碑，所以对客户管理有非常明确的需求。面向中高端企业应用的专业厂商将从市场中获得回报，并不断加大对 CRM 的理论研究、产品线的完善和市场投入。处于行业领先地位的企业成功实施 CRM 系统，为同行业实施 CRM 树立了信心。

（6）低端市场稳步增长。中小企业的需求相对集中、易满足。面向中小企业的 CRM 需求主要以销售管理为核心，管理流程相对简洁、目标明确、数量巨大、有成长性。中国中小企业有巨大的市场潜力，将为面向中小企业的 CRM 厂商提供广阔的市场空间，实施周期短、局部效果明显。由于产品定位和实施目标明确，所以能够在短时间内看到应用效果。

（7）行业应用发展引向纵深。由于行业的业务特点和需求迫切，如银行、证券、保险、电信、电力等行业的 CRM 需求已经比较成熟，高科技制造、咨询服务、医药卫生、通信电子、汽车销售、网络科技、商业贸易等行业的发展呈快速上升的趋势。

（8）重点区域市场应用成熟。由于地区市场的成熟度、企业密集程度和信息化应用水平的差异，CRM 市场发展呈现出以核心市场向周边逐步扩散的趋势。重点地区有华北（以北京为中心）、华东（以上海为中心）、华南（以广州和深圳为中心）；次重点地区有西南（以成都、西安为中心）及广大沿海城市。

（9）推广方式多元化。根据 CRM 系统的特点和市场需要，CRM 系统的推广方式也呈现出多元化的特点，主要推广方式有厂商直销、代理分销、合作推广和 OEM（代工）方式。

（10）商业模式的多样化发展。基于目标市场、产品应用和厂商自身特点的差异，不同的厂商采用不同的业务流程，以满足不同客户的差异化需求。

3. 中国 CRM 市场的未来发展趋势

尽管 CRM 在中国市场已经获得了一些阶段性的发展，但是其发展到成熟阶段仍然需要一定的过程。CRM 还要经过一个市场培育期。严酷的市场环境和技术力量的不足，也使得本土厂商的发展不会顺利。但也应该看到，CRM 本身还处于一个动态的发展过程中，这为肯下力气搞创新的厂商提供了大量的机会。而 CRM 何时走出低谷，取决于 CRM 供应商和广大传统企业用户的共同努力。决定未来 CRM 市场发展的关键因素很多，从 CRM 供应商来看：① CRM 供应商进一步提升产品的功能水平和应用能力，尤其是产品的分析能力，以及与其他主流应用系统的集成能力；② CRM 供应商深入开发服务行业的 CRM 应用，并且进一步关注中小企业的 CRM 应用。从用户角度来看：① 用户应该进一步提升对 CRM 的理解；② 用户应该加大分析型的 CRM 投资；③ 用户应该详细确定需求，制定投资目标；④ 用户应该加强对数据的管理。从项目实施来看：① CRM 项目实施的方法论和流程需要进一步规范；② CRM 项目的推进需要更多专业化的 CRM 实施咨询公司的出现。

根据大中华区客户关系管理组织的研究报告，可以推断未来中国 CRM 市场将呈现出以下四大主要发展趋势：

（1）中国市场还会保持几年市场培育阶段。近期内，中国大量的中小企业需要集 ERP 和 CRM 功能于一体的电子商务解决方案。

（2）北美厂商近两年内仍然不会投入太大力量关注中国市场。

（3）在中小企业市场，将以价格竞争为主。这可能会使 CRM 市场像其他产品市场一样出现重价格、不重服务的现象，使 CRM 理念无法在 CRM 产品本身实践。

（4）各供应商将对已有功能进一步强化，功能扩展行动将得以继续。但本土供应商开发灵活丰富的客户化工具及业务流程设计工具将有很大的难度。

CRM 软件市场非常庞大，原因很简单，客户是企业的生存之本，谁也无法忽视这个问题，在技术的应用上它也不像 ERP 那样非得"休克式"或"连根拔起式"的实施，它的技术应用的阶段性、模块的选择性等都灵活得多。这就使得任何一个企业都可以是 CRM 技术应用的对象。尽管功能的深浅、实施的范围差别很大，但 CRM 技术应用的广泛性仍是 ERP 和其他管理软件无法比拟的。

总之，我国的 CRM 市场正在迅速发展和壮大，其中孕育了较大的商机，已经成为投资商、软件开发厂商和用户共同关注的对象，CRM 的市场前景将十分广阔。

本章小结

伴随着电子商务的迅速崛起，客户关系管理为企业的经营管理带来了重大变革。市场经济的竞争就是企业客户的竞争，吸引和争取新客户、维系和保持老客户是企业生存和发展的使命。企业要想在激烈的市场竞争中保持优势，保持长久的核心竞争力，确保企业稳定发展，就必须重视客户资源的管理，积极培养客户关系，巩固和发展客户关系，并把良好的客户关系作为企业的宝贵资产和战略资源来进行有效的经营和管理。这样才能使企业真正获得竞争优势，从而实现客户价值最大化和企业收益最大化之间的平衡。

客户关系管理是一种新型管理理念，是对企业与客户之间发生的各种关系进行全面管理，同时也是企业供应链管理的进一步延伸。好的客户关系能降低企业维护老客户和开发新客户的成本，降低企业与客户的交易成本，给企业带来丰厚的利润。

可以将客户关系管理定义为：客户关系管理是企业为提高核心竞争力，达到竞争制胜、快速成长的目的，树立以客户为中心的发展战略。虽然客户关系管理的功能涵盖了许多方面，但其根本的作用就是提高客户满意度。

客户关系管理的研究内容是：第一，研究如何建立客户关系；第二，研究如何维护客户关系；第三，如何挽回客户关系；第四，如何建设、应用CRM软件系统；第五，如何进行基于客户关系管理理念的销售、营销，以及客户服务与支持的业务流程重组；第六，如何实现CRM与ERP、OA、SCM、KMS等其他信息化技术手段的协同与整合。

复习思考题

1. 什么是客户关系管理？如何理解其真正的含义与内涵？
2. 客户关系管理包括哪些类型？企业应该如何选择？
3. CRM经历了怎样的发展历程？其未来发展前景如何？
4. 客户关系管理具有哪些现实意义？
5. 客户关系管理的研究内容是什么？

案例分析

万科地产的客户关系管理

万科集团（简称万科）堪称中国房地产业客户关系管理的成功典范，但万科并没有全面导入以CRM系统软件为主体的CRM系统。究其原因，正是万科的客户关系管理的内功深厚。而且，万科突破了传统的客户关系管理的局限性，把员工关系管理和合作伙伴关系管理也导入了企业的客户关系管理范畴。

1. 万科地产的客户服务体系

（1）客户服务理念。万科已经树立了"以客户为中心"的经营管理思想，万科的客户服务理念——"建筑无限生活""客户是万科存在的全部理由""衡量我们成功与否的最重要的标准，是我们让客户满意的程度"……已经成为万科企业核心价值观的重要组成部分。万科的服务质量有口皆碑，处处体现"以客户为中心"的服务理念，而服务理念在其应对危机和细节中也能够得到全面的体现。

（2）客户服务中心。万科的客户服务中心不只是万科物业的一个职能部门。为了缩短客户与万科地产的距离，提高客户服务质量，万科把客户服务中心从物业公司剥离出来，并入万科地产。客户服务中心直接接受万科地产的领导之后，部门职能得到进一步完善，客户与万科之间的距离缩短了。万科认为，"以人为本"的概念提多了也就"虚"了，万科的一个中心就是"客户"。所以，万科地产高层领导每天都会看万科的4个公开网站和客户服务中心呈报的资料，看的就是客户的投诉；其客户服务中心配备了20多名员工，而整个深圳公司一共只有170多名员工。

2. 销售管理系统

万科没有全面导入CRM软件，并不是万科沉醉于自身内功的深厚，也不是万科轻视CRM软件作为CRM工具的重要作用，而是因为万科采取的是稳步发展的策略。房地产销售流程复杂、管理难度大。销售管理水平不仅影响销售效率和销售业绩，而且能否为客户提供方便快捷的服务直接影响客户的满意度。因此，万科首先引入销售管理系统。

3. 会员管理信息系统——万客会

万科地产率先建立了自己的会员俱乐部——"万客会",倡导在"让万科理解客户、让客户了解万科"的基础上建立理性、对等、双赢的供求交流方式。中海、华侨城、万通、招商和建业等知名房地产开发商也相继建立了自己的客户俱乐部。

(1) 万客会的服务内容。万客会的服务内容包括提前获得万科地产推出的楼盘资料和最新销售信息,在购置万科房产时可以享受会员优惠,参加各类由"万客会"组织的联谊活动和社会活动,定期收到会刊等,而得到的这一切服务都是免费的。

(2) 万客会的核心作用。通过万客会,万科得到的是与消费者建立起来的良好关系以及大量消费者的最直接的资料,这是金钱难以买到的。相关法规规定,房地产商未取得预售许可证不能打广告。万科在上海"假日风景"楼盘的销售,就是通过万客会这一平台,让2000多名有意向买房的上海消费者了解到"假日风景"的设计规划的,其中400余人填写了购房意向登记表,而这一切都是在没有花一分广告费的情况下进行的。万科认为,CRM是以客户为核心的市场策略,要真正能够一对一地了解到消费者的行为习惯、居住模式、审美倾向,这一切仅仅通过技术是不可能实现的,还必须通过传统的人与人之间的交往来实现。CRM改变了企业与客户交流的传统方式,为企业与客户的有机联系注入了新的内涵,在"不经意间"增加了客户对企业的忠诚度,同时也扩大了企业的影响,增加了额外的利润。

4. 员工关系管理

(1) 为员工创造"健康丰盛"的职业生涯。万科认为"人才是万科的资本",注重对员工方方面面的关爱。万科一贯倡导的"健康丰盛"理念包括员工的事业发展和家庭生活的"健康丰盛"。万科作为一家跨地域经营的企业,外派员工或分公司之间的员工交流调换是不可避免的,所以,在新员工参加万科的志愿表格上有一条:同意或不接受外派的选择回答。万科并不排斥不接受外派的员工,只是注明其提拔培训的机会小于接受外派的员工。对于外派的中层员工(具有已婚、有家小等特点),万科的人力资源政策有明确规定:①鼓励配偶一起到外派的城市,并协助找工作;②对于暂时没有工作的给予经济补贴;③对调动的经理给予搬家安置费……对于不愿意随员工外调的家属,万科尊重家属的意见,尽可能做出对双方都合适的安排。这些都充分体现了万科对员工的关爱。

(2) 善于倾听员工的声音。在万科掌门人王石的力促下,万科在企业内部设置了名为"董事长online(在线)"的BBS(论坛)平台,王石把这种信息交流平台称为"信息扁平化",把这种信息控制与运作模式称为"BBS管理"。在王石及其他企业高层在BBS上的亲力亲为下,"董事长Online"成了一个非常成功的员工投诉和提出合理化建议的平台。

5. 合作伙伴关系管理

万科认为,所有"关系"都是双向的,所有"合作"都应该是共赢的。万科对发展与成功的向往,也同样是客户、投资者、合作伙伴、同行、政府、媒体的向往。了解和尊重他们的利益,诚挚地与他们一起"成就梦想,共享无限精彩",是万科"建筑无限生活"不可或缺的一部分。万科讲整合,讲联盟。"在联合模式中,企业的目标是一致的,就是联合作战,协同进退,实现共赢。""众多知名品牌的加盟,使万科房子的品牌得到更大的提升。"万科认为,这些关系元素对万科意义重大:客户是企业利润的本源,而提升客户关系将成为万科在未来竞争中持续领跑的关键。

6. 提升客户忠诚度的具体措施

"衡量我们成功与否的最重要的标准,是我们让客户满意的程度。"这句话是万科核心价值观的重要组成部分。万科充分认识到了客户满意度、忠诚度的重要性。那么,万科是如何提升客户忠诚度的呢？

（1）了解客户需求，是提升客户忠诚度的第一步。万科注重进行客户满意度的调查，更为重要的是为了了解客户在哪些方面存在不满意，哪些因素影响客户的满意度，从而据此改善产品与服务。例如，某次客户满意度调查的结果显示，管线端口位置、户型设计是否充分考虑了摆放家具的便利性等细节因素，对客户的满意度和忠诚度有着举足轻重的影响。除了客户满意度调查这一途径外，万客会也日趋成为万科了解客户需求的一个重要途径。

（2）坚持透明原则，提供全面准确的信息。客户变得忠诚或不忠诚的过程，其实就是客户将他实际得到的和他所付出的东西进行比较的过程。只有当客户认为他的实际所得达到或超越了他的付出的时候，他才会感到满意；只有长期感到满意的客户，才可能变得忠诚。当向客户传递信息的时候，不管是信息遗漏还是无意中的"误导"，从长远来看，都会埋下一个引发争议、增加交易成本的重大隐患。为保证和帮助客户做出正确的购买决定，万科坚持透明原则，加强与客户的沟通，将客户应该知道的信息尽可能全面、完整地传递给客户。万科充分认识到误解的代价，意识到一言一行的后果，从而以谨慎、负责的态度向客户传递这些信息。

（3）点滴积累，不断进步。为了进一步挖掘造成客户忠诚与不忠诚的潜在驱动因素和情感因素，万科曾在定量分析报告的基础上，又委托调查公司进行了基于深度访谈的定性研究。通过引导客户回忆从认知万科到购买万科产品的全过程，对忠诚客户和非忠诚客户在不同阶段的感受特征进行对比分析，得出了初步结论，即无论是非忠诚客户还是忠诚客户，都不会在一夜之间发生突变，而是存在着一个逐步演变的过程。

（4）应对投诉的策略。如何面对和解决客户投诉是影响客户满意度和忠诚度的重要一环。为了更好地解决客户投诉问题，万科在网站上设立了"投诉万科"的论坛。万科认为："投诉有可能会暂时令部分想买房的人犹豫，但它最终会改进我们的工作，从而为我们赢得更多的客户。"对于客户投诉，万科认为："作为一个规范经营、信守承诺的上市公司，万科尊重自己的客户，也从不回避客户提出的问题，希望在客户的促进下努力改进自身的不足。客户可以通过多种方式提出问题，也有多种渠道沟通解决；如果沟通不成，还可以通过法律手段维护自己的权益。万科无意将消费者告上法庭，但是，当有人侵犯万科的名誉与权益时，他首先是一个侵权者而非消费者。"

王石也在多种场合阐明了万科对待客户投诉的态度："胜诉不是万科的目的。最终被迫采取这一方式，只是希望表明我们通过合理合法途径解决问题的立场和诚意。作为一个负责任的企业，依法经营、规范诚信一直是万科坚持的原则。作为一个心态开放的企业，长期以来，任何来自公司内部、外部的批评都是鞭策我们进步的动力。对于万科而言，解决问题的根本之道，除了做得更好，我们别无选择。当问题发生之后，我们愿意勇于面对、沟通解决。至于沟通不成产生的争议，我们愿意以理性和客观的态度予以对待，并且遵循合法的途径积极解决。在企业内部，必须进一步树立规范经营的意识，强调法律风险，减少经营漏洞；当企业权益受到侵害时，我们也将运用法律手段，保护企业的利益和商誉。"

（资料来源：陆新之. 王石管理日志［M］. 北京：中信出版社，2009.）

案例讨论题：

1. 在本案例中，万科地产是如何认识CRM的作用的？他们具体做了哪些基本工作？
2. CRM的应用对万科地产销售业绩与客户满意度的提高产生了什么积极影响？

第 2 章

客户识别与选择

本章学习重点

1. 了解客户识别与选择的内容
2. 理解客户识别与选择的含义与作用
3. 掌握客户识别与选择的方法

案例导入

经销商"榨干"白酒厂

中小企业的产品进入市场之初,由于知名度低,因此与经销商谈判的地位也很低,而经销商就借此提出种种苛刻条件。例如,有的经销商在利润和返利上,对厂家提出过高要求;有的经销商则抓住厂家急于打开市场的焦急心理,要求厂家的产品全额赊销,之后又以种种理由少付甚至不付货款。

中小企业常常为经销商的这些苛刻条件而犯难:答应这些条件的最终结果就是中小企业被经销商所控制,这无异于自杀;但不答应,产品又难以进入市场。更为严重的是,有些经销商为了其自身利益的最大化,会对中小企业的销售政策和市场运作计划进行牵制,进而影响到中小企业市场整体目标的实现和发展速度,使中小企业陷于进退两难的境地。

为什么中小企业选择经销商难?难就难在没有掌握主动权。厂家和经销商双方的市场力量对比,决定了主动权掌握在谁手里。如果处于被经销商挑选的被动情况,中小企业就只能答应经销商提出的种种苛刻条件,最后体现在销售政策上,就是签了一个"不平等条约"。

小孟是一家中小型白酒企业的销售主管,负责四川市场的开拓。由于小孟所在企业的产品在外埠市场毫无知名度,小孟跑了大半个月,也没找到愿意做该企业产品的经销商。稍有实力的经销商对其产品理都不理,小孟真的是四处碰壁,吃尽了苦头。

后来,小孟好不容易在一个地级市找到一个稍微有点经销意愿的经销商,就像找到了一根救命稻草,抓住了就不放手。

小孟所在的企业对外埠市场制定有一套销售政策。

厂家的货物铺底政策是给经销商的铺底金额不超过15万元,前三个月,每个月铺底5万元。经销商前三个月每月向厂家提货不得少于10万元,超过厂家铺底的部分由经销商支付现款。经销商则要求厂家的铺底金额不得少于30万元,前三个月每月铺底10万元,从第四个月开始才现款提货,否则免谈。

> 厂家的广告促销政策是厂家根据经销商现款进货金额的15%来投入广告和促销费用，由厂家操作。而经销商要求厂家提供的广告和促销费用不得少于20%，并直接从货款中扣除。
>
> 厂家的终端投入政策是厂家根据经销商现款进货金额的15%来提取酒店和卖场的进店费、上柜费、店庆费等，并以产品的形式返还给经销商。而经销商要求厂家必须按25%的比例来提取终端开发费用，不同意以产品的形式支付，必须直接从货款中扣除，否则就没有必要再谈下去……
>
> 就这样，厂家基本上被经销商"榨干"了。哪里是厂家在制定销售政策？这分明是经销商在替厂家做主。为了"拴住"这个好不容易找到的经销商，小孟请示厂里，答应了经销商的"不平等条约"。
>
> 最后的结果呢？不用说，大家也想得到：小孟一分钱货款也没有收回来，一个地级市场就白白损失了几十万元。不仅如此，经销商还把厂家的产品低价甩卖、四处窜货，甚至发给经销商的货又倒流回厂家本地。最后，厂家钱丢了，经销商丢了，市场也丢了。
>
> (资料来源：http://www.docin.com/p-512798670.html.)

2.1 为什么要进行客户识别

随着企业之间的竞争日趋激烈，消费者对产品有了越来越大的选择自由，消费需求也日益呈现出多样化、复杂化、个性化等趋势。消费者的选择决定着企业的未来和命运，任何企业要想在激烈的市场竞争中求得生存和发展，都要设法吸引消费者，使其成为自己的客户，并尽力与其建立长期的、良好的关系，达到长期、稳定发展的目的。可是，如果无法知道哪些客户是重要的，哪些客户是最有潜力的，那么客户关系管理将无从谈起。

2.1.1 客户识别的基本概念

客户识别是在确定目标市场的情况下，从目标市场的客户群体中识别出对企业有意义的客户，作为企业实施客户关系管理的对象。由于目标市场客户的个性特征各不相同，不同客户与企业建立并发展客户关系的倾向也各不相同，因此他们对企业的重要性是不同的。

客户识别是贯穿整个客户关系管理运作流程的一条主线，也是判断企业是否进行以及如何进行客户获取、客户保持、关系终止活动的根本依据。因此，客户识别将成为客户关系管理实际运作过程中非常重要的管理技术。

2.1.2 客户识别的内容

1. 识别潜在客户

潜在客户是指存在于消费者中间，可能需要产品或接受服务的人。也可以理解为潜在客户是经营性组织机构的产品或服务的可能购买者。

识别潜在客户需要遵循以下原则：摒弃平均客户的观点；寻找那些关注未来，并对长期合作关系感兴趣的客户；搜索具有持续性特征的客户；对客户的评估态度具有适应性，并且能在与客户的合作问题上发挥作用；认真考虑合作关系的财务前景；应该知道何时需要谨慎小心；识别有价值的客户。客户大致分为两类：交易型客户和关系型客户。交易型客户只关心价格，没有忠诚度可言；关系型客户更关注产品的质量和服务，愿意与供应商建立长期友好的合作关系，忠诚度高。交易型客户带来的利润非常有限，结果往往是关系型客户在给交易型客户的购买进行补贴。

2. 识别有价值的客户

识别有价值的客户实际上需要两个步骤：首先，分离出交易型客户，以免他们干扰你的销售计划；其次，分析关系型客户。

有价值的关系型客户可分为三类：①给公司带来最大利润的客户；②带来可观利润并且有可能成为最大利润来源的客户；③现在能够带来利润，但正在失去价值的客户。

对于第一类客户，最好进行客户关系管理营销，目标是留住这些客户。你也许已经从这些客户手中得到所有的生意，但是与这些客户进行客户关系管理，能保证你不把任何有价值的客户遗留给你的竞争对手。

对于第二类客户，开展营销同样重要。这类客户也许在你的竞争对手那里购买产品，所以针对这类客户开展营销的直接目的是提高你公司产品在他们购买产品中的份额。

对于第二类客户，经过分析，剔除即可。

3. 识别客户的需求

"需要"是人们生活中不可缺少的东西，"需要"则是人们想要得到满足的方面。过去人们往往认为必须满足客户的需要，但在今天竞争的社会里，仅仅满足需要是不够的——为了留住客户，还应该让他们感到愉悦，因此，企业必须了解他们的需求，并找出满足客户需求的方法。

（1）会见头等客户。客户服务代表和其他人员定期召集重要客户举行会议，讨论客户的需求、想法和对服务的期望。

（2）意见箱、意见卡和简短问卷。很多公司在客户看得见的地方设立意见箱，把意见卡和简短问卷放置到接待区、产品包装上、商品目录服务中心或客户易于接近的地方，以征求客户对产品或服务的意见。

（3）调查。可以通过邮寄、打电话和网上发布等方法进行调查。

（4）客户数据库分析。客户数据库提供了丰富的客户信息，可以通过分析客户信息，了解客户的需求。

（5）个人努力。因为客户代表的工作需要直接跟客户打交道，他们可以询问客户对自己和企业的看法。这些反馈将指导客户代表与客户的交往行为，并指导企业对产品或服务的选择。

（6）考察竞争者。访问竞争对手可以获得有关价格、产品等有价值的信息。

（7）兴趣小组。与顶级客户联合访谈，以收集怎样改进特定产品或服务的信息，参加访谈的所有成员组成一个兴趣小组。

（8）市场调研小组。市场调研小组为雇用他们的组织单独会面和团体会面；他们也通过电话、邮件和互联网进行调查，以了解客户的需求。

2.1.3 如何识别客户

客户识别可以分为客户定位、客户分类、客户调整和客户发展几个步骤（见图2-1）。

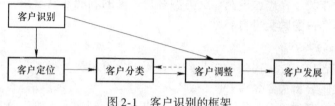

图2-1 客户识别的框架

首先，要准确进行客户定位。必须知道企业和客户之间的关系是什么性质，还必须对客户进行差异性分析。不同客户的差异性主要表现为对企业贡献价值和产品需求两方面的不同。对客户进行差异性分析可以辨识客户的种类、详细需求和价值取向，使企业清楚地知道其利润形成所主要依赖的经营业务范围、客户对企业的依赖动力以及客户的分布情况。

其次，进行客户分类。在进行客户识别后，下一步就是客户分类工作。不同的客户有不同的特征，由于在一定范围内所存在的共同点而形成差异较大的不同群体，企业可以据此来进行客户群的划分。这也是企业选择客户获取、客户保持以及关系终止策略过程中的必要步骤。

再次，客户的动态调整。市场环境是瞬息万变的，所以必须用动态的、发展的眼光看待客户。随着企业核心业务的变化，有可能过去的客户已经流失，而过去的竞争对手已变为今天的核心客户。所以，寻找客户是一项长期的工作，它会一直伴随着企业生产经营的全过程，应根据企业的发展不断更新和补充企业的核心客户。

最后，客户发展。对不同的客户进行分类之后，更好地了解当前客户的价值并采取相应的客户维系政策将变成工作的重心。企业需要采取成本合适的具有针对性的营销方案来发展客户，从而降低成本，增加企业活动的效用。如果企业对所有的用户采取相同的维系政策，既不利于激励客户更多地消费，还有可能导致高价值客户的不满。

2.1.4 客户识别的意义

客户识别对企业客户关系管理实施的重要意义，主要体现在对企业的客户保持和客户获取的指导上。

1. 客户识别对客户保持的影响

客户保持是企业实施客户关系管理的主要目标之一，它对企业的利润有重要影响。对美国九类行业的调查数据表明，客户保持率增加5%，行业平均利润的增加幅度在25%~85%。客户保持对企业利润的影响之所以如此巨大，是因为保持现有客户比获取新客户的成本低得多，一般可节约40%~60%。但是，客户保持也是需要成本的，在现有的客户群体中，并不是所有的客户都会同企业建立并发展长期合作关系。如果不加区别地开展对所有客户的保持努力，势必会造成客户保持成本的浪费；如果事先通过客户识别方法，识别出具有较大概率同企业保持长期合作关系的客户，并有区别地开展客户保持努力，就会起到事半功倍的效果，大大节省企业的客户保持成本。

2. 客户识别对新客户获取的影响

尽管客户关系管理把重点放在客户保持上，但由于客户关系的发展是动态的，因此企业还需要获取新客户。新客户的获取成本大大高于老客户的保持成本，其主要原因就是在新客户的开发过程中，客户的反馈率太低，导致获取每一个客户的平均成本居高不下。如果能够有效地识别最有可能成为企业客户的潜在客户，并有针对性地努力开展新客户获取，势必能够大大节约企业的新客户获取成本，其节约幅度比在客户保持中进行客户识别的节约幅度还要大。这样就可以杜绝新客户开发中无谓的投入，用尽可能少的客户获取成本，获得尽可能多的客户。通过客户识别可以降低企业客户关系管理的实施成本，为企业创造竞争优势。

综上所述，对于一个企业来说，要区分不同价值的客户。有些客户可以带给企业资源，也可以维持较好的客户关系；有些客户却因为与企业是合作关系，而在企业面临选择的时候为难企业；有些客户在企业面临危机时，可以帮助企业渡过难关。关键在于客户有没有和企业达成共识，可以形成一种良好的关系，更能为企业带来收益。不仅能够帮助，还可以使企业朝着一个更好的方向发展。对待不同的客户要采取不同的态度，只有区分不同的客户，企业才能更好地运作。有客户，有资源，才能使企业有长远的发展前景。

2.2 客户选择的策略

什么是客户？对企业而言，客户是对本企业产品或服务有特定需求的群体，它是企业生产经营活动得以维持的根本保证。客户资源是企业生存、发展的战略资源，它的价值体现在"所有客户未来为企业带来的收入之和，扣除产品、服务以及营销的成本，加上满意的客户向其他潜在客户推荐而带来的利润"。

客户关系是指企业为达到其经营目标，主动与客户建立起的某种联系。它从本质上最终归于人与人之间的关系，但与一般的"人际关系"是有区别的。客户关系必须建立在坚实的利益基础上，必须能够为企业创造价值。

企业之所以要对自己的目标客户进行选择，主要是基于以下几方面原因：

2.2.1 不是所有的客户都会给企业带来利润

一方面，由于不同客户需求的差异性和企业本身资源的有限性，每个企业能够有效服务的客户类别和数量是有限的，市场中只有一部分客户能够成为企业产品或服务的实际购买者，其余则是非客户。既然如此，在那些不愿意购买或者没有购买能力的非客户身上浪费时间、精力和金钱，将有损企业的利益；相反，企业如果准确选择属于自己的客户，就可以大大减少花费在非客户上的成本，从而减少企业资源的浪费。因此，企业应当在众多购买者中选择属于自己的有效目标客户，有舍才有得，不能盲目求多求大。

另一方面，选择正确的客户能提高企业的盈利能力。传统观念认为，"客户越多越好""客户是上帝""客户是衣食父母"，认为所有客户都重要，而忽视了客户的质量。因此，在强调客户的重要性时，不能无限夸大客户的作用和他们所带来的价值，事实上，客户之间存在差异，有优劣之分；不是每个客户都能带来同样多的收益，都能给企业带来真正的价值。一般来说，优质的客户带来大价值，普通客户带来小价值，劣质的客户带来负价值，甚至还可能给企业带来很大的风险，如信用风险、资金风险、违约风险等。这就要求企业在选择客户的时候一定要慎重。首先，要区分哪些客户是能为企业带来盈利的，哪些不能；然后，根据自身资源和客户价值选择那些能为企业带来盈利的客户作为目标客户，并且从源头上减少或者干脆淘汰、剔除劣质客户。

总之，客户数量已经不再是衡量企业活力和能力的唯一指标，客户质量的重要性已经超过了客户数量的重要性，在很大程度上决定着企业盈利的大小。因此，企业应该改变"任何客户对企业都有价值"的观点。

2.2.2 正确选择客户是成功开发客户的前提

在上一节中我们了解到，不是所有的购买者都是企业的客户，也不是所有的购买者都能给企业带来收益。如果企业选错了客户，其开发客户的难度将比较大，开发成本将比较高，即便开发成功，后期维护客户关系的难度和成本也都会很高。另一方面，客户也会不乐意为企业埋单。例如，一些小企业忽视了对自身的分析与定位，没有采取更适合自身发展的战略，而盲目采取进攻战略，与大企业直面争夺大客户，最终导致被动甚至危险的局面——这样做使企业既失去了小客户，又没有能力为大客户提供相应的服务，而遭到大客户的不满，同样留不住大客户，结果两手空空。相反，如果企业经过认真选择，选对、选准了目标客户，那么开发客户、实现客户忠诚的可能性就很大，也只有选准了目标客户，开发成本和维护客户的成本才会降低。

2.2.3 对目标客户的正确选择是成功实现客户忠诚的前提

只有正确地选择目标客户，为其提供个性化的服务，让客户感觉他们是你唯一的顾客，才能赢得他们的信任，提升他们的满意度。客户满意、客户保持和定制服务这三大服务理念大大提升了客户服务质量，并让客户喜欢你，即使离开了也会再回来。因此，这三点是许多企业部分或全部贯彻的客户管理理念。但是，仅靠这些还不能达到客户关系管理的核心目标，还需要培养忠诚客户。忠诚客户是企业死心塌地的客户，是企业最宝贵的资源：他们不仅仅自己与你做生意，也不只是简单地推荐你，而是会坚持让自己的朋友与你做生意；在你出错的时候，他们会原谅你；在你与其他对手竞争的时候，他们会支持你；当他们遇到麻烦时，会坦率地把问题反馈给你。他们明白，选择你做服务商，他们就能花费较少，所以他们觉得将事情完全委托给你，就能够在情感上和经验上都看到价值；即使他们在你身上花费再多的钱也在所不惜，因为他们确信这是值得的。

实践证明，客户忠诚度高的企业往往更关注对新客户的筛选，而不是一味追求客户数量的增长；从双方长远合作的角度挑选自己的合作伙伴。

2.2.4 目标客户的选择有助于准确定位企业及树立良好的形象

主动选择客户是企业定位的表现,是一种变被动为主动的思维方式,体现了企业的个性,也体现了企业的尊严,更决定了企业的命运。不同的客户群是有差异的,如果企业没有选择客户,就不能为确定的目标客户开发恰当的产品或服务。

例如,劳斯莱斯之所以成为世界公认的名车,成为地位和身份的象征,有一个重要的原因就是它对客户的背景严加考察和筛选。它只将产品卖给国家元首、皇室贵族成员、商界富豪、名流绅士等上层人物,而且针对不同的客户类型,车身颜色也有对应的区别:黑蓝色的银灵系列卖给国家元首、政府高级官员、有爵位的人,中性颜色的银羽系列卖给绅士名流,白色、浅灰色的银影系列卖给一般企业家、富豪。劳斯莱斯还有一个规矩,即不会将车卖给钱财来历不明或有不正当背景的人。正是因为劳斯莱斯对客户的挑剔,凸显和烘托了其珍贵,最终成就了劳斯莱斯的地位。

由于形形色色的客户共存于同一家企业,也可能会造成企业定位不准或者定位混乱,从而导致客户对企业形象产生模糊不清的印象。例如,五星级酒店在为高消费的客户提供高档服务的同时,也为低消费的客户提供廉价的服务,就可能令人对五星级酒店的档次产生疑问。相反,如果企业主动选择特定的客户,明确客户定位,就能树立鲜明的企业形象。

总而言之,成功开发客户、实现客户忠诚的前提是正确选择客户,而对客户不加选择可能会造成企业定位模糊不清,不利于树立鲜明的企业形象。

选择正确的客户还能增加企业的盈利能力。这是因为客户的稳定是企业销售稳定的前提,稳定的客户给企业带来的收益远大于经常变动的客户,而客户的频繁变动对企业来说意味着风险和费用。所以,不到万不得已的时候,企业一般不考虑更换客户。

仔细挑选特定的客户,是企业在处理客户关系上争取主动的一种策略,是成功建立和维护客户关系的基础,是企业对客户进行有效管理的前提条件,也是企业成功的基础。经过一系列的限制条件(如规模、资金、信誉、管理水平、技术实力),被选择入围的客户肯定会珍惜与企业的合作机会;企业也清楚这些客户是自己真正需要的客户,是企业的重要资源和财富。假如企业能够为这些最有价值的客户提供满意的产品或服务,并且不断地满足这些客户的特定需求,那么就将得到长期、稳定、高额的回报,企业的业绩将稳步提高。

2.3 如何甄别优质客户

企业的产品是有形的,甄别时可以看它的外形,看它的质地,看它的独特性,通过这些方面判断产品的价值。怎么判断客户是否优质?有一个标准可以帮助企业判断,即客户关系价值。它是指客户对企业的价值,关系价值越大,客户越优质。

企业选择目标客户时,当然要尽量选择优质客户。但是,如何选择优质客户呢?选择目标客户要从市场细分说起。市场细分是指根据客户的需要与欲望及购买行为和购买习惯等方面的明显差异，把某一产品或服务的市场划分成若干个客户群体的过程。通过市场细分，可以帮助企业识别最能盈利的细分市场，找到最有价值的客户，引导企业把主要资源放在这些能产生最大投资回报的客户身上，从而更好地满足他们的需要。目标客户是企业在市场细分的基础上，对各细分客户群的盈利水平、需求潜力、发展趋势等情况进行分析、研究和预测，最后根据自身状况、市场状况及竞争状况，集中力量选择和确定的一个或几个细分客户群。

2.3.1 优质客户与劣质客户的标准

首先，要了解优质客户与劣质客户的不同之处。

菲利普·科特勒（Philip Kotler）将一个有利益的客户定义为：能不断产生收入流的个人、家庭或公司，其为企业带来的长期收入应该超过企业长期吸引、销售和服务该客户所花费的可接受范围内的成本。即优质客户是指客户本身的"素质"好，对企业贡献大，不断给企业带来的收入要比企业为其提供产品或服务所花费的成本高。也就是说，优质客户最起码的条件是能够给企业带来盈利。

一般来说，优质客户通常要满足以下几个条件：

（1）购买欲望强烈、购买力强，有足够大的需求量来吸收企业提供的产品或服务，特别是对企业高利润产品的采购数量大。

（2）能够保证企业盈利，对价格的敏感度低，付款及时，有良好的信誉——信誉是合作的基础，对不讲信誉的客户，其他条件再好也不能合作。

（3）服务成本较低，最好是不需要多少服务或对服务的要求低。但这里的服务成本是相对而言的，而不是绝对数据上的比较。例如，一个大客户的服务成本是200元，银行的净收益是10万元，那么这200元的服务成本就显得微不足道；而一个小客户的服务成本是10元，但银行的净收益只有20元，虽然10元的服务成本在绝对数值上比200元小了很多，但相对服务成本却大了很多倍。

（4）经营风险小，有良好的发展前景。客户的经营现状是否正常、是否具有成长性、是否具有核心竞争力、经营手段是否灵活、管理是否有章法、资金实力是否足够、分销能力是否强大、与下家的合作关系是否良好，以及国家的支持状况、法律条文的限制情况等，都对客户的经营风险有很大的影响。企业只有对客户的发展背景与前景进行全面、客观、远景性的分析，才能对客户有一个准确的判断。

（5）愿意与企业建立长期的伙伴关系。客户能够正确处理与企业的关系，合作意愿高、忠诚度高，让企业做擅长做的事，通过提出新的要求，友善地引导企业怎样超越现有的产品或服务，从而提高企业的服务水平。

总之，优质客户就是能够给企业带来尽可能多的利润，而占用企业的资源尽可能少的客户。

例如，银行选择好的贷款客户的标准如下：

1）法人治理结构完善，组织结构与企业的经营战略相适应，机制灵活、管理科学。

2）有明确可行的经营战略，目前的经营状况良好，经营能力强。

3) 与同类型客户相比,有一定的竞争优势。
4) 财务状况优良,财务结构合理,现金回流快。
5) 属于国家重点扶持或鼓励发展的行业,符合产业技术政策的要求。
6) 产品面向稳定增长的市场,拥有有力的供应商和畅通的销售网络与渠道。

相对来说,劣质客户就是:

(1) 只向企业购买很少一部分产品或服务,但要求却很多,花费了企业高额的服务费用,使企业为其消耗的成本远远超过其给企业带来的收入。

(2) 不讲信誉,给企业带来呆账、坏账、死账以及诉讼等,给企业带来负效益,是一群时时刻刻在消耗企业资产的"蛀虫",他们也许会让企业连本带利输个精光。

(3) 让企业做不擅长做或做不了的事,分散企业的注意力,使企业改变方向,与企业的战略和规划相脱离。

应当注意的是,优质客户与劣质客户是相对而言的,只要具备一定的条件,他们之间是有可能相互转化的,优质客户可能会变成劣质客户,劣质客户也可能会变成优质客户。

因此,不要认为客户一时好就会永远好,企业要用动态的眼光来评价客户,注意及时全面地掌握、了解与追踪客户的资金周转情况、资产负债情况、利润分配情况等经营动态,避免给企业带来损失。

2.3.2 大客户不等于优质客户

大客户又被称为重点客户、主要客户、关键客户等,是指对产品或服务消费频率高、消费量大、客户利润率高而对企业经营业绩能产生一定影响的重要客户。因购买量大,大客户往往是所有企业关注的重点。但是,如果认为所有的大客户都是优质客户,而不惜一切代价争夺和保持大客户,就是一个误区,企业要为此承担一定的风险。这是因为许多大客户存在以下几方面的问题:

1. 存在一定的财务风险

大客户在付款方式上通常要求赊销,这就容易使企业产生大量的应收账款;而较长的账期可能会给企业经营带来资金风险,因而大客户往往也容易成为"欠款大户",甚至使企业承担呆账、坏账、死账的风险。例如,美国能源巨头安然公司一夜之间轰然倒塌,为其提供服务的安达信公司也受其牵连而破产。这个例子很好地说明了规模有时候带来的可能只是更大的风险。

2. 存在较大的利润风险

客户越大,脾气、架子就可能越大,所期望获得的利益也越大。另外,某些大客户还会凭借其强大的买方优势和砍价能力,或利用自身的特殊影响与企业讨价还价,向企业提出诸如减价、价格折扣、强索回扣、提供超值服务甚至无偿占用资金等方面的额外要求。因此,这些订单量大的客户可能不但没有给企业带来巨大的价值,没有为企业带来预期的盈利,反而减少了企业的获利水平,使企业陷于被动局面。例如,很多大型零售商巧立进场费、赞助费、广告费、专营费、促销费、上架费等费用,而使企业(供应商或生产商)的资金压力很大,增加了企业的利润风险。

3. 管理风险较大

大客户往往容易滥用其强大的市场运作能力，扰乱市场秩序，如窜货、私自提价或降价等，给企业的经营管理造成负面影响，尤其会对小客户的生存构成威胁，而企业却需要这些小客户起到拾遗补阙的作用。

4. 流失风险大

一方面，激烈的市场竞争往往使大客户成为众多商家尽力争夺的对象，大客户因而很容易被腐蚀、被利诱而背叛；另一方面，随着商业企业的快速发展，品牌竞争上升到一定阶段，必然会出现无差异化竞争或细微差异化竞争的局面。也就是说，在和人才资源、营销资源、品牌资源、服务等软实力以及社会资源等存在细微差别的竞争对手面前，你没有良好的策略去阻击或面对优秀的对手而丧失了竞争的信心，大客户选择新的合作伙伴的风险不断降低。这两个方面决定大客户流失的可能性增加了，他们随时都可能叛离企业。

5. 容易成为竞争对手

大客户往往拥有强大经营实力，容易采取纵向一体化战略，利用自身的渠道、优势自立门户，经营与企业相同的产品，成为企业的竞争对手。

可见，大客户未必都是优质客户，为企业带来最大利润和价值的通常不是购买量最大的客户。此外，团购也未必都是优质客户，因为团购未必忠于企业。像团购礼品往往追求时尚，总是流行什么就买什么，而不能够持续、恒久地为企业创造利润。

2.3.3 小客户可能是优质客户

优质客户也可能来自小客户。在什么样的客户是优质客户的判断标准方面，要从客户的终身价值来衡量。许多企业缺乏战略思维，过分强调当前客户给企业带来的利润，只追求短期利益，而不顾长远利益；对客户的认识也是着眼于客户当前能够给企业带来多少利润，很少去考虑客户在未来可预期的时间内能给企业带来多少利润。因为今天的优质客户也经历过艰苦的创业阶段，也有规模从小到大的发展过程。例如，2000年成立的百度在短短数年间从一个名不见经传的小企业成长为知名的互联网大企业，这是从"蚂蚁式"企业成长为"大象式"企业的实例。可见，衡量客户对企业的价值要用动态的眼光，要从客户的成长性、增长潜力及其对企业的长期价值来判断。一些暂时不能带来利润甚至有些亏损，但长远来说很有发展潜力的客户往往没有引起企业足够的重视，甚至被遗弃，更不要说得到企业的扶持了。

因此，企业要善于发现和果断选择具有成为优质客户潜力的小客户，给予重点支持和培养，甚至可以考虑与管理咨询公司合作，提升有潜力小客户的品质。这样小客户对企业报有感恩之情，对企业有更高的忠诚度，最终就可能成为企业的优质客户。

2.4 选择客户的指导思想

当企业的战略定位和客户定位确定以后，就应当考虑如何选择目标客户。在目标客户的选择方面，有五个指导思想：

2.4.1 选择与企业定位一致的客户

企业在进行客户选择时，要定位于客户的经营活动，即企业要以客户需求为导向进行经营活动。它与传统意义上的经营活动相比，有以下特点：

(1) 对客户的需求要有更充分的认识和了解。
(2) 企业的产品和服务直接针对客户的需求进行设计。
(3) 确保企业的每一个人都对满足客户的需求有所贡献。
(4) 企业所运用的工具和方法应对希望服务的客户需求做出积极反应。

因此，企业选择目标客户要从实际出发，要根据企业自身的定位和目标来选择经营对象，以选择与企业定位一致的目标客户。

2.4.2 选择优质客户

既然我们已经知道，客户有优劣之分，那么，企业就应当选择优质客户来经营，这样才能够带来利润。

例如，戴尔公司发现新的计算机用户对服务支持的要求几乎达到毫无节制的程度，而这种过分要求将耗尽公司的人力和财力资源。所以，在20世纪90年代的大部分时间里，戴尔公司决定避开大众客户群，而集中人力和财力针对企业客户销售产品。当然，公司也对一些经过严格挑选的个人消费者提供服务，因为他们对产品和服务的需求与戴尔的核心客户群即优质客户非常相似。

2.4.3 选择有潜力的客户

三国时诸葛亮"选主"为什么选了刘备，而不选曹操、孙权呢？其中的原因恐怕只有诸葛亮本人最清楚。但是，有一点是可以看到的，那就是当时曹操、孙权都兵多将广、谋士众多，多一个谋士不多，少一个谋士也不少。如果诸葛亮投靠他们，就很可能不被重用、专用，也就不能实现"自比管仲、乐毅"的理想抱负。而刘备当时实力最弱，投靠他，凭诸葛亮的才学和人品，一定会被重用、专用，成就一番事业。事实也果真如此。企业选择客户也不妨学学诸葛亮"选主"，不局限于客户当前对企业盈利的贡献，而考虑客户的成长性、资信、核心竞争力及未来对企业的贡献。衡量客户对企业的价值要用动态的眼光，要从客户的成长性、增长潜力及其对企业的长期价值来判断。对当前利润贡献小但是有潜力的小客户，企业要积极提供支持和援助。尽管满足这些小客户的需求可能会降低企业的当前利润，甚至可能造成损失，但是，应该且必须接受眼前的暂时亏损，因为这是一只能够长成"大象"的"蚂蚁"！

锦上添花不稀罕，雪中送炭才可贵！企业支持客户，在很大程度上是支持自己。因为客户与企业处在同一条价值链上，根本利益是一致的，只有客户发展了，才可能对企业的产品或服务产生越来越大的需求，给企业带来越来越多的利润。

2.4.4 选择"门当户对"的客户

一般来说，谈对象找一个条件比自己好的要比找一个条件相当的难——首先难在"建立关系"上；其次难在"维持关系"上。同样的道理，优质客户不一定都是企业最佳的目标客户，因为"低级别"的企业如果瞄上"高级别"的客户，尽管这类客户很好，但是可能不属于我们，原因是双方的实力过于悬殊，我们对其服务的能力不够。我们看上它，而它未必看得上我们，这样的客户就不容易开发，即使最终开发成功，勉强建立了关系，以后的服务成本也一定较高，维持关系的难度也较大。

所以，这样的优质客户高不可攀，看看可以，但碰不得。现实中，有些企业只注重服务于大客户，动辄宣称自己可以满足大客户的任何要求，似乎不如此不足以显示自己的实力。然而，由于双方实力的不对等，企业只能降低标准或放松制衡，接受大客户提出的苛刻条件，或者放弃管理的主动权，从而对大客户的潜在风险无法进行有效的控制，结果一旦这些大客户出现经营风险，企业就无能为力了。

例如，一家生产汽车配件的公司打算把目标客户锁定为大型汽车制造厂，企图尽快达到盈亏平衡点，但经过几年的努力都未成功，因为这些大型汽车制造厂根本没把这家企业当回事。无奈之下，这家企业转向了一些中小型汽车制造厂，而这些中小型的汽车制造厂也正在寻找物美价廉且未被大型汽车制造厂锁定的供应商，于是双方建立了长期稳定的关系，取得了双赢。

那么，企业怎样寻找"门当户对"的客户呢？事实上，每个客户都有自己的价值判断，从而决定自己与哪家企业（供应商）建立紧密关系。然而，许多企业没有意识到这一点，因而往往忽略客户的感受，总是把自己的意愿强加于客户，最终陷入尴尬境地，当然不会有好的结果。

为此，要结合客户的综合价值与企业对其服务的综合能力进行分析，然后找到两者的交叉点，这样才能找到"门当户对"的客户。具体分成以下三个步骤：

第一步，企业要判断目标客户是否有足够的吸引力，是否有较高的综合价值，是否能为企业带来较大的收益。这些可以从以下几个方面进行分析：

（1）客户向企业购买产品或服务的总金额。
（2）客户扩大需求而产生的增量购买和交叉购买等。
（3）客户的无形价值，包括规模效应价值、口碑价值和信息价值等。
（4）企业为客户提供产品或服务需要耗费的总成本。
（5）客户为企业带来的风险，如信用风险、资金风险、违约风险等。

第二步，企业必须衡量一下自身是否具备足够的综合能力去满足目标客户的需求，即要考虑自身的实力能否满足目标客户所需要的技术、人力、财力、物力和管理能力等。对企业综合能力的分析不应该从企业自身的感知来确定，而应该从客户的角度进行分析，可借用客户让渡价值（是指客户获得的总价值与客户为之付出的总成本之间的差额。让渡价值的大小决定了产品或服务的竞争力，体现了客户获得的利益）的理念来衡量企业的综合能力。也就是说，企业能够为目标客户提供的产品价值、服务价值、人员价值及形象价值之和减去目标客户需要消耗的货币成本、时间成本、精力成本和体力成本,这样就可以大致得出企业的综合能力。

第三步,寻找客户的综合价值与企业的综合能力两者的结合点。最好寻找那些客户综合价值高,而企业对其综合能力也高的客户作为目标客户。也就是说,要将价值足够大、值得企业去开发和维护,同时企业也有能力开发和维护的客户,作为企业的目标客户。

具体分析如图 2-2 所示。

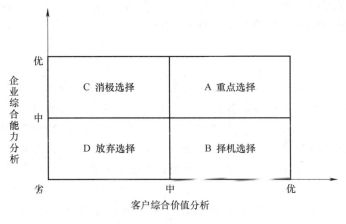

图 2-2　"门当户对"矩阵图

图 2-2 中,A 区域客户是企业应该重点选择的目标客户群。因为这一区域客户的综合价值较高,是优质客户,另外,企业对其服务的综合能力也较强。也就是说,企业的实力足以去赢得和维系这一区域的客户。因此,A 区域客户值得企业花费大量的资源去争取和维护。

B 区域客户是企业应该择机选择的目标客户群。因为这一区域客户的综合价值高,具有非常高的开发与维护价值,但遗憾的是,企业对这一区域客户的服务能力实在有限,很难为客户提供满意的产品或服务。企业开发这一区域的客户时,将会面临很大的困难;即使开发成功,如果企业对其服务的综合能力没有提高,最终也很难长期留住这一区域的客户。因此,B 区域客户属于企业在适当的时机(如当服务能力提高时)可以选择的客户群。

C 区域客户是企业应该消极选择的客户群。因为尽管企业对其服务的综合能力较强,但是这一区域客户的价值实在有限,很可能不能为企业带来多少利润,甚至还有可能消耗企业的一部分利润。因此,C 区域客户属于企业应当消极选择的客户群。

D 区域客户是企业应该放弃选择的客户群。因为,一方面,这一区域客户的综合价值较低,很难给企业带来利润。如果企业将过多的资源投入到这一区域的客户上,是得不偿失的,甚至有时候这一区域的客户还会吞噬企业的利润;另一方面,企业也很难为这一区域的客户长期提供具有较高价值的产品或服务。因此,D 区域客户属于企业不该选择的客户群。

2.4.5　选择与忠诚客户具有相似特征的客户

"胳膊拧不过大腿",企业就好比胳膊,市场就好比大腿。有时候企业费尽心思,企图在市场中扮演某个角色，但是偏偏出力不讨好，没有得到市场的认同，可谓"落花有意，流水无情"，而且"强扭的瓜不甜"。事实上，没有哪个企业能够满足所有客户的需求，但是，可能有些客户会觉得企业提供的产品或服务比竞争对手的更好、更加"物有所值"，因而忠诚。这至少说明企业的特定优势能够满足这类客户的需求，同时也说明他们是企业容易建立并维持关系的客户。假如"有心栽花花不开，无心插柳柳成荫"，那么就该顺势而为，改"栽花"为"插柳"了——因为大势所趋。

因此，最好选择与忠诚客户具有相似特征的客户，实践证明，开发和维系这样的客户相对容易，而且他们能够不断地给企业带来稳定的收益。

本章小结

由于企业资源的有限性和客户需求的差异性，每个企业能够有效服务的客户数量和类别是有限的，市场中也只有一部分客户能成为企业产品或服务的实际购买者，其余则是非客户。此外，竞争者的客观存在，也决定了任何一家企业不可能通吃"所有的购买者"。因此，企业不应当"以服务天下客户为己任"，不可把所有的购买者都视为自己的目标客户。准确地识别客户、选择客户，并尽力开发有价值的潜在客户，才是企业客户关系管理的基础工作。

本章主要介绍了企业识别客户和甄别客户关系的相关知识，内容包含客户识别的内容、方法及意义，目标客户选择的策略，如何判断优劣客户，以及客户关系选择时遵循的指导思想等。通过本章的学习，应充分理解客户选择与开发的作用，掌握判断优质客户和劣质客户的方法。

总而言之，企业从对自己负责和对客户负责的角度出发，都必须对客户加以选择。

复习思考题

1. 什么是客户识别？其内容有哪些？
2. 企业为什么要对客户进行识别和选择？其意义何在？
3. 什么样的客户是优质客户？什么样的客户是劣质客户？
4. 为什么大客户不等于优质客户？小客户可能是优质客户？
5. 目标客户的选择方法与开发策略主要有哪些？
6. 关系客户选择的指导思想有哪些？

案例分析

麦德龙超市的客户选择

2006年，麦德龙（Metro）在进入中国10年后，无论其怎样重申为专业客户服务的宗旨，还是会有人将它与沃尔玛和家乐福相提并论。进入中国10年来麦德龙备受争议却一直不肯放弃的"专业性"，既是一块培育客户忠诚度的"金字招牌"，又是一道拒人千里之外的樊篱。

2006年，当麦德龙万泉河商场刚刚"满月"的时候，北京第二店开业也进入了倒计时。麦德龙中国华北区总经理张守川在接受记者专访时透露，北京第二店选址已经落定朝阳区十八里店，2006年年底开业。按照计划，麦德龙将在北京的四个方向都开设门店。很显然，姗姗来迟的麦德龙欲加速抢占潜力无限的北京市场。而当麦德龙走进北京的时候，其方方面面的"与众不同"令很多顾客止步于大门外。

1. "德国个性"造成客户流失

在麦德龙的商场内，购物塑料袋是要付费的，小的0.3元，大的0.5元；商场内还标明"敬请反复使用"字样，以提倡环保。

很多商家喜欢抓住"小顾客"消费群体，而在麦德龙，不允许1.2 m以下儿童入场，因为这个高度的儿童正好是其货用叉车的盲点；与之前进入北京的普尔斯马特及万客隆会员店不同的是，麦德龙商店内办理会员卡需要出示营业执照或单位介绍信；与所有商场不同，麦德龙采用A4纸大小的"透明发票"，购物单位名称和所有商品明细一项项明列其中……而这些特色在过去的10年中让麦德龙赢得了客户的同时，也流失了很多客户。

"虽然我们失去了一部分顾客，但是不会放弃特色。"张守川坦诚地面对"个性"带给麦德龙的得失。

10年前，当家乐福、沃尔玛进入中国的时候，麦德龙也于1996年在上海开设了第一家门店。10年后，家乐福凭借"入乡随俗"的本土化策略争得了在华外资零售企业的龙头地位，而一直宣称美国风格的沃尔玛在中国遭遇了工会问题后，不得不妥协以谋求更积极的发展。只有麦德龙，虽然面临10年仍未全面盈利的质疑，仍然"本性难移"。

"10年前刚刚进入中国的时候，就有消费者对麦德龙的收费塑料袋有异议，包括我们A4纸大小的'透明发票'。不得不承认的是，由于'透明发票'等问题，麦德龙确实失去了一部分顾客，尽管如此，面向专业客户服务的特色我们一直没有放弃。因为麦德龙所做的很多事情不仅仅是谋求短期的经济效益。"张守川表示。

独特的运营模式有独特的盈利方式。据了解，麦德龙"现购自运"业态在全世界的28个国家全部是同一种经营模式。张守川认为，专业性是麦德龙一贯的宗旨，而在不同的国家培育市场需要的时间长短也不同。"目前专业性做得非常成功的国家是法国，专业顾客的采购比例几乎达到百分之百。而这种专业性在一个国家或者地区达到一定程度，需要时间。"

2. 不参与价格战

自2005年中国零售业开放以来，零售巨头加速了抢占中国市场的步伐，随之而来的门店数量比拼和价格战不可避免。

据了解，在零售业内，商家都以购买频率高的一些产品来衡量商店内商品的价格水平，而竞争对手之间也都互相到卖场刺探"军情"。虽然作为仓储批发业态，麦德龙的低价产品得到了大部分消费者认可，但是价格战从一开始就不是麦德龙看重的竞争模式。

在麦德龙内部也有自己的价格比较系统。张守川认为，麦德龙更加专注的是如何做到服务专业客户。"我们保证我们的商品在同等质量的前提下，价格是有竞争力的。"他表示，麦德龙的商品，尤其是"敏感商品"，可以做到不高于正规批发市场，同时低于大卖场5%左右，而他认为"以价格做噱头，加入无休止的价格战没有意义"。

3. 细节服务专业

据了解，麦德龙只为专业客户服务，包括中小型零售商、酒店、餐饮业、工厂、企事业单位、政府等。而为了锁定为这些专业客户服务，麦德龙有很多独特的细节。

目前，麦德龙北京首店有约50人的专业咨询团队，专门针对专业的餐饮客户上门服务；而其促销邮报也不同于其他卖场，是分列专刊，如细分为办公用品专刊、福利专刊、咖啡专刊、红酒专刊等;麦德龙全年的营业时间是从早上6时到晚上10时,能在凌晨3时开始销售生鲜肉类产品;商场内为不同大类的食品设有不同的收货口,以免交叉污染;在商品出售环节,麦德龙会向顾客提供专用的保温袋,以确保特殊商品的温度环境不出现过大的波动……如果说针对"专业顾客"的门槛将一部分消费者拦在了门外,那么这也是麦德龙认为所做的专业服务的制胜所在。

张守川坦承,这些特色给麦德龙乃至与其合作的供货商带来了很多困惑。"包括供货商在内的很多人都有不解,为什么麦德龙要强制执行高于国家标准的国际标准(HACCP)?为什么工作刀具一定是特殊的?为什么操作区的垃圾桶一定是用脚踩的……而面对这些疑惑,麦德龙依旧坚持下来。"

记者在麦德龙万泉河店发现,办理会员卡对顾客有严格的法人资格要求,因1.2 m以下的孩子被拒之门外而饱受普通消费者指责,麦德龙有苦难言。

4. 会员制培育市场

"作为为专业客户服务的商场,我们很难面面俱到。"张守川表示,"对于普通消费者,我们不是不欢迎,而这部分消费者并不是麦德龙的目标顾客群。麦德龙希望将会员尽量过滤,最后锁定在专业的消费者身上。这样严格控制,无论从购物环境还是在服务的专业性等方面都会更有针对性。"

目前,会员店在国内已经不是新概念了。高调开业而于2004年年底全面崩盘的普尔斯马特是会员店的代表之一;一直以"仓储式会员店"自称,而今会员卡形同虚设的万客隆和一直不温不火的沃尔玛山姆会员店都令会员店在中国陷入尴尬境地,而麦德龙一直坚持的服务专业客户的理念,虽然也将一部分客户拦在了自家商场的大门外,却有着明确的目标市场定位,思路清晰。张守川表示,目前开业的北京万泉河店拥有15万名会员,而随着时间的推移,这部分人也会慢慢过滤,最后沉淀下来对麦德龙有品牌忠诚度的专业客户。

5. 麦德龙的四大特色

特色一:可爱又可恨的"透明发票"。

张小姐的家住在距离麦德龙万泉河店很近的地方,自麦德龙开业以来经常光顾。而在每次大额度的消费之后她总是抱怨:麦德龙的发票实在太"透明"了。

在麦德龙商场内,每个消费者购物后取得的发票都有A4纸大小,而购物单位抬头、商品名称、价格和购买数量打印得一清二楚。而这对于很多采购人员来说,对其已经习惯的"灰色运作"是一种挑战。麦德龙也坦然承认因此而丧失了一部分客流。

张守川表示,很多会员单位的高层领导都非常欣赏这样的透明制度,而目前要让所有的采购人员习惯麦德龙的"现购自运"和"透明发票"也许需要时间,但麦德龙这样的特色不会丧失;如果为了适应市场处处妥协,就会丧失麦德龙的"灵魂"。

特色二:反向会员服务。

"现购自运"的麦德龙提供的是针对专业客户的服务。记者在万泉河商场会员卡办理处看到,几个在办理会员卡的顾客都因为证件不齐全被拒绝。

张守川表示,麦德龙希望在准入的时候就对会员资格有严格的审查。据了解,麦德龙的会员卡上明确标明了顾客的单位名称,还有个人照片,不收取费用。麦德龙之所以严格把关会员审批,就是要保证对专业会员承诺的特殊服务。

不同于普尔斯马特、万客隆和沃尔玛山姆会员店针对所有消费者的服务,麦德龙会员是以法人为单位,这样的市场定位使得其与仓储式大卖场有所区别,将市场细分为专业客户而提供针对性服务。

据张守川介绍,就顾客手中的会员卡而言,就有专业的"反向服务功能"。顾客办卡时,商店内的信息系统就对其信息备份记录,这便于企业对目标客户的需求做研究。而当顾客每次购物过后,信息也会储存在系统里,每当顾客希望了解自己这一年的采购情况的时候,麦德龙可以提供详细的数据资料,做到对顾客的信息反馈。

特色三:卖场主题专区。

虽然必须坚持同样的运营模式,麦德龙也在寻求创新。在北京万泉河商场内,约120m^2、储藏超过200种从世界各地引进的高级名贵葡萄酒的精品酒廊成为一大特色。在出售精品红酒的同时传递酒文化,成为星级酒店及酒吧和中小零售商采购的最佳选择。

而通过设立培训厨房,麦德龙由简单的商品销售商转化为商品知识的传递者,向客户"授之以鱼"并"授之以渔"。张守川表示,培训厨房的相关工作除了对内培训之外,也是对外的培训和对新产品的推广宣传途径。此外,记者发现,为企事业机关单位提供服务的麦德龙商场内还专门设有福利礼品专区。

张守川表示,除了特色,"一站式"购物是麦德龙追求的目标。到目前为止,麦德龙基本可以满足客户的需求。

特色四:色彩斑斓的"HACCP"。

麦德龙的客户群体中,餐饮专业客户超过了20%,包括星级酒店和餐馆食堂,而当下对食品安全方面的问题尤为敏感。在这方面,麦德龙一直坚持国际食品质量控制体系"HACCP"(Hazard Analysis and Critical Control Point)。

在这个质量控制体系内,对消毒方法、冷链控制有严格的规定。而记者注意到其最有意思的特点是"以色彩区分"。在这个体系内,将产品分为六类不同的颜色,如水产品是蓝色,奶制品是白色,果蔬产品是绿色,肉类产品是红色,熟食类是棕色,禽类是黄色。而对应这些细分区域,操作员工的工作服和工作器具必须采用与其对应的颜色,以做到专业并避免食物交叉污染。

张守川表示,虽然目前包括供货商在内对这些严格的标准都有"有没有必要采用"的疑惑,但是麦德龙10年以来一直坚持。麦德龙认为,这些都是赢得专业客户信赖的保障。

(资料来源:张丽萍. 一家洋超市的精细思维 [J]. 现代营销(经营版),2007(6);
　　　　　　于恬,胡启亮. 连锁经营管理原理 [M]. 北京:科学出版社,2008.)

案例讨论题:

1. 分析麦德龙公司在经营中有哪些独特之处。
2. 为什么麦德龙独特的客户选择方式会造成一定的客户流失?
3. 为什么仓储会员制超市在中国的发展屡遭挫折?你对其今后发展有何建议?

第 3 章 潜在客户开发

本章学习重点

1. 了解什么是有吸引力的产品或服务,什么是有吸引力的价格或收费
2. 熟悉发掘潜在客户的方法
3. 掌握说服客户的技巧

案例导入

广州邮政的客户选择

广州邮政在业务徘徊不前的时候,按照选择"有影响力的,可带来长期、稳定、高额回报的行业性大客户"这个思路,决定在金融行业中选择中国工商银行作为第一个目标大客户,为其提供单证速递、账单商函、信用卡配送、单据交换、商函广告、企业邮品、储蓄中间业务等,使中国工商银行的服务质量、信用卡销售量得到显著提升,在银行业界引起很大震动,当然这也给广州邮政带来每年 500 万元的收入。

有了中国工商银行这个典型引路,中国银行、中国建设银行、中国农业银行、民生银行、招商银行、华夏银行等也先后成为广州邮政的大客户。仅银行业界大客户的业务,每年就为广州邮政创造 2000 万元以上的收入。

国美电器进入广州市场前期,广州邮政大客户服务中心深入分析家电零售行业的特点,以及国美开拓南方市场所关注的问题,为国美电器设计了包括物流、广告促销、代理销售等业务的综合服务方案。国美电器对广州邮政的服务方案非常满意,立即与之签订了全面合作协议。双方合作推出的创新服务在广州家电零售行业产生了强烈反响,于是,其他家电零售商纷纷主动联系广州邮政,希望广州邮政也为它们提供类似的服务。就这样,在国美电器的示范作用下,广州邮政又顺利开发了其他家电零售客户。

广州邮政通过细腻、周到、优质的服务,争取到中国工商银行广州分行、国美电器这样的大客户,随后势如破竹地与其他银行和其他家电零售商建立了客户关系。可见,企业要想开发客户,必须实实在在地为客户创造价值和提供利益。只有这样,客户关系才能建立起来。

(资料来源:邓学军,张勇,曾国勇.透视大客户服务营销[J].中国邮政,2003(5).)

3.1 营销导向的开发策略

3.1.1 有吸引力的产品或服务

有吸引力的产品或服务是指企业提供给客户的产品或服务非常有吸引力,能够很好地满足客户需要。它不仅包括产品或服务的功能效用、质量,还包括特色、品牌、包装、服务以及相关的承诺与保证等。

1. 功能效用

功能效用是吸引客户最基本的立足点,功能越强、效用越大的产品或服务对客户的吸引力就越大。

例如,被称为"苹果之父"的乔布斯(Steve Jobs)在产品开发中,曾派工程师走访了 30 多所大学,询问大学需要什么样的计算机。根据调查和咨询结果,他推出了存储量大、程序简单和兼容的分体式计算机,立即受到了用户的欢迎。

海尔在市场调研时,一个客户随意说到冰箱里的冻肉拿出来不好切,海尔意识到这是一个未引起冰箱生产企业重视的共性问题。于是,根据食品在 −7℃ 营养不易被破坏的原理,海尔很快研制出新产品"快乐王子 007"。这款冰箱的冷藏冻肉出箱后可即时切,于是很快走俏,受到了广大客户的追捧。可见,对于好东西,自然有客户愿意被"吸引"。

宝洁公司也设计出了满足消费者不同需要的产品系列。例如,洗发水方面,宝洁公司设计出了满足消费者营养头发需要的潘婷洗发水、满足消费者去头皮屑需求的海飞丝洗发水、满足消费者柔顺头发需要的飘柔洗发水、满足消费者保持发型需要的沙宣洗发水等。因此,宝洁公司的产品被客户竞相追捧。

对老产品或者老式服务在功能和效用上加以改进后重新推出,也能够有力地吸引客户。

例如,银行将原来的活期存款和定期存款的优点融合起来,推出"个人通知存款"业务,吸引了不少新的储户;有的银行推出了个人支票业务,既有结算功能,又有活期利息,由于可以使人们告别"腰缠万贯"的烦恼,尝到"一纸抵千金"的潇洒,从而吸引了许多客户;招商银行推出的"一卡通",除具有"一卡多户、自动转存、代发工资、代收费用"等功能外,还有"证券保证金转账"功能,可以使客户不必携带大量现金进出股市,因此吸引了不少股民使用"一卡通"。

有时候,需求是隐藏的,如果企业的产品或服务的功能、效用能够满足这种需求,那么企业就应当想办法刺激这种需求;一旦这种需求被刺激,市场就被打开了,客户会争先恐后地寻觅你,寻觅你的产品或服务。

例如,有位年轻人在纽约闹市区开了一家保险柜专卖店,但是生意惨淡,很少有人留意店里琳琅满目的保险柜。看着川流不息的人群,他终于想出一个办法:他从警察局借来正在被通缉的盗窃犯的照片,并且放大了好几倍,贴在店铺的玻璃上,照片下面附上一张通缉令。

很快,行人被照片吸引,看到盗窃犯的照片,人们产生了一种恐惧感,于是本来不想买保险柜的人也想买了，年轻人的生意一下子好了起来。

不仅如此，年轻人在店里贴出的照片还使警察局获得了重要的线索，顺利地将盗窃犯缉拿归案，年轻人因此受到警察局的表彰，媒体也做了大量的报道。这个年轻人也不客气，他把奖状、报纸一并贴到店铺的玻璃上，这下保险柜专卖店的生意自然更加红火了。

北京赞伯营销管理咨询集团董事长路长全讲过一个这样的故事：沃尔沃货车刚进入中国市场的时候，连续几年都卖不出去，1997年6月以前在整个中国的销售仅为27辆。这对于称雄全球市场的汽车品牌沃尔沃来说无疑是十分尴尬的。后来，本土的销售专家提示它们，沃尔沃货车太贵，昂贵得让中国的个体运输户望而生畏。这下，它们如梦初醒，立即将广告语改为"沃尔沃货车提供了一流的挣钱方案"，还将沃尔沃货车和其他品牌的低价货车进行对比，并且帮关系客户算账——买一款低价格品牌的货车，初期投入是多少，一年的维护费用、使用费用是多少，每天能拉多少货，跑多少里程，能挣多少钱，几年之后这辆车一共能带来多少收益，投入产出比是多少；同样，如果花多一些钱买了沃尔沃货车，尽管初期投入大一些，但载货量大，维护费用低，几年下来一共能带来多少收益，投入产出比是多少。通过这样的对比，客户就清楚是否该购买沃尔沃货车了。

这两个案例都告诉我们，企业要善于挖掘产品的功能、效用，并且通过恰当的措施引起关系客户或者潜在客户的注意，这样才能够顺利地吸引客户。

2. 质量

"好东西自己会说话"——质量优异的产品或服务总是受到客户的青睐，质量在吸引客户上起到了至关重要的作用。

一个质量有问题的产品或服务，即使价格非常便宜，也没有人愿意购买，反而唯恐避之不及；相反，对高质量的产品，即使价格高些，人们也愿意接受。因为质量往往代表着安全、可靠和值得信赖。人们之所以购买名牌产品或服务，最主要的一个原因就是看中其过硬的质量。

例如，客户购买劳力士（Rolex）钟表，不但因为劳力士能够象征身份、地位，而且因为劳力士产品的功能和质量在钟表行业中是首屈一指的。

早在1914年，劳力士的一款小型腕表获得了英国矫天文台（Kew Observatory）颁发的A级证书，这是权威天文台对钟表精确度最高级别的认可。1927年，英国姑娘梅塞迪斯·吉利丝（Mercedes Gleitze）佩戴着劳力士蚝式恒动腕表，历经10多个小时成功横渡了英吉利海峡。她到达终点时，腕表的运转完全正常，宣告了防水腕表成功诞生。自此，劳力士蚝式恒动腕表开始了走向全世界的伟大征程。多年来，劳力士研制出了一系列功能卓越的蚝式恒动腕表，如劳力士的切利尼（Cellini）系列为客户提供了更多的选择。产品的可靠性让劳力士品牌在全球创出了良好的声誉，树立起不败的产品形象。

又如，劳斯莱斯高贵的品质就是来自它高超的质量。劳斯莱斯的创始人亨利·莱斯（Frederick Henry Royce）曾说过："车的价格会被人忘记，而车的质量却长久存在。"劳斯莱斯的成功得益于它一直秉承了英国传统的造车艺术：精炼、恒久、巨细无遗。

特别值得一提的，还有劳斯莱斯讲究豪华的车内装饰——车内的仪表板的材质是从意大利和美国进口的胡桃木，连纹路的颜色都要一致，因此，拼缝接口处几乎看不出接缝的痕迹，经过精心打磨的木料，表面光亮如镜；座椅及顶篷则选用丹麦和英国的上等牛皮，其下脚料为巴黎高级首饰店的皮包面料，经过多道工序加工的牛皮光滑柔软，其表面涂有既耐磨又防水的涂料；车内地毯选用威尔顿纯羊毛制成，连行李箱也铺满地毯……总之，车内宽敞舒适，颇有气派。因此，英国女王以劳斯莱斯为自己的"御驾"，1955年劳斯莱斯被授权使用皇室专用徽章，一直到今天。

3. 特色

如今市场上同类品质的产品或服务越来越多，因此，企业要想在激烈的市场竞争中脱颖而出，其产品或服务必须有足够的特色才能吸引客户的注意或光顾。

例如，沃尔玛对不同的消费者采取了不同的零售经营模式：针对中层及中下层消费者的沃尔玛平价购物广场，只针对会员提供各项优惠及服务的山姆会员商店，以及深受上层消费者欢迎的沃尔玛综合性百货商店等。通过这些不同的经营形式，沃尔玛分别吸引了零售的各档市场。

又如，招商银行为开发信用卡客户，采取了以下措施：

针对乘机一族，招商银行推出"刷卡买机票，送百万元航空意外险"作为开发客户的筹码。

针对有车一族，招商银行和国际SOS救援中心签署协议，持有招商银行信用卡的有车一族，每月只需投入10元，就可以享受国际SOS救援中心提供的每年一次30 km之内免费拖车、不限次数免费路边维修等9项服务。

针对都市女白领，招商银行继"一卡通"金卡和"金葵花"白金卡之后，在天津率先推出国内首张女士专用国际借记金卡"一卡通·靓卡"。持卡人可以享受电话、网络、手机、自助银行女性卡等多渠道、全方位服务，同时具备自助贷款、银基通、银证通、购买保险、自助缴费、委托购汇等其他各项功能。除此以外，招商银行"一卡通·靓卡"与其他女性卡最大的区别在于提供了体贴和温馨的增值服务——不仅与众多商户合作，向持卡人提供各类美容健身、休闲娱乐、餐饮等贵宾服务或折扣优惠，还首次提出了通过组建女性俱乐部，为都市白领女性提供一个沟通和交流平台的概念。

招商银行凭借这些颇具特色的金融服务，吸引了众多个人客户前来光顾。

再如，在比利时首都布鲁塞尔，有一家"棺材酒吧"。酒吧里面摆着一个个棺材造型的吧台，人们用一个形状像骷髅头的酒杯饮酒，杯子里面盛着独家调制的鸡尾酒"午夜之眼""吸血鬼之吻"等，令人毛骨悚然，整个店充满了恐怖气氛……"棺材酒吧"的老板抓住人们心理上的特点，反其道而行之，从而刺激了人们的感官，吸引了许多"勇敢者"光顾，开业不到3年，它的客户已遍布欧洲各国。

4. 品牌

品牌是用以识别某个产品或服务，并使之与竞争对手的产品或服务区别开来的商业名称及标志。

品牌对客户的吸引力在于，品牌是一份合同、一个保证、一种承诺。无论购买地点在哪里，无论分销形式如何，品牌向客户提供了一种统一的标准，减少了客户可能冒的风险，能够更好地维护客户利益。

当客户对产品或服务的安全和质量要求很高时（如给婴儿购买护理产品），或者当客户难以事先评估产品（如计算机、音响等高科技产品）的性能时，品牌的作用尤为突出。因为品牌能够让客户信任、放心，尤其是久负盛名的品牌，更能增强客户购买的信心。

当我们不是为个人购买，而是为团体或单位购买时，购买品牌产品或服务就显得更为重要了。因为，假如你购买的产品出了问题，如果购买的是知名品牌产品，那没关系，你不会受到责怪；如果你购买的是杂牌，那就糟糕了，人们可能会对你有很多疑问。所以，在美国，人们常说"购买 IBM 产品的雇员永远不会被解雇"。

品牌对客户的吸引力还在于，品牌不仅有利于维护客户的利益，还有助于提升客户的形象，特别是有些产品的购买被称为社会地位标志性的购买，如服饰、酒、汽车等，由品牌产生的附加值是根本性的，起着绝对的作用。品牌将自己的档次传递到人们身上，提高了使用或消费它的人的身份，给人们带来心理上、精神上更高层次和最大限度的满足。因此，无论是 IBM 还是 GE，或者耐克（NIKE）、松下，它们都受到了客户的追捧，唤起了无数客户的购买热情。

5. 包装

产品给客户的第一印象，不是来自产品的内在质量，而是来自外观包装。

包装是指为产品设计并制作容器或包礼物的一系列活动，是不属于产品本身但又与产品一起销售的物质因素。包装能够方便产品的保护、运输、储存、摆放上架，以及被消费者识别、携带和使用。

包装吸引客户的作用主要体现在"无声销售员"上。

一方面，当产品被放到自选柜台或者自选超市时，好的包装能够吸引客户的目光，引起或加强客户的购买欲望。

例如，好的食品包装可以勾起人们的食欲，并能够提示产品的口感和质量，令人垂涎欲滴。

据英国市场调查公司报道，去超市购物的妇女由于受到精美包装等因素的吸引而购买物品的数量常常超出原来计划购买数量的 45%。

另一方面，当各个品牌之间的"内在"差异很小或很难被客户感知的时候，包装在功能或视觉方面的优势就会让产品"占上风"，并左右客户的购买决策。美国杜邦公司研究发现，63%的消费者是根据产品的包装来选择产品的。

此外，颜色、造型、风格、陈设、标签等，实际上也是"大包装"的范畴，它们可以打造赏心悦目的形象，吸引客户光临。

例如，宝洁公司杏黄色的包装，给人以营养丰富的视觉效果；海蓝色的包装，让人联想到蔚蓝的大海，带来清新凉爽的视觉效果；果绿色的包装，则给人以青春美的感受。

基于外观、华贵和精致等考虑，雅芳在包装上选择了一种光滑饱满、带金属光泽的蓝色，所有的包装色彩都以这种核心蓝色为底色，这带给客户一种和谐、高档的视觉感受。

又如，住房装潢设计室摆上计算机，给人以现代、高科技的感觉；面包房清新而芳香的空气能够提示所销售的面包新鲜程度高；温暖宜人的温度、柔和的灯光和音乐，能够提示西餐厅温情、细腻的服务；激烈高亢的音乐能够提示酒吧热闹的氛围……这些"大包装"的成功，可以吸引众多的客户前来消费。

天津亨得利钟表店在布局上全力推出一个"准"字，沿客户行走路线的柜台橱窗中陈列了形式各样的数千种钟表，并且全部处于走时状态，表针整齐划一，尤其是整点的时候，所有钟表都发出悦耳的声音，组成和谐的乐章。这种刻意的"包装"无疑有助于提示这里钟表的质量，给客户留下深刻的印象，从而吸引客户购买。

对银行来说，"包装"就是银行的营业环境及工作人员的形象等方面。招商银行非常重视服务环境的"包装"：投入了大量资源进行营业厅环境改造，提高了装修水平，设置服务标志，提供报纸、杂志，配备饮料，安装挂壁电视；让客户休闲地坐在椅子上，享受着书报杂志，品尝着牛奶、茶水、咖啡，看着电视等待办理业务。当其他银行的客户在柜台前排起长龙等待办理金融业务的时候，招商银行率先推出叫号机，后来又改善排队叫号器设置，在叫号器界面上设立不同业务种类，客户按照银行卡的种类取号，分别在不同的区域排队等候，既减少了互相干扰，又保证了营业厅秩序，营造出舒适的氛围。

6. 服务

服务是指伴随着产品的出售，企业向客户提供的各种附加服务，如产品介绍、送货、安装、测试、维修、技术培训、产品保证等。

企业向客户提供的各种服务越完善，产品的附加价值就越高，客户从中获得的实际利益就越大，也就越能吸引客户。

例如，保时捷公司利用赛车活动、电视、杂志广告等，进行了一系列的整合广告活动，其中一项活动是将购买保时捷汽车车主的姓名铭刻在保时捷车内的底盘上，甚至向车主赠送有其姓名的车牌。如果你在德国购买一辆保时捷，保时捷公司会为你提供免费停车与洗车的优惠。当你要坐飞机时，只要将车开到机场埃尔维斯租车公司的停车场即可。负责人会保管好你的车，并且帮你把车子内外清洗干净。保时捷车主可以无忧无虑地搭机旅行，回来时看到自己的车是一辆整洁的、看似崭新的车子，还免去了停车费与洗车费，自然很惬意。保时捷公司这些体贴的服务将其他对手区别出来，极大地发掘了潜在的消费者。

又如，海尔集团推行"全程管家365"服务：在全年365天里，海尔"全程管家"星级服务人员全天候24 h等待客户的来电，无论何时，只要客户打电话到海尔当地的服务热线，"全程管家"服务人员会随时按客户下达的需求来上门服务。"全程管家"服务的内容包括售前上门设计、售中咨询导购、售后安装调试、定期维护保养等，这些优质的服务使客户购买海尔产品的信心大大提升了。

管理大师德鲁克曾经讲过一个故事，20世纪60年代，美国一家润滑油企业的销售人员到南美洲一家著名的矿厂推销润滑油，这里的机器设备很多，每年需要大量的润滑油，因此，世界上的许多润滑油生产厂家都把它作为重点的关系客户。为了应对竞争，美国的这位销售人员不得不把价格压得很低，并许下很多承诺，但矿厂老板不为所动。

在一次次的失败之后，这位销售人员冥思苦想，终于发现了真相——客户根本不需要润滑油，他需要的是机器设备能够正常运转！在发现了客户的根本需要之后，销售人员找到矿厂老板，对他说："我负责赔偿你的机器设备出现故障停工造成的各种损失。"矿厂老板颇感意外，但显然这引起了他的很大兴趣。销售人员接着说："条件是你要按照我推出的保养计划保养机器，要使用我的润滑油……"不用说，最终这位销售人员成功了，他的成功归功于他将自己的身份由润滑油推销员转换成机器设备的保养顾问。

IBM曾经遇到过这样一件事情：一位客户住在小镇的一个小岛上，一天他的ThinkPad计算机发生了故障，呼叫中心咨询后判断必须由服务人员现场解决，但当地没有服务网点。分公司决定派工程师乘飞机到当地城市再坐出租车到小镇，然后租用快艇到小岛进行维修。碰巧当天下暴雨，工程师在深夜2点才到了小岛上，为了不打扰客户，工程师露宿于小岛，第二天上门并很快排除了故障。这件事不久后就得到了积极的市场响应，那就是小镇上所有计划购买计算机的人全都选择了或者表示将选择IBM——这就是优质服务的魅力！

如今，为了提供优质和完善的服务，争取更多的客户，越来越多的企业还延长了营业时间。例如，"永和豆浆"为了方便客户，不断延长服务时间，甚至推出24 h服务，满足了喜欢休闲式"夜生活"客户的需要，自然生意兴隆。有些企业则开展流动服务和上门服务，如北京邮政局用流动服务车向居住在市郊的外来农民工提供服务。

近年来，在我国香港刮起了一股"代客保管剩酒"之风，各家餐馆都先后增设了精巧的玻璃橱窗，里面陈列着各式各样的高档名酒。这些名酒都已经开了封，在瓶颈上都系有一张小卡片，上面写着客户的姓名。这就是为客户保存的剩酒。客户上次在餐馆饮酒时没有喝完，可由店里替他保存起来，以便他下次来时再继续饮用。

"保管剩酒"这招一问世，马上受到客户的欢迎和青睐，很快风靡了香港。其魅力在于以下三个方面：

（1）可以有效地招徕回头客。客户剩的酒在这家餐馆里保存着，下次当然还会去这家；而客户下次用餐时，可能还会点新酒，也就可能还会剩酒……如此良性循环，餐馆的生意会越做越红火。

（2）有助于激发客户消费高档酒的欲望。客户一般不想喝低档酒，而点了高档酒又担心喝不完，白白浪费了，拿走又不优雅，就干脆不喝了。而有了"保管剩酒"这项服务，就可以一次喝一点，分几次喝完，分摊下来，花费也不大，于是客户就可以大胆地消费高档酒了。

（3）可以增添对客户的亲切感。有半瓶酒在这里存着，显得该餐馆好像是自己的家，来此就餐就会有宾至如归之感，与餐馆的感情也自然拉近了。

7. 承诺与保证

由于客户的购买总是隐含着一定的风险，因此在一定程度上会限制其购买欲望，而卖方提供的承诺可以起到一种保险作用。如果企业对提供的产品或者服务做出承诺与保证，就可以降低客户购买的心理压力，引起客户的好感和兴趣，从而促进客户放心地购买和消费。实际上，敢于做出承诺和保证就已经体现了企业的一种态度、一种精神，有利于吸引客户。

例如，航空公司承诺航班地点，同时承诺当航班因非不可抗拒因素的延误、延期、取消、提前时，保证赔偿乘客的损失，这样便可使乘客在一定程度上增强了对航空服务可靠性的信心。

美国肯德基公司有两条服务标准,即"客户在任何一家肯德基快餐店付款后必须在 2 min 内上餐"和"炸鸡在 15 min 内没有售出,就不允许再出售"。

上海商业会计学校有"不合格毕业生可退回学校"的承诺。

上海邮政局承诺"限时补报",即在接到客户投诉电话的 1 h 内,上门补退报纸。

杭州大众汽车公司承诺:凡是气温在 30℃ 以上时,一律打开空调;如没有打开的,乘客可以要求退回所有的车费,并且获得面值 30 元的乘车证一张,公司还会对违纪驾驶人给予惩罚。

美国强生公司所属的 BBBK 灭虫公司的杀虫剂价格是其他同类产品的 5 倍。它之所以能够获得溢价,是因为它把销售中心放在一个对质量特别敏感的市场上,即旅店和餐馆,并且向旅店和餐馆提供它们认为最有价值的东西——保证没有害虫而不只是控制害虫。

BBBK 灭虫公司承诺:在您那里的所有害虫被灭光之前,您不欠我们一分钱;如果您对我们的服务不满意,您将收到相当于 12 个月服务的退款,我们将支持客户本次和下次的全部费用,并送上一封道歉信;如果您的酒店因为害虫的存在而停业,我们将赔偿全部罚金和利润损失,并再加 5000 美元。

该公司为了提供如此高档的服务,在 1 年中花费了 10 多万美元的成本,但是赢来了 3300 万美元的服务销售——实际服务承诺的费用是营业额的 0.36%。

正是由于通过无条件的服务承诺与保证,BBBK 公司不但可以收取超过 600% 的费用,而且获得了许多大客户的追捧。

3.1.2 有吸引力的价格或收费

价格是指企业出售产品或服务所追求的经济回报。价格对客户而言,不是利益的载体,而是代表一种牺牲。因此,价格既可能表达企业对客户的关心,也可能令客户产生企业利欲熏心的感觉。企业要想与客户建立关系,就应恰当地定价或收费。

客户购买产品或服务时一般都有一个期望价格,当市场价格高于期望价格时,会有更多的客户放弃购买这个产品或减少购买量,当市场价格低于期望价格时,客户又可能产生怀疑而不购买——认为"便宜没好货"。特别是当客户不能客观地鉴别产品质量且这种产品又涉及他们的形象和威望时,就会把价格当作一个质量标准,认定只有贵的产品才会是好的产品。

可见,定价太高、太低都不行,企业应当根据产品或服务的特点,以及市场状况和竞争状况,为自己的产品或服务制定一个对客户有吸引力的价格。

例如,德国有一家奥斯登零售公司,它经销任何产品都很畅销,存货周转非常快,平均只有 17~20 天,其诀窍就是采取灵活的定价策略。它推出一套内衣外穿的时候,一反过去内外有别的风格,具有强烈的吸引力,客户也感到很新鲜。于是,奥斯登公司采取高价策略,即定价是普通内衣价格的 4~6 倍,但照样销售很旺。后来,当其他企业也相继推出这种内衣外穿的时装时,奥斯登公司改变策略,再继续推出 2 万套这种时装,并将价格降低到相当于普通内衣的价格,许多客户闻风而来,两天便抢购一空。又过了一段时间，奥斯登公司又以成本价——不到普通内衣价格的 60% 销售，这下经济拮据的客户也纷纷来购买。

一般来说，企业通过价格吸引客户的策略如下：

1. 低价策略（折扣定价）

低价策略（折扣定价）即企业用较低的价格来吸引客户购买。例如，宾馆把客房的价格降低一些，就可以吸引更多的客户。例如，原来一箱啤酒 30 元，现在打 8 折，按每箱 24 元销售，以鼓励客户购买。

2. 高价策略（声望定价）

高价策略（声望定价）即企业利用有些客户往往以价格高低来判断产品的质量，认为高价位代表高质量，尤其是当这种产品会影响他们的形象、健康或威望时，从而把产品或服务的价格定成高价。

例如，1945 年美国雷诺公司最先制造出圆珠笔，并且作为圣诞礼物投放到市场上成为畅销货。虽然当时每支圆珠笔的成本只需 50 美分，但是公司以每支 10 美元的价格卖给零售商，零售商以每支 20 美元的高价卖出。尽管圆珠笔的价格如此之高，但仍然受到追时尚、赶潮流的客户的追捧。

高价策略尤其适合对有声望需求的产品或服务的定价，如高档汽车、别墅、西服、香水、高级酒店的房价、知名医院、学校的服务费用等。

3. 心理定价

心理定价即依据消费者对价格数字的敏感程度和不同联系而采取的定价技巧，常见的心理定价有以下三种形式：

（1）吉利数字定价。像 6、8、9，如某饭店推出的宴席，定价为 666 元/桌（一路顺风）、888 元/桌（恭喜发财）。

（2）整数定价。给客户以产品或服务的质量也没有零头的感觉，可吸引对质量敏感、对价格不敏感的客户。

（3）零头定价。利用有些人的求廉心理，在价格上不进位，保留零头，给人以便宜的感觉；或是让客户感觉到价格是经过认真成本核算才确定的，给人以作风严谨、没有水分的感觉，从而吸引客户购买。

4. 差别定价

（1）客户差别定价。客户差别定价是指针对不同的客户制定不同的价格，以吸引特定类型的客户群。

例如，航空公司每年寒暑假向教师和学生提供优惠票价。又如，宾馆为吸引回头客，对一部分忠实的老客户提供较优惠的价格。

（2）消费时间差别定价。消费时间差别定价是指按照不同的时间，如不同的季节、不同的日期、不同的钟点来制定不同的价格，从而达到吸引客户、刺激消费的目的。

例如，在旅游淡季时，将旅游景点的门票改为低价，或使用折扣价、优惠价等，可以吸引游客。

又如，电信公司在节假日和晚上 9 点后都推出各种优惠价格，进行让利销售，可以吸引客户对"长途电话"业务的购买。

再如，北京音乐厅推出"开场打折"的措施，即无论什么音乐会，也无论日场或夜场，只要一到开场时间，售票大厅的计算机便会以半价自动售票。这项措施吸引了大量对价格敏感的客户（只要迟到，少看那么一小会儿，就可以打很低的折扣——合算），音乐厅的上座率大幅度增加。这种限时售票打折的做法，在国外的音乐会是常有的事，一般当天购票可以享受七八折，演出前 1 h 购票可享受五折，演出开始后购票享受的折扣更低。

5. 招徕定价

招徕定价是利用部分客户求廉的心理，将某种产品的价格定得较低以吸引客户，而客户在采购廉价品后，往往还会选购其他正常价格的产品，从而促进企业产品的销售。

例如，超市为了增加客流量，吸引更多的客户光顾，把一些广大客户熟悉的产品价格定得很低。超市并没有打算从这些产品上赚钱，而是寄希望于客户被这些"招牌产品"吸引来，并且购买其他可为超市带来较多利润的产品。

又如，汽车修理厂对一般性修理服务的收费较低，为的是可以吸引客户光顾，从而招徕高价的特殊性修理服务。

旅游公司打出旗号，称能够提供价格非常优惠的旅游线路，然而等客户被吸引来以后却发现，由于出游时间或其他原因，实际上享受不到这些"招牌线路"的优惠，这时候客户就可能被说服接受价格更高的其他线路。

一些饭店通过价格相对较低的食品吸引客户前来用餐，而在酒水上获利；当然，也有的饭店会将酒水的价格压低吸引爱喝酒的客户，而将食品的价格提高，从中获利。

在宾馆，客房的利润是最高的，客房消费增加时，成本增加很少；而相对来说，餐饮服务的费用很高，利润低。如果干脆牺牲餐饮的利润，以餐饮作为促销工具，通过低价或打折来吸引客户，那么宾馆就可以提高住房率而大大增加利润。

6. 组合定价

组合定价即先为一个产品定低价，以此吸引客户的购买，然后通过客户以相对高价或者正常价格购买同系列的其他互补产品来获利。

例如，机械剃须刀要有刀片才能使用。在这种情况下，可以将互补性产品的主体产品（剃须刀具）以极低的价格进行销售，甚至可以不赚钱，以吸引客户购买，然后寄希望于从其互补产品（刀片）的销售中获利。

又如，美容院对初次光顾的客户实行很低的体验价格，而以后的护理费用则较高。

餐厅为了吸引客户惠顾而提供价廉物美的"特价菜"，而大多数客人进入餐厅后还会点其他比较高价的菜品。

电信公司让电话用户每月都要支付一笔固定的使用费（月租费），然后再根据日常使用量收费。一般来说，固定使用费较低可以吸引人们购买服务（安装电话），而利润可以从日常使用费中获取。组合定价与招徕定价有许多相通之处，但与招徕定价不同的是，产品组合定价是用于同一个系列的产品。

7. 关联定价

关联定价是指企业对其关联企业的客户的消费实行优惠价，当然，这种优惠是相互的、互惠互利的。

例如，上海新世界商厦与邻近的金门大酒店签订了联合促销协议：凡在金门大酒店住宿、用餐的客户，可以享受新世界商厦的购物优惠；在新世界商厦购物满 800 元以上，可在金门大酒店享受 8 折以下的住宿、用餐折扣。通过这种商厦与酒店的互惠互利，吸引和促进客户在商厦消费以及在酒店住宿。

又如，书店和快餐店联手，规定在书店一次性购满 50 元图书就可获得 10 元的餐饮券；而在快餐店一次性消费满 50 元，在书店购买所有图书都可以享受 95 折的优惠。书店和快餐店相互借力、聚敛人气，乃"双赢"之举。

8. 结果定价

对客户来说，产品或服务的价值取决于使用或消费的效果，因此，企业可以根据产品或服务的使用效果进行定价，即保证客户得到某种效用后再付款，这有利于吸引客户放心购买或消费。

例如，职业介绍所推出"等到当事人获得了适当的工作职位后才收取费用"的收费标准，这样就可以吸引求职者放心、大胆地接受职业介绍所的服务。

又如，广告公司推出收费标准：广告后，产品销售额增长不低于 10%，全价收费；广告后，产品销售额增长低于 10% 且不低于 5%，半价收费；广告后，产品销售额增长低于 5%，不收费。这样就可以吸引客户放心地做广告。

结果定价方法可以降低客户的风险，对客户有吸引力。尤其是当高质量的产品或服务无法在削价竞争的环境中获取应有的竞争力，以及企业提供的产品或服务的效果是明显的、有把握的、可以保证的时候，特别适用。

3.1.3　有吸引力的购买渠道

为了达到吸引客户、同意建立客户关系的目的，企业还应当通过提供便利的渠道或途径，让客户很容易、方便地购买到企业的产品或服务。

1. 产品或服务的销售点或提供点要方便客户

提供产品或服务的渠道是否方便客户，甚至是否有足够的停车位，是否有便利的公共交通路线，这些因素决定了客户获得服务的时间成本、体力成本以及货币成本，是客户决定选择哪一家企业的产品或服务的重要参考指标。

古语"一步差三市"，说的就是开店地址差一步就有可能差三成的买卖；还有人说正确的选址一定意义上是成功了一半。一旦购买或消费的地点便利性不够理想，过于费力、费时，客户就可能放弃购买或消费，或者转向竞争者。

因此，商店、电影院、餐厅等如果能够位于人口密集、人流量大、人均收入高、交通便利的地段，就能够吸引和方便客户的消费，其营业收入和利润也会比较高。

例如，传统的邮局都设在市区，基本不考虑规划停车场；伴随着人口向郊区转移以及郊区大型购物中心的兴起，邮局开始重新考虑提高其服务的可获得性——有更好的停车场所，地点离公交站很近，邮局设在购物中心等，以方便客户。

又如，航空公司在航空市场欠发达的地区建立代销网络，如通过当地旅游部门、民航等代理机票销售，可以方便有需求的乘客，还可在一定程度上使航空公司摆脱因资金和人力的限制而对销售网络发展产生的制约，同时降低机票的销售成本。

在航空公司相对发达的地区，航空公司可以建立直销网络，如在这些地区的主要城市的机场、繁华地段、高级宾馆、银行等开办机票直销处，可以吸引和方便乘客购买机票，同时增强航空公司自主营销的能力，减少销售代理的长期支付，降低机票的销售成本，从而增加收益。

企业为客户提供产品或服务的地理位置不仅影响客户接受服务的便利程度，而且表现出企业的市场定位和企业形象，因而设店选址对企业来说尤为重要。

2. 通过技术手段提高产品或服务的可获得性和便利性

随着信息技术和自动化技术的不断普及，网络、电话、自动加油泵、自动洗车机器、自动取款机、自动售货机等技术的运用越来越广泛，可以大大提高购买或销售的可获得性。

例如，寿险公司为了吸引和方便客户购买寿险，而针对新的市场情况和技术情况，开通了寿险超市、网上寿险、银行寿险、邮政寿险等形式，吸引和方便人们购买保险。

又如，中国电信提出"大客户销售渠道、社区经理制渠道、农村统包责任制渠道、10000号客服中心渠道"四大主渠道的渠道模式。其中的"大客户营销渠道、社区经理制渠道、10000号客服中心渠道"是中国电信服务的直接渠道，而"农村统包责任制渠道"则是中国电信以代理、承包的模式来开展服务的间接渠道。

航空公司可以开通网上机票销售业务。互联网是最经济的分销渠道，它不需要进行直销点建设，乘客可以用信用卡来支付票款，航空公司通过邮递系统、传真或专门派员等手段将机票递给乘客。某航空公司90%的座位是通过互联网销售出去的——无论何时何地，只要你拥有一部可以上网的设备，就能轻松订购到该航空公司的机票。

此外，航空公司还可以广泛地在机场、银行、高级宾馆等场所使用自助售票机，也可以通过问询电话和"常旅客计划"㊀进行电话直销，这些都是吸引乘客购买机票的有效渠道。

3.1.4 有吸引力的促销方案

促销方案是指企业利用各种适当的信息载体，将企业及产品的信息传递给关系客户，并与关系客户进行沟通的传播活动，旨在引起客户的注意，刺激客户的购买欲望和兴趣，促使其从行动上尽快与企业建立联系。

这里介绍促销的几种形式：

1. 广告

广告就是广而告之，是大众传播的一种形式。它可以大范围地进行信息传播和造势，起到提高产品或服务的知名度、吸引客户和激发客户购买欲望的作用。

㊀ 常旅客计划（Frequent Flyer Program）是指航空公司、酒店等行业向经常使用其产品的客户推出的以里程累计或积分累计奖励为主的促销手段，是吸引公商务客户、提高企业竞争力的一种市场手段。

广告的形式多样,传播范围广,可以对关系客户、潜在客户和现实客户进行解释、说明、说服、提醒等,是企业与客户沟通的一种主要途径。

广告的优点是:迅速及时,能够准确地刊登或安排播放的时间,并可以全面控制信息内容,让信息在客户心目中留下深刻的印象。

广告的缺点是:单向沟通,公众信任度较低,易引起客户的逆反心理。这就要求企业的广告要减少功利色彩,多做一些公关广告和公益广告,博得客户的好感。

例如,耐克公司请著名篮球明星乔丹在亚洲做广告,吸引了无数崇拜乔丹的亚洲球迷购买耐克运动鞋。

此外,广告运用象征、主题、造型等方式,也适合品牌的推广及创造品牌的特色和价值,从而吸引客户采取购买行为。

例如,美国著名的"旅游者"保险公司在促销时,用一个伞形符号作为象征,促销口号是"你们在旅游者的安全伞下"。

中国香港国泰航空公司的广告以一棵大树自比,恰当地树立了自己的形象,显示了自己的安全性。

蒙牛的标志以绿色为底、白色作图,给人一种清新明快的感觉——绿色容易让人联想到大草原,白色的图则让人联想到新鲜的牛奶,这样就会引发人们想要去尝尝蒙牛牛奶的冲动。

另外,广告如果能突出给客户带来的利益,也能够吸引客户购买。

例如,美国西南航空公司是美国盈利最多、定价最低的航空公司,它往往以低于竞争对手的价格扩大市场。因此,其竞争对手通过刻画"登上西南航空公司飞机的乘客需掩上面颊"的形象,来嘲笑西南航空公司的定价有损乘客的形象。作为回应,西南航空公司的总裁亲自上广告。他手举一只大口袋,大声地说:"如果您认为乘坐西南航空公司的飞机让您尴尬,我给您这个口袋蒙住头;如果您并不觉得尴尬,就用这个口袋装您省下的钱。"画面上随之出现大量的钞票纷纷落入口袋,直至装满……由于这则广告,客户明白地看到了西南航空公司提供的利益和服务优势——省钱!因此,广告播出后,吸引了许多对价格敏感的乘客。

此外,由于客户可能比较缺乏消费常识,因而有必要通过开展适当的客户教育来解决。

例如,宝洁公司的广告最常用的两个典型方法是"专家法"与"比较法"。

"专家法":首先,宝洁会指出你面临的一个问题来吸引注意;接着,会有一个权威的专家来告诉你,有一个解决的方案,那就是使用宝洁的产品;最后,你听从专家的建议,问题得到了解决。

"比较法":宝洁将自己的产品与竞争者的产品进行对比,通过电视画面的"效果图",你能很清楚地看出宝洁产品的优越性。

企业通过开展客户教育,可以帮助客户认识产品或服务,并加速客户的接受过程;同时转化为客户的需求冲动,并且形成合理预期。当然,进行客户教育的时候,必须把握一个最基本的原则,那就是所教育的必须是实事求是的,是合格、合理、合法的。

2. 公共关系

公共关系是指企业采用各种交际技巧、公关宣传、公关赞助等形式加强与社会公众沟通的一种活动。其目的是树立或维护企业的良好形象，建立或改善企业与社会公众的关系，并且控制和纠正对企业不利的舆论，引导各种舆论朝着有利于企业的方向发展。

与广告相比，公关关系更客观、可信，对客户的影响更深远，其类型有服务性公关、公益性公关、宣传性公关等。

（1）服务性公关实例

在日本的书店买书，如果遇上脱销，店员会告诉你新版的出版日期，并赠送各类出版消息与新书分类目录；如果你需要书中的内容，书店还可以代为复印。

在美国最大的百货公司纽约梅瑞公司的店堂里，有一个小小的咨询服务亭。如果你在梅瑞公司没有买到自己想要的产品，那么你可以去那个服务亭询问，它会指引你去另一家有这种产品的商店，即把你介绍到它的竞争对手那里。这种一反常态的做法收到了意想不到的效果——既获得了广大客户的普遍好感，招徕了更多的客户，又向竞争对手表示了友好和亲善，从而改善了竞争环境。

法国化妆品巨子伊夫·黎雪（Yves Rocher）每年要向客户投寄8000万封信函，信函写得十分中肯，毫无招徕客户之嫌，而且他还编写《美容大全》。提醒大家有节制的生活比化妆更重要。黎雪作为一个经营化妆品的商人能够这样做实在难能可贵，因此他得到了广大客户尤其是妇女的信赖，其事业自然也蒸蒸日上。

在宝岛眼镜店，人们可以免费用超声波清洗眼镜，并且得到许多关于清洗和使用眼镜的介绍，这大大增加了消费者心目中对宝岛的好感，很多消费者也因此成为宝岛眼镜的客户。本着"把视力健康带给每一双眼睛"的宗旨，宝岛眼镜走进高校，宣传眼科知识，普及用眼常识，并进行免费视力大普查，从而吸引了众多大学的客户。

（2）公益性公关实例

2010年，宝洁公司援建的希望小学总数已达200所，创下了在华跨国公司援建希望小学最多的纪录。在长期支持希望工程的实践过程中，宝洁公司本着务实、创新的精神，开创性地提出了"从我做起，携手商业伙伴，感召客户，帮助中国需要帮助的儿童生活、学习、成长"的公益模式，获得了社会的广泛认可。

2006年中秋节前夕，中国邮政速递公司得知驻巴黎的中国维和部队吃不到中秋月饼，于是立即通过国际速递网络，给维和部队送去了月饼，从而树立了良好的企业形象，赢得了大众的赞誉。

（3）宣传性公关实例

1984年，美国前总统里根访华结束，临别前要举行盛大答谢宴会，按惯例，这样规格的国宴总是在人民大会堂国宴厅举行的。长城饭店得知后，主动出击，成功地承办了这一盛大的国宴。随同里根访华的500多名外国记者到长城饭店现场采访，宴会还在进行中，一条条消息就通过电传打字机源源不断地传送到世界各地，更让上亿名观众将长城饭店的里里外外看了个清清楚楚，从此长城饭店名扬天下。

法国白兰地在美国市场上没有贸然采用常规手段进行销售，而是借美国前总统艾森豪威尔67岁寿诞之际,把窖藏67年之久的白兰地作为贺礼,派专机送往美国,同时宣布将在总统寿辰之日举行隆重的赠送仪式。这个消息通过新闻媒介传播到美国后,一时间成了美国的热门话题。到了艾森豪威尔总统寿辰之日,为了观看赠酒仪式,不少人从各地赶来目睹盛况。就这样,新闻报道、新闻照片、专题特写,使法国"圣酒"在欢声笑语中昂首阔步地走上了美国的国宴和家庭餐桌。

某商店为了推出一种最新的"强力万能胶水",老板别出心裁,用这种胶水把一枚价值千元的金币粘在墙上,并宣布谁能用手把它掰下来,这枚金币就归其所有。一时间,该商店门庭若市、观者如潮,只可惜谁也无法把金币掰下。这下"强力万能胶水"可出名了,吸引了众多客户前来购买。

日本"西铁城"手表在澳大利亚推出时采用飞机空投的形式,并且事先预告,谁捡到就归谁。手表从天而降却又完好无损,有力地证明了手表过硬的质量,澳大利亚人自然对"西铁城"手表产生了好感,也产生了购买欲望。

3. 销售促进

销售促进是指企业利用短期诱因,刺激客户购买的促销活动。其主要手段如下:

(1) 免费试用。免费试用是指企业向关系客户提供免费试用企业产品或服务的机会,目的是通过试用使客户对企业的产品或服务产生购买兴趣。

免费试用是吸引潜在客户或者关系客户迅速认同,并且购买企业的产品或者服务的有效方式。在买方市场,客户精明、挑剔,免费试用则是"欲擒故纵,先予后取"。

例如,许多报纸杂志采取在一定时间内请客户免费试阅的措施,由此吸引一些读者,而一旦读者满意便会订阅。

又如,中法合资上海达能酸乳酪有限公司为吸引长期客户,向上海市民馈赠了10万瓶达能酸乳酪。许多市民品尝后感觉不错,因此决定长期购买。

(2) 免费服务。免费服务是企业向关系客户提供免费享受企业服务的机会,目的是使客户对企业的服务产生购买兴趣。

例如,电器商店为购买者提供免费送货上门、免费安装、免费调试;皮革行业除免费为客户保修外,还免费为客户在夏季收藏皮夹克……从而吸引了对服务需求高的客户前来购买。

酒楼看准每年大量办喜事的新人,竞相推出优质服务——有的降价供应酒水,有的免费代送宾客,有的免费提供新婚礼服、化妆品、花车及结婚蛋糕……谁的服务招数高,谁的生意就兴隆。

(3) 奖金或礼品。奖金或礼品是指与购买一件产品相关联的馈赠奖金或礼品的活动,目的是使客户对企业的产品或服务产生购买兴趣。

例如,酒厂承诺凭若干个空酒瓶就可换得若干奖金或一瓶酒。

又如,航空公司推出"里程奖励"活动,对乘坐航空公司班机的乘客进行里程累计,当达到一定里程时,就奖励若干里程的免费机票。

再如,口香糖刚问世时销路不畅,后来规定消费者回收一定数量的口香糖纸就可以换得一个小礼品,从而打开了市场。

（4）优惠券。优惠券是指企业印发的给予持有人购买产品时一定减价的凭证，目的是使客户对企业的产品或服务产生购买兴趣。

由于能够得到减价优惠，所以这种方式对价格敏感的客户有很强的吸引力。优惠券可在报纸或杂志上刊印，还可以在产品或邮寄广告中附送。

在美国，人们在周五下班后就纷纷走进商店采购准备度周末，而在前一天，许多商店已经在报纸上刊登了减价广告和赠券。客户如被赠券的产品所吸引，就会将赠券剪下来，持券购买产品便可获得相应的优惠。

又如，美国一家公司为了把咖啡打入市场，向客户邮寄了一种代价券，客户每购买一听咖啡，凭代价券可以享受15%的折扣，每听中又附有一张折价20美元的代价券。这样，客户就会不断地被这种小利小惠所刺激，从而对该产品保持长久的兴趣。

3.2 推销导向的开发策略

3.2.1 如何寻找客户

不同的企业在寻找潜在客户方面有很多成功的方法，但是没有任何一种方法能够普遍适用，也没有任何一种方法可以确保一定成功。因此，企业不能拘泥于形式或条款，必须结合自身的具体情况和需要，灵活应用，不断总结，找到一套真正适合自身的方法。寻找和发掘潜在客户通常有以下方法：

1. 资料搜索法

资料搜索法是指销售人员通过搜索各种外部信息资料来识别潜在客户和客户信息的方法。通常，企业运用网络寻找潜在客户的方法有两种：打造电子商务营销网络推广平台，在行业信息发布网站发布企业信息，方便客户找到企业；充分利用搜索引擎，寻找和挖掘客户，整理出企业潜在客户的名单。

利用资料进行搜索的能力被专家称为搜商。搜商高的销售人员，在没有见到客户之前，就可以了解客户的绝大多数信息，如客户擅长的领域、客户的电子信箱、生日、籍贯、毕业学校、手机号码、职务等，不见其人，却知其人。根据了解的信息，可以设计好拜访时的提问，注意拜访的细节及开场白技巧；并且，根据客户信息可以初步判断客户的个性、行事风格，为见面时做到"一见钟情"埋下伏笔。

搜索的工具很多，如网上搜索、书报杂志搜索、专业杂志搜索等。网上搜索对于现代人来说，非常关键。借助目前飞速发展的互联网的强大搜索引擎，如谷歌、百度等，可以获得关于潜在客户的相关信息。通过网络一般可以获得以下信息：客户的基本联系方式，这往往需要合理的方式进行确认；客户公司的简介，这可以了解客户公司目前的规模和实力；客户公司的产品，包括技术参数、应用技术等。网络上还有一些行业的专业网站会提供该行业的企业名录，一般会按照区域进行划分，也会提供一些比较详细的信息。例如，慧聪国际、阿里巴巴这些网站往往会通过行业的分析研究而提供比较多的信息。

通过网络的方式进行搜索，主要是选择比较合适的关键字。对于不同产品的销售，可以借助不同的搜索关键字组合来获得比较精确的定位信息,多种关键字的组合能达到意想不到的效果。所以,需要通过多种与产品相关的关键字来进行这项工作。

2. 地毯式搜索法

地毯式搜索法俗称"扫街",也叫逐户寻访法,是指企业销售人员在特定的区域或行业内,用上门访问的形式,对估计可能成为客户的单位、组织、家庭乃至个人逐一进行访问并确定销售对象的方法。例如,对于保险业,所有人都有可能成为潜在客户,可以采用"扫街"对所有有可能成为潜在客户的对象进行联系。又如,对于餐饮业,也需要通过"扫街"的方式进行寻找。这种潜在客户的存在没有很强的规律性,无法清楚在哪条街上开一家什么样的餐馆会火,"扫街"失败的可能性非常大。但通过"扫街",企业可以了解更多关于市场的信息,有些可能是非常有价值的信息。

地毯式搜索法遵循"平均法则"原理,即认为在被寻访的所有对象中,必定有销售人员所要寻找的客户,而且分布均匀,客户的数量与访问对象的数量成正比。

地毯式搜索法是一种古老但比较可靠的方法,它可以使销售人员在寻访客户的同时了解客户、了解市场、了解社会;其缺点是费时、费力,带有较大的盲目性。更为严峻的是,随着经济的发展,人们对隐私越来越重视,这种方法的实施面临着越来越大的难度。地毯式搜索法主要适用于日用消费品或保险等客户数量庞大的服务类产品的销售。

3. 连锁介绍法

连锁介绍法又称客户引荐法、滚雪球法,是指销售人员请求现有客户介绍潜在客户的方法。例如,销售人员在每次访问客户之后,都向客户询问其身边的人群可能对该产品或服务感兴趣的人的名单。连锁介绍法分为直接介绍和间接介绍两种。直接介绍是销售人员请现有客户介绍与其有关系的客户;间接介绍是销售人员在现有客户的交际范围内寻找潜在的客户。连锁介绍的具体方法很多,如请现有客户给予参加其聚会的机会,请现有客户代转送资料,请现有客户以书信、电话、名片等手段进行连锁介绍等。

实践证明,连锁介绍法是一种比较有效的寻找潜在客户的方法,它不仅可以有效避免寻找潜在客户工作的盲目性,而且有助于销售人员赢得新客户的信任。据美国专家研究,通过连锁介绍法开发客户的成功率为60%,而自己直接开发客户的成功率仅为10%。这是因为连锁介绍法主要运用了销售心理学中的"熟识与喜爱原理",这是人类社会的普遍原理。其主要意思是人们总是愿意答应自己熟识与喜爱的人的要求。

应用连锁介绍法,首先,销售人员应该信任现有客户;其次,对现有客户介绍的客户,销售人员应该进行详细的评估和必要的营销准备,要尽可能地通过现有客户了解新客户的更多情况;最后,在销售访问新客户后,应及时向现有客户介绍与汇报情况,这一方面是对现有客户的介绍表示感谢,另一方面也可以继续争取现有客户的合作与支持。

连锁介绍法尤其适用于特殊用途的产品,专业性强的产品或服务性要求较高的产品等,如保险和家政服务等。

4. 中心开花法

中心开花法又称光环效应法、名人效应法或中心辐射法等,属于介绍法的一种应用特例。它是指销售人员在某一特定的区域内,首先寻找并争取有较大影响力的中心人物为客户,再通过这些人物来影响该范围内的其他人,使这些人成为销售人员的潜在客户。

中心开花法的得名来自心理学上的"光环效应"法则。这一方法的原理是销售心理学中的相信权威原理和社会学中的"专家"原理,即人们的鉴别能力往往受到来自专家与权威的影响,人们对自己心目中有威望的人物是信服与顺从的。因此,争取到这些专家级客户的支持就显得非常关键。

企业的销售人员只有获得中心人物的信任与支持,才能利用中心开花法进一步寻找更多的潜在客户。销售人员只要集中精力对少数中心人物进行细致的工作,并使他们变成忠诚客户,通过他们的口碑传播,就可以获得很多潜在的客户,也可以通过他们的名望和影响力提高产品的知名度。

5. 代理人法

代理人法是指通过代理人寻找潜在客户的方法。在国内,这种方法大多由销售人员所在公司出面,采取聘请信息员与兼职销售人员的形式实施,其佣金由公司确定并支付。实际上,这种方法是以一定的经济利益换取代理人的关系资源。

代理人法的依据是经济学上的"最小、最大化"原则与市场相关性原理。代理人法的不足与局限性是合适的代理人难以寻找。更为严重的是,如果销售人员与代理人合作不好、沟通不畅,或者代理人同时为多家公司担任代理,则可能泄露公司的商业秘密,这样可能会使公司与销售人员陷于不公平的市场竞争中。这就需要对制度的设计要符合人性化和规则的严谨化要求。

6. 销售信函邮寄法

在有大量可能的潜在客户需要某一产品或服务的情况下,用直接邮寄的方法来寻找潜在客户不失为一种有效的方式。直接邮寄法具有成本较低、接触的人比较多、覆盖范围比较广等优点;其缺点是时间周期较长。

随着网民数量的激增和网络购物的迅猛发展,网络邮寄成为一种新的开发潜在客户的途径,如电子邮箱、QQ群、微信朋友圈等。目前这种方法主要以中青年客户为主,并要结合目标市场的爱好、时间段以及引用网址和有效的文案。

7. 非竞争合作法

非竞争合作法也称鱼塘交换法,是指客户方向相同的企业之间进行客户共享。例如,家具公司可以与各类装饰公司、物业公司、地板企业建立战略合作关系,因为这些企业之间都有共通性;为电梯提供门机系统及变频器的企业和为中央空调提供制冷压缩机及铜管的企业,都拥有同样的客户方向,可以共享客户资源。因为,客户的需求不会局限于某一种产品,而是全方位的,具有互补性。这样的整合方式有利于建立客户信赖,方便企业更轻松地发掘潜在客户市场。

8. 参加展览会

展览会是获得潜在客户的一种很好的途径。参加展览会往往会让企业销售人员在短时间内接触到大量的潜在客户,而且可以获得相关的关键信息,对重点客户也可以做重点说明,约好拜访时间。但要注意做好以下方面:

（1）递交名片的时候，可以在名片背面添加一些说明。例如，客户只知道企业是制作变频器的，而不知道是制作电梯专用变频器的，所以可以写上"电梯专用变频器"给电梯行业的客户，或者写上一些提示性的话，以引起客户的关注。

（2）对重点客户的信息要进行记录，如今天与他谈了些什么，他提到了什么，今天这个潜在客户是否答应了寄资料和预约拜访，以便提醒自己，也是为了今后联系的时候可以有一些提示。因为展览会上的人实在太多了，如果没有这些记录，将等于没有认识他们。

（3）对产品的介绍简洁明了，并迅速提问，用来判断对方是否具备潜在客户的条件和是否感兴趣。在展览会之前，要预测客户可能存在的问题，并制定应答策略。

9．专业市场咨询法

所谓专业市场咨询法，是指销售人员利用社会上各种专门的市场信息咨询机构或政府有关部门所提供的信息来寻找潜在客户的方法。使用该方法的前提是存在发达的信息咨询行业，目前，我国市场的信息咨询业正处于发展阶段。

此类专业渠道还包括专业的行业期刊、杂志、网站，行业协会主持的业内技术研讨会、产业发展研讨会等。

使用专业市场咨询法的优点是比较节省时间，所获得的信息比较客观、准确；缺点是费用较高。

10．俱乐部寻找法

物以类聚、人以群分，每个人都有自己的小圈子和自己特定的活动场所，因此，如果能够进入目标客户的社交圈子，对其开展工作也就容易了，胜算也会大一些。

打高尔夫球的一般是高收入阶层人士，有个叫小张的保险推销员为了能接触到这类人士，他很用心，也花了不少钱，加入了一家高尔夫俱乐部，这使得他有机会经常与这些高收入人士交流球技，与他们做朋友……结果，他签到了许多大的保险单。

11．亲朋故友寻找法

亲朋故友寻找法是指将自己接触过的亲戚、朋友列出清单，然后一一拜访，争取在这些亲朋故友中寻找自己客户的方法。每个人都有一个关系网，如同学、同乡、同事等，可以依靠关系网进行客户开发。

乔·吉拉德（Joe Girard）是美国著名的汽车推销大王，他推销过13000多辆汽车，平均每天要销售5辆汽车，创下吉尼斯世界纪录。他曾自豪地说："'250人定律'的发现，使我成为世界上最伟大的推销员！"

原来，有一次吉拉德从朋友母亲葬礼的主持人那里偶然了解到，每次葬礼来祭奠死者的人数平均250人左右。后来，吉拉德参加一位朋友在教堂举行的婚礼，又偶然从教堂主人那里得知，每次婚礼新娘方参加婚礼的人数大概为250人，新郎方大概也有250人。

由此，他总结出"250人定律"，即认为一个人一生的亲戚、朋友、同学等经常往来的人数平均大约是250人。他联想到他的客户，如果能把产品卖给一位客户，也就意味着可能再卖给250位客户，但关键是要让该客户将亲朋好友介绍给自己。

12. 电话寻找法

电话寻找法是指以打电话给目标客户的形式来寻找客户的方法。电话寻找法是一项重复性高、易疲劳的工作，需要一个良好的交流环境，要保证电话推销人员在与客户交流时有一个放松的心情，如配备半封闭的工作台，甚至有私密的空间等。打电话前，必须提前做好功课，如目标客户的名称，要说的内容，目标客户可能会提出的问题，以及如何应对目标客户的拒绝等。打电话时要口齿清晰，语气要热情。另外要注意通话的时机，一般应该在正常的工作时间，也要注意通话时间的长短和谈话的技巧，最好能用简短的话语引发对方的兴趣，激发其想进一步了解产品的欲望，否则极易遭到拒绝。如果第一个接听电话的是总机或者秘书，你必须简短地介绍自己；接下来要用礼貌、坚定的语气，说出要找的客户的名称。要让秘书感觉你很重要，你和老板谈论的事也很重要，但是不要说得太多。如果感觉这次电话开发的成功性不大，就要退而求其次，争取获得一个见面的机会；对方如果答应，就要立即确定时间和地点，收线之前，要再重复一次与对方见面的时间和地点。

13. 短信寻找法

短信寻找法是指通过发送短信来寻找客户的方法。这种方法省略了打电话的客套和迂回，方便快捷、价格低廉，能够打破地域限制，发出的信息只要不被删除，就一直能够保留在客户的手机里，可以随时提醒接收者。可以就一些客户感兴趣的问题与他们进行交流，或以短信的方式问候客户，增进与客户的感情。

14. 网络寻找法

网络寻找法是指借助互联网宣传、介绍自己的产品从而寻找客户的方法。随着上网人数的日渐增多，企业很容易在网络上找到客户，因此网络寻找法前景广阔。

（1）根据自己的经营范围登录专业网络，浏览国内外的需求信息，并与这些有需求的客户联系；还可以在网上发布供应信息，吸引客户，进而积累客户资源。

（2）登录专门的商务网站。例如，登录阿里巴巴的商务通、贸易通去寻找客户并与客户即时沟通，从而挖掘和开发客户。

（3）进入聊天室，广交海内外的朋友，从中寻找客户；或者请已结交的朋友帮忙介绍客户。

（4）企业可以自建网页，吸引和方便潜在客户主动与自己联系。

这种方法方便、快捷，信息量大，成本低。

15. 抢夺竞争对手的客户

抢夺竞争对手的客户是指企业运用各种竞争手段，如通过创新的产品、免费的培训和优惠的价格等方式，从竞争对手手中抢夺目标客户的方法。当竞争对手的产品、服务明显不能满足目标客户的需求时，最适合采用此法。

例如，2002年中国联通推出CDMA时，采用"预存话费、赠送手机"的销售方式，吸引众多其他通信企业的客户"跳槽"到联通，使联通当年实现了新增700万名客户的目标。

又如，有一家企业想把自己的高档写字楼租出去，而当时写字楼出租市场处于严重的供过于求状态。经过分析,公司认为客户来源只能是其他写字楼办公的公司,于是派销售人员收集客户情报,与这些客户保持密切联系,并赠送一些内部刊物,即把工作做在前面,以使自己处在"替补"地位。果然,有些租期已满而又对现租的写字楼不满意的客户纷纷选择了这家"替补"的写字楼。

西尔斯公司创立于1886年,是全球大宗邮购与零售业的始祖,一直保持着零售业冠军的地位。但进入20世纪90年代以后,西尔斯危机四伏,到1992年就已经被只有几十年历史的沃尔玛所赶超。怎么会这样呢?

原来,西尔斯一向以"中下阶层"为目标客户,主要卖点是价格低廉;可是第二次世界大战后,消费者结构层次发生了变化,中下阶层已逐渐分化为"中上"和"下"两个阶层。沃尔玛针对这一变化采取了不同的经营形式:1983年创立的山姆会员店和1988年创立的沃尔玛购物广场争取到"下"层消费者的惠顾;1987年创立的沃尔玛综合性百货商店,装修气派,规模庞大,产品多样,服务周到,争取到"中上"层消费者的青睐。

就这样,由于沃尔玛从两方面同时向西尔斯提出挑战,发起进攻,所以,沃尔玛最终取代了曾经风靡整个美国的西尔斯,成为零售业第一品牌。

3.2.2 如何说服客户

寻找到客户不等于能够开发成功,因为还需要一个接近客户、说服客户的过程。每个人都有自己的爱好,而这种爱好往往又希望得到别人的赞赏和认同。当你迎合别人爱好的时候,一定不会让别人讨厌你,而通常都会使别人感到开心和愉悦,感到被你理解和赞赏。假如你也有此类爱好,双方一定会有很多的共同语言,也肯定会产生更多的共鸣,双方之间的距离一下子拉近很多,甚至会成为很好的朋友。

在市场竞争日趋激烈的今天,好产品不会只你一家有,你有的别人也有。在销售过程中,如果能准确发现客户的爱好或兴趣,并且很有技巧地去迎合他,让他感受到你的理解和赞美。他就会对你倍感亲切,也容易因此而认可和喜欢你,在内心把你当成"知音"。这种做法往往会产生独到的效果,也是销售人员必须具备的基本技能之一,是销售业中的大学问。

1. 接近客户的方法

(1)馈赠接近法。这是指推销人员通过赠送礼物来接近客户的方法。此法比较容易博得客户的欢心,取得他们的好感,从而拉近推销人员与客户的关系,而且客户也比较乐意合作。

(2)赞美接近法。这是指推销人员利用客户的虚荣心,以称赞的语言博得客户的好感,从而接近客户的方法。需要注意的是,推销人员称赞客户时要真诚、恰如其分,切忌虚情假意,否则会引起客户的反感。

(3)服务接近法。这是指推销人员通过为客户提供有效的、符合需要的服务,如维修服务、信息服务、免费试用服务、咨询服务等来博得客户的好感,赢得客户的信任,从而接近客户的方法。

（4）求救接近法。这是指推销人员利用对方好为人师的特点，通过请客户帮忙解答疑难问题，从而接近客户的方法。但是，要注意提对方擅长的问题，而不要考对方，如果让客户下不了台，生意也就失败了。在求教后，要注意及时、自然地将话题导入有利于促成交易的谈话中。

2. 接待不同类型客户的方法

（1）接待熟悉的老客户要热情，要有如遇故友的感觉。
（2）接待新客户要有礼貌，以给其留下良好的第一印象。
（3）接待精明的客户要有耐心，不要表现出厌烦的情绪。
（4）接待性子急或有急事的客户要注意快捷，提高效率。
（5）接待需要参谋的客户要当好他们的参谋，不要推诿。
（6）接待自由主张的客户要让其自由挑选，千万不要去干涉。
（7）接待女性客户要注重新颖和时尚，满足她们爱美和求新的心态。
（8）接待老年客户要注意方便和实用，让他们感受到公道和实在。

3. 获得客户好感的方法

（1）问候。面带微笑，有礼貌地与客户打招呼，适当地尊称对方，热情称呼他们的名字，向他们问好，表达自己的喜悦与兴奋。

（2）感谢与称赞。首先感谢对方的接见，语气要热忱有力；接着要对客户做出具体、真诚的称赞，而不要随便奉承。如果做不到，就不要勉强，宁可省略，否则会产生反效果。

（3）介绍。大大方方地介绍自己的公司自己的名字，自信地说出拜访理由，让客户感觉你专业且可信赖。

（4）吸引。说一些客户感兴趣的话题，或者告诉客户一些有用的信息，或者使客户获得一些实在的利益，或者为客户解决有关问题，或者向客户请教，以激发客户的兴趣。

4. 说服客户的要点

（1）要记住客户的名字，并且不时亲切地、动听地称呼他。频频称呼客户的名字会使客户产生被尊重的感觉，因此能加深彼此之间的感情。

（2）要表达清楚。要向客户介绍企业的情况和产品的优点、价格及服务方式等信息；要及时解答和解决客户提出的问题，消除客户的疑虑，并且根据客户的特点和反应及时调整策略和方法；要一再说明和表达清楚客户购买的好处。

（3）要善于倾听。要想鼓励客户参与、了解更多的信息，在善于提问的同时还要善于倾听。倾听不仅有助于了解客户，而且也显示了对客户的尊重。

（4）要避免使用武断的语言。讲述可能引起争论的事情时，应该以最温和的方式，如"据我了解……""如果没有记错的话……"等来表达自己的观点，而不要使用绝对的或不容许怀疑的字眼。

（5）要懂得微笑。"饭店之王"、希尔顿旅馆的创始人希尔顿的母亲告诉他，要使经营持久发展，就要掌握一种简单、易行、不花本钱却又行之长久的秘诀，那就是微笑。服务、环境可以令客户"宾至如归"，而热情、微笑会令客户"流连忘返"。

（6）说服客户要有技巧、有恒心。富兰克林式表达，就是销售人员向客户说明，如果你买了我们的产品，能够得到的第一个好处是什么，第二个好处是什么，第三个好处是什么，第四个好处是什么……同时也向客户说明不买我们的产品，蒙受的第一个损失是什么，第二个损失是什么，第三个损失是什么，第四个损失是什么……这样，客户权衡利弊得失之后，就会做出选择。

日产汽车公司的首席推销员奥成良治，整整想了100条客户购买他的汽车能够得到的好处和客户不买他的汽车将会蒙受的损失。这么用心和富有技巧的推销员，销售业绩怎么会不好呢？

有一个古老的故事，说的是一个人试图用锤子锤烂一块巨石，他锤了十几下，巨石纹丝不动；又锤了十几下，巨石依然如故；他又连续锤了上百下，还是没有任何结果。但是这个人毫不灰心，仍然坚持，突然，在一锤砸下之后，巨石一下子就裂开了，碎成许多小块。

5. 不同客户类型的说服策略

由于客户的学识、修养、个性、习惯、兴趣及信仰等不同，自然对各种人、事、物的反应及感受有相当大的差异，因此，必须区别对待不同类型的客户，才能事半功倍。以下介绍针对十种不同类型客户的说服策略：

（1）理智型客户。这类客户是最成熟的客户，较理性，不冲动，客观明智，考虑问题周详，决策谨慎。对待这类客户，要按部就班，按照正常的方式，规规矩矩、不卑不亢、坦诚细心地向他们介绍产品的有关情况，耐心解答疑点，并尽可能提供有关证据，而不能投机取巧。

（2）冲动型客户。这类客户个性冲动，情绪不稳定，易激动，且反复无常，对自己所做的决策容易反悔。对待这类客户，一开始就应该大力强调所推销产品的特色和实惠，促使其尽快购买，但是要注意把握对方的情绪变动，要有足够的耐心，不能急躁，要顺其自然。

（3）顽固型客户。这类客户多为老年客户，他们在消费上具有特别偏好，对新产品往往不乐意接受，不愿意轻易改变原有的消费模式与结构。对待这类客户，不要试图在短时间内改变他们，否则容易引起对方强烈的反应以及抵触情绪和逆反心理，要善于利用权威、有说服力的资料和数据来说服对方。

（4）好斗型客户。这类客户争强好胜，对事物的判断比较专横，征服欲强，喜欢将自己的想法强加于别人，尤其喜欢在细节上与人争个明白。对待这类客户，要做好被他们步步紧逼的心理准备，切不可意气用事，贪图一时痛快与之争辩；相反，应以柔克刚，必要时丢点面子，适当做些让步，也许会使事情好办得多。

（5）优柔寡断型客户。这类客户缺乏决策能力，没主见，不敢下决心，胆小怯懦，畏首畏尾。对待这类客户，应以忠实、诚恳的态度，主动、热情、耐心地做介绍并解答他们提出的问题，要让他们觉得你是可信赖的人，然后再帮助他们做出购买决策。

（6）孤芳自赏型客户。这类客户喜欢表现自己、突出自己，不喜欢听别人劝说，任性且嫉妒心较重。对待这类客户，首先，在维护其自尊的前提下向其客观地介绍情况；其次，要讲他们熟悉并且感兴趣的话题，为他们提供发表高见的机会，不轻易反驳或打断其说话；最后，推销人员不能表现得太突出，不要给对方造成对他们极力劝说的印象，点到为止，这样才能水到渠成。

（7）盛气凌人型客户。这类客户常摆出一副趾高气扬的样子，不通情达理，高傲顽固，自以为是。对待这类客户，应该不卑不亢，要有礼有节，充当他们的听众，表现出认真、诚恳的态度，并提出一些问题，让其尽情畅谈，以满足其表现欲。如仍遭到对方拒绝，可用激将法，寻找突破口，但言辞也不能太过激烈，以免激怒对方，引起冲突。

（8）生性多疑型客户。这类客户多疑多虑，不相信别人，无论是对产品还是对推销人员都会疑心重重。对待这类客户，要充满信心，以端庄、严肃的外表和谨慎的态度说明产品的特点和客户将获得的实惠。某些专业数据、专家评论对建立这类客户对你的信任会有帮助，但切记不要轻易在价格上让步，否则会使对方对你的产品或服务产生疑虑，从而导致交易失败。

（9）沉默寡言型客户。这类客户生活比较封闭，性格内向，平时较少言语，对外界事物表现冷淡，与陌生人保持相当距离。对待这类客户，应当主动向其介绍情况，态度要热情、亲切，要设法了解其对产品的真正需要，注意投其所好，耐心引导。

（10）斤斤计较型客户。这类客户爱贪小便宜，爱讨价还价，精打细算，且不知足，非常聪明。对待这类客户，应避免与其计较，一方面要强调产品的优惠和好处，且事先提高一些价格，让客户有讨价还价的余地；另一方面可先赠予小礼物，让他们觉得占了便宜，一旦他们有了兴趣，接下来就会跟你交易了。

6. 表示客户就要被说服的购买信号

客户一旦被说服、产生购买欲望时，往往会有意无意地发出一些购买信号；反之，则说明说服工作还没有做到家，应当继续说服。这些购买信号如下：

（1）当你将产品的有关细节以及各种交易条件进行介绍之后，客户表现出认真的神情，并且与竞争对手的条件进行比较。

（2）诉说使用其他品牌的同类产品或服务的不满。

（3）以种种理由要求降低产品或服务的价格。

（4）要求详细说明产品或服务的内容、注意事项、售后服务等。

（5）主动、热情地将你介绍给部门经理或总经理。

（6）对你的接待态度明显好转，接待档次明显提高。

当客户发出以上信号时，表明客户就要被说服，且有成交的意向，这时推销人员要再接再厉、把握时机，争取最终说服客户，达成交易。

7. 实行客户经理制

客户经理制是柜台服务的延伸，是面向客户的销售、管理、服务和维护的全新经营管理模式，打破了传统的以产品为导向、业务部门各自为政的组织形式，而且协调企业整体资源为客户提供全方位、多功能、个性化的服务，同时也是为方便客户而提供的系列、套餐式服务的一项制度，变"等客服务"为"主动上门营销"，变"客户围着企业转"为"企业围着客户转"，体现了"以市场为导向，以客户为中心"的服务理念。

客户经理可以开发、发展和巩固客户关系，营销企业的产品或服务，进行销售谈判，把握合同要点，为客户提供优质的服务。他能采集市场、客户、竞争对手的信息，及时反馈市场需求，帮助企业以最快的速度捕捉商机，并抓紧新产品的研制、开发和推出。客户经理要为客户提供综合化、个性化服务，集"推销员""采购员""服务员"于一身，"出门一把抓，回来再分家"，把客户的所有需求采购回来，把企业的所有产品营销出去，并且通过后台的协同工作，发挥企业的整体优势，节约经营成本，提高工作效率，从而增强企业的盈利能力。

本章小结

客户关系的建立就是企业让目标客户和潜在客户产生购买欲望并付诸行动，促使他们成为企业现实客户的过程。

对新企业来说，首要的任务就是吸引和开发客户；对老企业来说，企业发展也需要源源不断地吸引和开发新客户。客户的开发策略有营销导向和推销导向两种。

营销导向的开发策略是指企业通过适当的产品、合理的价格、适当的分销渠道和有效的促销手段来吸引目标客户和潜在客户，从而将目标客户和潜在客户开发为现实客户的过程；推销导向开发策略通常是指企业在产品、销售价格、分销渠道和促销手段上没有显著的特色或者缺乏竞争优势的情况下，通过积极的人员推销形式，引导或者说服客户购买，从而将目标客户开发为企业的现实客户的过程。

相对推销导向的开发策略，营销导向开发策略的特点是"不求人"，是企业依靠自身的产品、价格、分销和促销的特色来吸引客户，而不是推销劝说客户。它的效果是实现客户自己完成开发、主动和自愿地被开发，还很可能是客户满心欢喜地被开发。所以，营销导向的开发策略是客户开发策略的最高境界。

总之，企业建立客户关系的思路是为关系客户和潜在客户提供有吸引力的产品或服务，提供消费或购买的便利，定价或收费要恰当，开展必要的促销活动等，从而使客户主动、自愿地与企业建立联系，并且客户很可能是满心欢喜地与企业建立联系。

复习思考题

1. 什么是营销导向的开发策略？
2. 什么是推销导向的开发策略？
3. 寻找和挖掘潜在客户通常有哪些方法？

案例分析

安利公司的客户开发策略

安利公司主要生产家居护理用品、美容护肤品、个人护理用品和营养食品。为了更好地满足消费者对产品功能的需求，安利在全球设有97个实验室，其中有7个在中国。安利目前有两大生产基地：一个在美国本土；另一个就在中国广东。而且，安利在中国广东设立生产基地的目的是专门针对中国人的特征来进行产品研发和改进，以更好地服务于亚洲区市场，这使得安利的产品能够本土化，更好地满足消费者的需要。

安利公司为了向用户提供优质产品，从筛选原料到加工、配方测试，到成品包装，都经过严格的质量检验，每项生产工序都由质量控制人员严密监督，确保只有完全合格的产品才能进入市场。安利公司一直实行售出商品的"保退"政策，在中国市场上是"30天保退"。因少部分消费者的不规范行为，中国市场的退货率曾一度达到32%，但安利坚持实行这一政策不动摇。

由于中国的消费者对直销模式带有一定的避讳，所以，安利的分销模式逐渐变成了"店铺销售＋雇用推销员"的形式。其经营方式既保留了安利的优势，又符合中国国情，而且减少了中间环节的费用。安利把节省下来的开支让利给消费者，用于产品研发及奖励营销人员。

另外，安利邀请了众多体育明星进行产品代言，很大程度上提升了安利在消费者心中的影响力，以明星效应带动消费者的购买欲望。2001年至2007年，"跳水皇后"伏明霞、"跳水王子"田亮和中国男篮主力易建联，先后接棒出任安利纽崔莱代言人。2000年和2004年，纽崔莱两度成为中国体育代表团出征奥运专用营养品，品牌塑造与巨大的奥运效应牢牢联系在了一起，树立起了"营养健康"的品牌形象。

安利进入中国以来，怀着"取之于社会，用之于社会"的真诚意愿，围绕"营养、运动、健康"，有健康才有将来的品牌理念，坚持"回馈社会、关怀民生"的企业理念，开展各类公益活动，在中国的教育事业、扶贫救灾、社会公益、环境保护和文化体育方面的捐赠超过2000万元人民币。由于在保护消费者权益方面的突出贡献，2001年2月，安利（中国）被中国保护消费者基金会授予"保护消费者杯"荣誉称号。2003年6月26日，在度过"非典"危机后，史迪夫·温安格是第一个携带巨资回到中国投资的世界级商人，为安利（中国）增加投资1.2亿美元，并新增注册资本4010万美元，大大刺激了国外投资者投资中国的信心和热情。此外，安利（中国）公司已经植树100万棵……所有这些活动很好地树立了安利公司良好的企业形象，当然也增强了安利产品的魅力，最终使得安利的客户开发变得自然而然。

（资料来源：何柳，方晟. 安利的营销策略分析［J］. 科协论坛，2007（5）.）

案例讨论题：

安利公司如何实现对客户的开发？

第 4 章

构建客户信息库

> **本章学习重点**
> 1. 了解客户信息的重要性
> 2. 熟悉应当掌握的客户信息
> 3. 熟悉收集客户信息的渠道
> 4. 掌握如何运用数据库管理客户信息

> **案例导入**
>
> **被胡萝卜汁留住的客户**
>
> 一个客户说,10 年前他在香港丽晶饭店用餐时无意识地说自己最喜欢胡萝卜汁,大约六个月后,当他再次住进丽晶饭店时,在房间的冰箱里,他意外地发现有一杯胡萝卜汁。
>
> 10 年来,不管这个客户什么时候住进丽晶饭店,丽晶饭店都为他备有胡萝卜汁。他说,在最近一次去香港的旅行中,飞机还没在机场降落,他就想到丽晶饭店为他准备好的胡萝卜汁,顿时兴奋不已。10 年间,尽管丽晶饭店的房价涨了 3 倍多,但他还是住这家饭店,就因为丽晶饭店每次都为他准备了胡萝卜汁。
>
> 丽晶饭店之所以能培养出这样忠诚的客户,重要原因之一就是它详尽地掌握了客户的信息(如收集和储存客户爱喝胡萝卜汁的信息)。丽晶饭店建立了一个信息量巨大的客户数据库,将客户的姓名、生日、家人情况、工作单位、工作性质、爱吃的东西、爱听的歌、喜爱的颜色、什么时间来的饭店、住了几天、每次住宿的价位范围、每次都住什么类型的房间、房间是向阳还是背阳、喜欢的温度是多少、喜欢什么样的环境等信息输入到客户数据库里。这样丽晶饭店就对客户的信息了如指掌,进而就可以为客户提供更好的服务,使客户满意。
>
> (资料来源:郑宝建. 胡萝卜汁 [J]. 中国城市金融,2004 (5).)

4.1 客户信息的重要性

4.1.1 客户信息是企业决策的基础

从战略的角度讲,客户不仅决定着企业的收入,而且是能够提高市场价值的宝贵财富。在管理报告中，每当对商标价值进行大肆讨论的时候，都无法掩饰企业通过客户关系来创造股本价值这一事实：这为股东创造了价值，同时也为防止掠夺者独自获取公司的财产而设立了一道屏障；再者，使已经获得了这种价值的公司，相对那些正在寻求借助品牌建立企业形象的公司，产生了独特的吸引力。

在任何一种特定行业里，拥有竞争优势的企业比起它们的竞争对手来说，都能够赚取更高的利益。在迈克尔·波特（Michael E. Porter）所写的关于竞争战略的著作中，指出了"创造出能够为客户看到的、有所不同的产品或服务的必要性"。而客户是最重要的学习资源，因为他们拥有建立在满足需求和解决问题基础之上的观点。他们能够判断出企业从什么时候起不再满足他们的需求，因此是促使企业更新的催化剂。与客户建立起对话关系是保持竞争优势的基础，因为通过对话可以了解持续性竞争优势的机会存在于何处，并且最重要的是可以从中知道企业需要做什么才能实现持续性的竞争优势。

信息是决策的基础，如果企业想要维护好不容易与客户建立起来的关系，就必须充分掌握客户的信息，像了解自己的产品或服务那样了解客户，像了解库存那样了解客户的变化。

任何一个企业都是在特定的客户环境中经营发展的，有什么样的客户环境，就应有与之相适应的经营战略或策略。如果企业对客户的信息掌握不全、不准，判断就会出现失误，决策就会有偏差；而如果企业无法制定出正确的经营战略和策略，就可能失去好不容易建立起来的客户关系。所以，企业必须全面、准确、及时掌握客户的信息。

4.1.2 客户信息是客户分级的基础

企业只有收集全面的客户信息，特别是他们与企业的交易信息，才能够知道自己有哪些客户，才能知道每个客户有多少价值，才能识别哪些是优质客户，哪些是劣质客户，才能识别哪些是贡献大的客户，哪些是贡献小的客户，才能根据客户带给企业的价值大小和不同贡献，对客户进行分类管理。

例如，美国联邦快递公司根据客户的信息和历史交易来判断每个客户的盈利能力，把客户分为"好""不好""坏"三种，并且为三种不同价值的客户提供不同的服务。

4.1.3 客户信息是客户沟通的基础

大众营销、大众广告、大众服务都不能实现有针对性地与客户沟通，实际上还拉大了企业与客户之间的距离。随着市场竞争的日趋激烈，客户信息越显得珍贵，拥有准确、完整的客户信息，有利于了解客户、接近客户、说服客户以及与客户进行沟通。

例如，中原油田销售公司设计了统一的"客户基本信息"表格分发给各个加油站，内容包括：驾驶人的姓名、性别、出生年月、身份证号、家庭住址、联系电话、个人爱好、车型、车号、单位、承运类型、车载标准、动力燃料、油箱容量、主要行车路线、经过本站时间，并有累计加油获奖记录。通过这些信息，中原油田公司建立了客户数据库，架起了加油站与客户之间的友谊桥梁。例如，加油站每天从计算机中调出当天过生日的客户，向其赠送蛋糕等生日礼物。

如果企业能够掌握详尽的客户信息，就可以做到"因人而异"地进行"一对一"的沟通，就可以根据每个客户的不同特点，有针对性地实施营销活动，如发函、打电话或上门拜访，从而避免大规模的高频广告投入，使企业的营销成本降到最低，成功率达到最高。一般来说，大面积地邮寄宣传品的反馈率只能达到2%～4%，但是，在了解客户信息的基础上经过筛选，有针对性地邮寄宣传品，反馈率就可以达到25%～30%。

4.1.4　客户信息是客户满意的基础

在竞争激烈的市场上，企业要满足现实客户和潜在客户及目标客户的需求、期待和偏好，就必须掌握客户的需求特征、交易习惯、行为偏好和经营状况等信息，从而制定和调整营销策略。

如果企业能够掌握详尽的客户信息，就可以把握客户的需求特征和行为爱好，有针对性地为客户提供个性化的产品或服务，满足客户的特殊需求，从而提高他们的满意度，这对于保持良好的客户关系、实现客户忠诚起到十分重要的作用。

如果企业能够及时发现客户订货持续减少的信息，就可以赶在竞争对手之前去拜访该客户，同时采取必要的措施进行补救，从而防止客户的流失。

如果企业能够及时掌握客户对企业的产品或服务的抱怨信息，就可以立即派出得力的人员妥善处理和解决，从而消除客户的不满。

如果企业知道客户的某个纪念日，就可以在这个日子送上适当的礼物、折扣券、贺卡或电影票；或在知道客户正在为失眠困扰时，寄一份"如何治疗失眠"的资料给他。这些都会给客户带来意外的惊喜，从而使客户对企业产生依赖感。

例如，日本花王公司就随时将收集到的客户信息、意见或问题输入计算机，现在已经建立了8000多页的客户资料。每年公司凭借这些资料开展回报忠诚客户的活动，以此来巩固与老客户的关系，并且吸引新客户。

4.2　应当掌握客户的哪些信息

4.2.1　个人客户的信息

1. 基本信息

基本信息主要涉及个人客户的基本情况，一般包括如下三个方面的信息：

（1）关于个人客户自身的基本信息。例如，姓名、性别、年龄、性格、血型、电话、传真、住址等方面的信息。这些基本信息对客户的消费要求与偏好有一定的影响。例如，不同年龄的消费者对同一类产品所关注的重点存在很大差异。同样是衣物，老年人主要关注的是衣物本身的质地与材料，而年轻人更看重衣物的款式。又如，男性和女性对同一事物的看法也经常存在很大差异。

（2）关于个人客户家庭的信息。具体包括：婚姻状况，已婚、未婚还是离异；如果已婚，如何庆祝结婚纪念日，配偶的姓名、生日、性格爱好；是否有子女，子女的姓名、年龄、生日、教育状况；是否与父母同住等。这些家庭信息同样会影响个人客户的购买习惯。例如，沃尔玛公司在分析销售数据时发现，在一段时间内尿布与啤酒的大量购买者都是刚有宝宝不久的年轻爸爸。原来妻子们会经常要求丈夫在下班的时候购买小孩用的尿布，而这些父亲在买完尿布之后又会同时给自己购买几瓶啤酒。在发现了这一现象之后，沃尔玛就把啤酒和尿布的货架相邻排列，使得啤酒和尿布的销量都有了大幅度提高。

（3）关于个人客户事业的信息。具体包括：以往的就业情况，如以往供职单位名称、工作地点、职务、任职时间、收入、离职原因等；目前的工作状况，如目前就职单位名称、工作地点、职务、任职时间、收入等；对未来事业发展的规划，短期、中期、长期的事业目标各是什么等。个人的从业经历以及职业发展规划，对企业的产品设计与开发有重要影响。例如，在银行业，经常会针对不同收入、职业的家庭推出理财计划。此外，会计、咨询、银行等行业的人群，会更偏好正式的职业装；而从事研发等工作的群体，则相对不太注重外表。

2. 心理与态度信息

此方面的信息主要是关注个人客户购买产品或服务的动机是什么，客户有哪些性格特征，客户喜欢什么样的生活方式等。具体而言，主要包括如下四方面的信息：

（1）关于个人客户购买动机的信息。动机体现了个人客户购买产品的目的。即使是购买相同的产品，不同的个人客户动机也会存在差异。例如，两个30岁的年轻男性，拥有同样的职业、类似的家庭生活。这两个人都去购买手机，一个是为自己购买，而另一个是为女朋友购买，那么他们对手机的要求就会存在差异。

（2）关于个人客户个性的信息。个性是指一个人独特的心理特征，并且这些特征能使一个人对他所处的环境产生相对稳定和持久的反应。一个人的个性通常体现为性格特征，如内向、外向、自信、适应能力、进取心等。研究表明，个性特征对个人客户选择产品或服务有一定影响。

（3）关于个人客户生活方式的信息。生活方式是一个人的生活模式，体现在个人的日常生活之中。学者和许多调研公司都致力于划分个人客户的生活方式。一些学者根据活动（工作、爱好、社会活动等）、兴趣（家庭、娱乐、时尚等）和观点（自我、社会问题、产品等）三个维度来区分不同的生活方式。另外，有些咨询公司侧重对生活方式的具体分类，其中最著名的是 SRI 咨询公司的价值和生活方式（VALS）分类。VALS 根据人们如何花费金钱和时间，以自我导向和资源这两个主要的维度，将个人客户的生活方式划分为不同的类型。

（4）关于个人客户信念和态度的信息。个人客户的信念和态度决定了他们对某些品牌或者产品的感觉，以及他们对产品的态度，并由此影响他们对产品和品牌的选择。例如，李宁公司曾经在 2001 年做过一次市场调研，发现消费者对李宁公司产品的定位为民族的、亲和的、体育的、荣誉的，这与李宁公司努力塑造的年轻、时尚的品牌形象差异很大。这就需要李宁公司调整战略，以便于公司的目标与客户的感知相一致。许多企业都在力图弄清个人客户对产品、服务、品牌的态度是如何形成的，以便利用多种营销手段来改变这些信念和态度。

3. 行为信息

　　此方面的信息涉及个人客户的购买频率、种类、金额、途径等。此类信息通常容易为企业所获取,并且能够分析出对企业有价值的资料。需要注意的是,在不同的行业中,企业所需要记录的个人客户行为信息存在差异。例如,在超市中,需要记录的是个人客户的购买频率、购买商品的种类、数量以及金额;而在通信行业中,需要记录的则是客户通话的话费额、使用本地通话还是长途、付款记录、信用记录、注册行为等。

　　此外,行为信息只能适用于现有客户;对于潜在客户,由于消费行为还没有开始,当然无法记录其消费行为。

4.2.2　企业客户的信息

　　(1) 基本信息。具体包括企业客户的名称、地址、电话、创立时间、所在行业、规模等信息,同时也包括企业客户的经营理念、销售或者服务区域、形象以及声誉等。这些基本信息对企业客户的购买行为和偏好有很大影响。例如,对处于同一行业的两家企业客户而言,规模以及实力的差异会导致它们对同一产品的不同需求。对规模大、资金雄厚的客户,产品的品质以及服务是其选择产品的重要影响因素;而对规模小、缺乏资金的客户,价格是其选择产品的重要影响因素。

　　(2) 业务状况。主要关注企业客户目前的能力以及未来的发展趋势,涉及销售能力、销售业绩、发展潜力与优势、存在的问题等。这些信息的收集对于企业针对不同的企业客户制订不同的产品和服务销售计划有重要影响。对那些目前具有较强的实力、良好的业绩,并且未来也有发展前途的企业客户而言,企业需要给予更多的关注,与它们建立良好的关系;而对那些缺乏能力和发展后劲的企业客户,则需要慎重考虑。

　　(3) 交易状况。主要关注企业与企业客户在过去交易过程中的经历,这些信息涉及交易条件、企业客户的信用等级、企业与该客户关系的紧密程度、企业客户的合作意愿等方面。对于企业而言,如果企业客户在过去的交易中曾经发生信用问题,那么企业在与该企业客户再次交易时,就需要特别关注,以防范可能的风险。此外,企业与企业客户交易关系的紧密程度、企业客户的合作意愿也会影响其购买行为和意愿,那些与企业关系深厚并有着较强合作意愿的企业客户,更愿意从企业采购大量的产品。

　　(4) 主要负责人信息。与个人客户信息不同,在企业客户的信息收集中,还需要注意其主要负责人信息的收集,主要包括企业客户高层管理者、采购经理等人员的信息。这些主要负责人年龄、性格、兴趣等特征都会影响组织的购买行为。

4.3　收集客户信息的渠道

4.3.1　直接渠道

　　(1) 在市场调查中获取客户数据。现代企业已经越来越多地利用市场调查来实现对产品、市场、服务进行考察、分析、预测等工作。通常情况下,委托第三方进行相关的调查能够对调查对象的客户数据进行详尽的记录,而这些记录不仅能够反馈这些被调查人中的潜在客户,而且能够通过对产品或服务所反馈的意见和建议反映出客户需求的导向,更重要的是,还能够通过被调查人的倾向性,发现潜在客户的分布规律,为企业开发新产品、开拓更大的市场提供依据。

(2) 在营销活动中获取客户数据。具体包括广告、业务往来函电、商务谈判、开展特价商品或企业商品知识竞赛、启动频繁的营销方案、实行会员制、客户联谊会、俱乐部。

(3) 在服务过程中获得客户数据。对客户的服务过程也是企业深入了解客户、联系客户、收集客户数据的最佳时机。在服务过程中,客户通常能够直接而毫无避讳地表述自己对产品的看法和期望、对服务的需求和评价、对竞争对手的认识和挑剔以及周边客户群体的意愿和销售机会。其信息量之大、准确性之高是在其他条件下难以实现的。一次好的服务过程本身就是一次全面的客户数据收集过程。

(4) 在终端收集客户数据。终端是直接接触最终客户的第一线,通过面对面的接触可以收集到客户的第一手资料。但是,终端收集难度较大,必须通过激励机制,调动商家积极性,促使其乐意去收集。例如,服装商场可以要求客户在优惠卡上填写基本情况,如住址、电话、邮编、性别、年龄、家庭人数等,当客户采购时,只要在收款处刷一下,就可以将采购信息记录在数据库中。商场通过客户采购商品的档次、品牌、数量、消费金额、采购时间、采购次数等,可以大致判断客户的消费模式、生活方式、消费水平以及对价格和促销的敏感程度等。

(5) 通过博览会、展销会、洽谈会等获取客户数据。由于展会的针对性强、潜在客户群体集中,所以已经成为能够迅速收集客户数据、发现客户群体、达成购买意向的场所。也正是由于这个特点,国内展会经济呈现出蓬勃发展的态势。但是,展会上的名片收集还远远不能满足客户数据收集的要求,对客户的意见、产品倾向、竞争产品评价的收集是展会客户数据收集的重点。

(6) 网站和呼叫中心是收集客户数据的新渠道。随着电子商务的开展,网站、呼叫中心在企业客户发展战略中起的作用已经越来越受到企业领导者的重视。与此同时,客户也越来越多地通过网站和呼叫中心了解企业的情况、产品和服务,以及即时完成订单等操作。不能看出,很多企业已经将客户在网站、呼叫中心的访问作为收集客户数据的重要机会,为进一步开展营销及服务打下基础。也正是这些客户数据,为个性化服务的开展提供了可能。企业可通过客户访问网站进行注册的方式,建立客户档案资料。此外,客户拨打客服电话,呼叫中心可以自动将客户的来电记录在计算机数据库内。另外,在客户订货时,通过询问客户的一些基本送货信息,也可以初步建立起客户数据库,然后逐步补充。

(7) 从客户投诉中收集客户数据。企业可将客户投诉意见进行分析整理,同时建立客户投诉的档案资料,从而为改进服务、开发新产品提供基础数据资料。

4.3.2 间接渠道

在如今信息爆炸的年代,在企业外部,通过社会渠道也有很多机会能够找到并获取相关的客户数据。

（1）通过数据公司。数据公司专门收集、整合和分析各类客户的数据和客户属性，尤其是专门从事某一领域数据研究的公司，往往与政府及拥有大量数据的相关行业和机构有着良好而密切的合作关系。这类公司可以为企业提供成千上万名客户的数据列表。在北京、上海、广州、深圳等城市，数据公司的发展非常迅速，已经开始成为数据营销领域的重要角色。

（2）通过专业产品调查公司。在消费品行业、服务行业及其他一些行业中，有许多专注产品调查的公司。这些公司通过长期的积累与合作，通常具有大量的客户数据。

（3）通过消费者研究公司。这类组织往往分析并构建复杂的客户消费行为特征，这类数据可以通过购买获取。

（4）通过公开出版物。公开出版物包括行业发展报告、统计年鉴、期刊、网络、报纸、杂志等。在这些公开出版物上，经常会发布有关客户年龄、行为偏好等方面的信息。例如，中国互联网络信息中心（CNNIC）每年都会发布有关中国互联网网民的统计数据，分析网民的年龄、性别、职业、上网时间、上网目的、网上购物情况等信息。这对于从事B2C或者C2C电子商务的企业而言，无疑是非常有用的数据。

（5）通过政府机构。官方人口普查数据，结合政府资助的调查和消费者研究信息，都有助于丰富客户数据列表。政府的行政机关和研究机构往往也有大量的客户数据，如公安户政部门的户政数据、税务机关的纳税信息、社保部门的社会保险信息等。

此外，从战略合作伙伴或老客户以及行业协会、商会等也可以获取相关的客户信息，还可以通过与有大量相关行业客户数据的公司进行合作或交换的方式获取客户数据。这类行业包括通信公司、航空公司、金融机构、旅行社等，还有一些大型的零售公司、信用调查公司等。

总之，客户信息的收集有许多途径，在具体运用时要根据实际情况灵活选择，有时可以把不同的途径结合在一起综合使用。但要强调的是，企业必须对客户负责，对客户的信息严格保密。

4.4 运用数据库管理客户信息

4.4.1 运用数据库可以深入分析客户的消费行为

企业运用客户数据库，可以使每一个服务人员在为客户提供产品或服务时，清楚客户的偏好和习惯的购买行为，从而提供更具有针对性的个性化服务。例如，现在的读者俱乐部都在进行定制寄送，他们会根据会员最后一次的选择和购买记录，以及最后一次与会员交流获得的有关个人生活信息，向会员推荐不同的书籍。这样做会使客户感到企业尊重、理解他们，知道他们喜欢什么，并且知道他们在什么时候对什么内容感兴趣。

4.4.2 运用数据库可以对客户开展一对一的营销

基于数据库支持的及时识别忠诚客户的功能十分重要。实施忠诚客户管理的企业需要定制一套合理的建立和保持客户关系的格式或结构。例如，航空公司的里程积累计划——客户飞行一定的公里数，便可以获得相应的免费里程，或根据客户要求提升舱位等。这种格式或结构建立了一套吸引客户的特殊身份，给予相应的产品或服务，从而有效地吸引客户为获得较高级别的待遇和服务而反复购买。

4.4.3 运用数据库可以实现客户服务及管理的自动化

企业的客户数据库通过对客户历史交易行为的观察和分析，具有发现和警示客户异常购买行为的功能。例如，一位常客的购买周期显著延长，或其购买量出现显著变化，都是客户流失的迹象。客户数据库通过自动监视客户的交易资料，可以对客户的流失迹象做出警示。

客户数据库拥有可以通过网络和浏览器使用的接口，已经成为支持客户关系管理的基本架构。新兴的数据库已经不仅被单个用户独享，在多个用户之间分布也已渐成趋势，甚至连企业供应链之中的商业合作伙伴也借助数据库充当信息共享的媒介。

4.4.4 运用数据库可以实现对客户的动态管理

数据库必须是动态的、整合的数据。动态的要求是指数据库能够实时提供客户的基本资料和历史交易行为等信息，并在客户每次交易完成后，能够自动补充新的信息；整合的要求则是指客户数据库与企业其他资源和信息系统的综合、统一，各业务部门及人员可以根据职能、权限的不同实施信息查询和更新功能，客户数据库与企业的各交易渠道和联络中心紧密结合等。

本章小结

信息是决策的基础，如果企业对客户的信息掌握不全、不准，判断就会出现失误，决策就会有偏差，而如果企业无法制定正确的经营战略和策略，就可能断送很不容易建立起来的客户关系。所以，必须全面、准确、及时掌握客户信息。

如果企业能够掌握详尽的客户信息，就可以根据每个客户的不同特点，有针对性地实施营销活动，从而避免高额广告投入，使企业的营销成本降到最低，而成功率却达到最高。如果企业能够掌握详尽的客户信息，就可以在把握客户需求特征和行为爱好的基础上，有针对性地为客户提供个性化的产品或服务，满足客户的特殊需要，从而提高客户满意度，这对保持良好的客户关系、实现客户忠诚度将起到十分重要的作用。

客户信息可以通过建立客户数据库来进行管理，客户数据库是企业运用数据库技术，全面收集关于现有客户、潜在客户和目标客户的综合数据资料，追踪和掌握现有客户、潜在客户和目标客户的情况、需求和偏好，并且进行深入的统计、分析和数据挖掘，而使企业的营销工作更有针对性的一项技术措施，是企业维护客户关系、获取竞争优势的重要手段和有效工具。

运用客户数据库可以深入分析客户消费行为，对客户开展一对一的营销，实现客户服务及管理的自动化，实现对客户的动态管理。

复习思考题

1. 应当掌握的客户信息有哪些？
2. 收集客户信息的渠道有哪些？
3. 如何运用数据库管理客户信息？

案例分析

美国第一银行：CRM 支持"如您所愿"

作为世界上最大的 Visa 信用卡发行行，拥有超过 5600 万名信用卡客户的美国第一银行的核心理念是"成为客户信任的代理人"。它在与客户建立联系时采用一种被称为"ICARE"的要诀：I（Inquire）——向客户询问并明确其需求；C（Communicate）——向客户保证将尽快满足其需求；A（Affirm）——使客户明确有争先完成服务工作的能力和愿望；R（Recommend）——向客户提供一系列服务的选择；E（Express）——向客户银行接受单个客户的委托。

在"ICARE"的基础上，美国第一银行推出了一项名为"At Your Request"（如您所愿）的客户服务，赢得了客户的信任，取得了巨大的商业成就。无论是"ICARE"还是"At Your Request"，都离不开第一银行先进的数据库的全面信息支持。

美国第一银行的客户可通过电话、电子邮件或网络得到"At Your Request"提供的三项服务：金融服务、旅行娱乐服务和综合信息服务。客户在使用美国第一银行信用卡一定时期后，在信用记录良好的情况下，银行会寄一份"At Your Request"业务邀请函给客户。客户如果接受，只需填写一份爱好简介，包括其每个家庭成员的姓名、生日、最喜欢的杂志、最喜欢的文娱活动等，就可获得各种相关服务。银行通过"At Your Request"帮助客户满足其各种需求。例如，"At Your Request"提供"提醒服务"功能，称为"Just-in-Time"，在客户的周年纪念日、特殊事件和重要约会前，会按客户所希望的时间方式、渠道来提醒。又如客户想在饭店订座或想要送花，都可以通过"At Your Request"来实现。

在业务后台，美国第一银行开发了庞大而先进的数据库系统，从每一笔信用卡交易中提取大范围的有重要价值的数据。在银行看来，从大多数使用信用卡客户的业务记录中可以"发现"客户最感兴趣的产品或服务。

利用所掌握的交易数据，美国第一银行建立了高度准确、按等级分类的单个客户实际偏好的记录，当然也能分析群体客户的消费情况和偏好，银行可以根据客户的消费偏好信息确定商业合作伙伴，从他们那里得到最优惠的价格并提供给客户。银行的数据库通过持续更新，会越来越清晰地反映出客户的需求和消费偏好，这为"At Your Request"业务的开展提供了有力的信息支持。

（资料来源：王广宇. 客户关系管理方法论 [M]. 北京：清华大学出版社，2007.）

案例讨论题：

美国第一银行如何利用客户数据库管理客户关系？

第 5 章
客户的分级管理

本章学习重点

1. 理解客户分级管理的意义
2. 了解客户分级的方法
3. 掌握不同级别客户的基本管理方法

案例导入

某商业银行的客户细分

商业银行对零售类个人客户进行细分，实施差别化的营销与服务。例如，某商业银行深圳分行创办了"金牛理财中心"，推出客户分层次服务办法，使理财中心成为营销零售业务的集中场所。深圳分行根据其"50%的储蓄存款来源于不到1%的大户"这一情况，为避免传统的服务方式导致劣质客户驱逐优良客户的现象发生，在理财中心推出客户分层次服务办法，将客户区分为普通客户、VIP 客户和高级 VIP 客户三个等级（VIP 客户标准为日均存款 100 万元或个人资产 200 万元以上的客户）。理财中心大厅设有贵宾窗口、大户室、"一站式"个贷办理区、VIP 休闲区、VIP 活动区等，客户等级不同，享受的服务不同。此外，该行还将目前没有业务往来的重点公司客户的重要岗位人员以及证券大户、保险公司 VIP 客户、多次置业的富裕阶层、发展前景良好的公司负责人等作为潜在的 VIP 客户进行重点营销。

（资料来源：李晓彤，某商业银行的客户细分. http://abc.wm23.com/zjklixiaotong521/226061.html，2013-04-04.）

5.1 为什么对客户进行分级管理

客户是企业的上帝，企业都知道要善待每一个客户，积极地服务好每一个客户，让他们成为忠实客户。但是，企业发现很难让每个客户满意，因为企业的资源是有限的，客户能为企业带来的价值也是不同的，这种情况下，就需要对客户进行分级管理，合理分配资源，做到轻重缓急，有所侧重。

5.1.1 不同的客户带来的价值不同

在分析企业利润构成时,发现能给企业带来巨大利润的是那些重点大客户,他们在客户中的比例大约是 20%,却创造了 80% 的利润;而普通零散客户只给企业带来 20% 的利润。这就是著名的"80/20 法则",又称帕累托定律,起关键作用的小部分客户几乎决定着整个企业的盈亏。在一定程度上可以说,客户的质量胜于客户的数量。

5.1.2 必须根据客户的不同价值分配不同的资源

企业资源的有限性决定了企业不可能什么都做、面面俱到。不同层次的客户购买企业的产品和服务,在给企业带来了不同利润的同时,他们对企业也有不同的需求和服务标准。许多企业在产品营销和客户维护上,采用了特别的服务手段来维护关键客户,VIP 现象风行一时。例如,银行抽调骨干客服、设 VIP 专用柜台服务关键客户,而中小客户多被要求排队或使用无人柜员机自助;航空公司也为 VIP 客户专设单独休息室;QQ 游戏专设 VIP 游戏大厅等。

5.1.3 客户分级是有效进行客户沟通、实现客户满意的前提

企业如不选择客户群体,想为所有客户服务,结果很可能是所有的客户都不满意。不是量身定做的,就不会符合个别需求,这就要求企业对客户进行分类分级管理,需要企业根据客户的重要性和价值采取不同的沟通策略,只有这样才能了解客户的需求,提供带有个性化特征的产品或服务。个性化的程度应该与客户的需要相对应,最大化实现客户满意度。

5.2 如何对客户进行分级

客户分级可以采用分类或聚类的方法。分类的方法是预先给定类别,如根据贡献的价值大小将客户分为高价值客户和低价值客户,或者根据客户关系建立的时间长短分为长期固定客户和短期偶然客户等。聚类的方法是根据客户的共性和类似特征,采用针对性的引导措施,增加客户和企业的黏度,最终给企业带来利润。比较常见的是根据客户给企业带来的价值,将客户简单分级并进行管理。客户带来的价值不仅表现在当前,还体现在客户对企业产品消费的增加潜力及其对企业的长期价值。例如,按客户忠诚度划分,可将客户分为潜在客户、新客户、常客户、老客户和忠诚客户等;按照客户重要性划分,可将客户分为关键客户、次要客户、普通客户、小客户。

5.2.1 关键客户

关键客户也称重点客户,是企业的核心客户。所谓的重点客户管理,就是有计划、有步骤地开发和培育那些对企业的生存和发展有重要战略意义的客户。重点客户管理是一种基本的销售方法,更是一种投资管理。重点客户管理曾有过许多不同的名称,如大型客户

管理、重点客户管理、主要客户管理、关键客户管理等，最终的目的是更好地为客户服务，同时实现企业的销售业务。重点客户对企业的发展具有重大的作用。综合起来，重点客户具有以下特点：

（1）重点客户对于企业要达到的销售目标是十分重要的，现在或者将来占有销售收入的很大比重。这些客户的数量很少，但在企业的整体业务中有着举足轻重的地位。

（2）企业如果失去这些重点客户，将严重影响到企业的业务，并且企业的销售业绩在短期内难以恢复，企业很难迅速地建立起其他销售渠道。企业对这些重点客户存在一定的依赖关系。

（3）企业与重点客户之间有稳定的合作关系，而且他们对企业未来的业务拥有巨大的潜力。

（4）企业花费很多的工作时间、人力和物力来做好客户关系管理。这些重点客户具有很强的谈判能力、讨价还价能力，企业必须花费更多的精力来进行客户关系的维护。

（5）重点客户的发展符合企业未来的发展目标，将形成战略联盟关系。当时机成熟时，企业可以实施后向一体化战略，与客户结成战略联盟关系，利用重点客户的优势，将有利于企业的成长。

5.2.2 次要客户

次要客户是指除关键客户以外，给企业带来最大利润的前20%的客户，一般占客户总数的19%。次要客户也许是企业产品或服务的大量使用者，也许是中度使用者，但是他们对价格的敏感度比较高，因此为企业创造的利润和价值没有关键客户高；其对企业的忠诚度也没有关键客户高，为了降低风险，他们会同时与多家同类型的企业保持长期联系；他们也在真诚、积极地为本企业介绍新客户，但在销量增加、交叉销售方面可能已经没有多少潜力可供企业进一步开发和挖掘。

5.2.3 普通客户

普通客户是指能给企业带来一般利润的客户，这类客户最为常见，其为企业创造的最大价值一般占客户总数的30%。普通客户虽然包含的客户数量大，但他们对企业产品或服务的购买力、满意度、忠诚度，能够带来的价值等却远远低于关键客户和次要客户，不值得企业特殊对待，因为企业维护和管理此类客户的成本太高。

5.2.4 小客户

小客户是指给企业带来极少量价值甚至负面价值的客户。企业为支持和服务这类客户的成本可能会超出实际收益。但是根据著名的"80/20法则"，即20%的大客户决定着企业80%的销售量（额），这是一个已被证明的事实。在许多企业中，对这种认识产生了误区：虽然他们对外宣扬对待客户一视同仁，但在实际操作中，他们认为，公司的大客户才是根本，只要管好了大客户，利用大客户的品牌传播效应，自然会有许许多多的小客户聚集旗下。因此，在客户关系管理的过程中，大客户得到了重点关注，而小客户通常处于自发管理或被动管理的状态。

因为小客户的购买力低，他们一旦遇到企业产品或服务方面出现的问题处理不及时的情况，就会抱怨、拖延付款或者提出一些苛刻的服务要求，从而破坏了企业的形象。

5.3 如何管理各级客户

客户是企业生存和发展的动力源泉，是企业的重要资源，应对客户进行科学和有效的管理，以追求企业利润的最大化。管理出效益，不同的客户有不同的需求，因此，企业就要根据客户分级，采取有针对性的个性化措施来满足客户的需求，在信息沟通、产品和服务方面带有个性化特征。各项管理措施应达到以下目的：让对企业忠诚者得到回报，让犹豫彷徨者得到激励，让流失者付出代价。

5.3.1 关键客户的管理

对关键客户的管理，企业的目标是客户保持。关键客户购买了企业的产品或服务，满意而且持续，不断给企业带来效益，是企业生存的基础和发展源泉，因此，他们是客户管理的重中之重。

(1) 集中优势资源服务于关键客户。企业要为关键客户付出巨大努力，通过沟通和感情交流，密切双方的关系，在相互信任的基础上，制定更加优惠的政策，如产品价格优惠、付款延期和服务全面等。

(2) 提供系统化的解决方案。企业应当让关键客户知道他们的重要性，让他们能清楚地感觉到企业是按他们的需要提供新产品或服务的，甚至让客户参与到企业的新产品研发过程中，密切业务联系，使关键客户自豪地享受企业提供的特殊待遇，并激励他们进一步为企业创造更多的价值。

(3) 成立为关键客户服务的专门团队，开通 VIP 服务通道。关键客户服务团队必须时时关注关键客户，分析竞争对手，实施个性化服务。

5.3.2 次要客户的管理

次要客户是企业产品或服务的大量使用者，企业要对他们实施价格优惠、服务质量提升、感情沟通等措施。

(1) 加大客户关注力度，提升企业核心竞争力，以企业独特的且富有人性化的产品挽留住客户。

(2) 加大产品推介力度，采取科学的手段识别盈利客户，密切注意客户的购物倾向，定期邮寄产品反馈单和优惠卡。

(3) 客户代表要主动拜访客户，及时了解客户的最新需求、行业的发展趋势和人事变动等特殊情况，顺势而为地提供快捷周到的服务。

5.3.3 普通客户的管理

对普通客户的管理，企业的目标是客户增长。针对有升级潜力的普通客户要关怀和重视，努力将其培养成为次要客户，企业可以通过引导、创造、增加普通客户的需求，来提高他们的贡献度；针对没有升级潜力的普通客户，可维持甚至减少服务，降低成本。

1. 返利奖励。

企业要设计鼓励普通客户增加消费的项目，如定期开展常客奖励计划，对一次性或累计购买达到一定标准的客户给予相应级别的奖励或参加相应的抽奖活动。奖励的形式有折扣、积分、赠品、奖品等优惠和好处。

2. 扩大服务项目。

企业还可以根据普通客户的需要扩充相关的产品线，或开展交叉销售和关联销售，为客户提供更多的购买相关产品或服务的机会，以充分满足他们的潜在需求，这样就可以增加普通客户的购买量。

3. 引导高品位的消费。

企业还可以鼓励普通客户购买价值更高的产品或服务，如饭店给予适当的优惠鼓励客户点更贵的菜等，来提升普通客户创造的价值。

4. 扶持客户成长。

为了使普通客户能够顺利地升级为关键客户，企业还有必要伸出援手，通过向客户提供更多、更宽、更深的服务来建立与客户结构性的联系，以壮大普通客户的实力，进而增加对企业的需求和贡献。例如，企业可以成为普通客户的经营管理顾问，帮助他们评估企业状况和市场行情，制定现在与未来的市场发展规划，为客户提供生产、销售、调研、管理、资金、技术、培训等方面的帮助，来提高普通客户的经营管理水平。

5. 建立不同的客户组织，稳定客户群。

例如，实行会员制或者客户俱乐部制，向客户提供价格优惠，提供资金支持，定期开展各种活动，密切感情交流，促使客户与企业建立长期稳定的关系。

5.3.4 小客户的管理

对小客户的管理，企业的目标是客户提升或舍弃。聚沙成塔，集腋成裘，保持一定数量的"小客户"是企业实现规模经济的重要保证，是企业保住市场份额、保持成本优势、遏制竞争对手的重要手段。

管理小客户存在不少问题，如成本比较高、分散了管理资源、利润微薄等。但小客户也可以提升引导，采用不同的定价和服务标准，同样可以盈利。针对有升级潜力的小客户，要努力将其培养成为普通客户；针对没有升级潜力的小客户，可提高服务价格，降低服务成本，淘汰劣质客户。

1. 价格杠杆促进客户升级。

向小客户提高服务价格，引导小客户向普通客户转换，这样就会壮大普通客户的队伍。例如，银行向小客户征收额外的管理费用。

2. 降低为小客户服务的成本。

（1）限制为小客户提供的服务内容和范围，压缩、减少为小客户服务的时间。例如，从原来的天天服务改为每周一天提供服务，从而降低成本，节约企业资源。

（2）运用更经济、更省钱的方式提供服务。例如，从原来面对面的直接销售方式转为电话销售或由经销商销售，这样保证了销售收入，减少了成本，提高了利润。又如，银行通过减少分支机构的数量，以及用 ATM 机代替柜员和银行员工，从而降低服务成本。

3. 坚决淘汰劣质客户

实践证明，并非所有的客户关系都值得保留。劣质客户吞噬、蚕食着企业的利润，与其让他们消耗企业的利润，还不如及早终止与他们的关系。例如，银行对信用状况差、没有发展前途的劣质客户采取停贷、清算等措施，淘汰劣质客户。同时，企业对待赖账的客户，一是"先礼后兵"，动员各种力量对其施加压力；二要"还以颜色"，直至"对簿公堂"，绝不手软。

企业没有必要为全部客户提供相同的服务，只有用科学的方法进行客户价值评估，采取可行的分级方案，为不同客户提供不同级别的、有针对性的服务，才能创造更多的利润。

本章小结

一般认为，所谓客户分级管理，就是根据客户对企业的贡献率等各个指标进行多角度衡量与分级，最终按一定的比例进行加权。企业根据分类标准对客户信息进行分类处理后，在同类客户中根据销售信息进行统计分析，发现共同特点，开展交叉销售，做到在客户下订单前就能了解客户需要，从而有针对性地进行产品推荐，实现营销。

客户分级管理是客户关系管理的重要手段。客户群的急速变化决定了企业的行动，客户服务细分决定了客户营销的成败，企业需要用科学的方法进行客户价值评估，发现增量市场，服务好最基本的顾客群，挽留住关键客户，并且不断开发新客户，才能增加市场占有量，提高企业利润。

复习思考题

1. 请用生命周期理论分析客户的价值。
2. "80/20 法测"在客户分级管理中是如何运用的？
3. 如何挽留住关键客户和次要客户？
4. 如何对不同的客户进行有效管理？

案例分析

迪克连锁超市的客户关系管理

启示：只收集大量的客户信息还远远不够，成败的关键取决于利用这些信息针对个体客户"量身定做"服务政策。

迪克连锁超市的开拓者、高级营销副总裁肯·罗布有一个秘密。但实际上他并非那种不愿袒露心迹的人，他性格外向开朗，心里想什么就说什么，从不犹豫，这一点很好。他是迪克连锁超市的高级营销副总裁，迪克连锁超市是一家在威斯康星州乡村地区拥有八家分店的超级市场。噢，原来这与当美国中央情报局的头儿不太一样，所以他的"秘密"也不可能让詹姆斯·邦德（James Bond，"007"系列电影中的神探——译者注）感兴趣。我们只是想说，罗布知道一些不为其对手所了解的东西。

罗布的秘密是当他的顾客来商场采购时，他十分了解这些顾客想要买些什么。这一点连同超市所提供的优质服务的良好声誉，是迪克连锁超市对付低价位竞争对手及"类уб杀手"的主要防御手段。迪克连锁超市采用数据优势软件（Data Vantage）——一种由康涅狄格州的关系营销集团（Relationship Marketing Group，RMG）所开发的软件产品，对扫描设备里的数据加以梳理，即可预测出其顾客什么时候会再次购买某些特定产品。接下来，该系统就会"恰如其时"地推出特惠价格。

它是这样运行的：在迪克连锁超市每周消费25美元以上的顾客每隔一周就会收到一份定制的购物清单。这张清单是由顾客以往的采购记录及厂家所提供的商品现价、交易政策或折扣共同派生出来的。顾客购物时可随身携带此清单，也可以将其放在家中。当顾客到收银台结账时，收银员就会扫描一下印有条形码的购物清单或者顾客常用的优惠俱乐部会员卡。无论哪种方式，购物单上的任何特价商品都会被自动予以兑现，而且这位顾客在该店的购物记录会被刷新，生成下一份购物清单。

"这对于我们和生产厂家都很有利，因为你能根据顾客的需求制定促销方案，由此就可以做出一个与顾客商业价值成正比的方案。"罗布说。

迪克连锁超市还依据顾客的特定信息，跨越一系列商品种类，把定制的促销品瞄准各类最有价值的顾客。例如，非阿司匹林产品（如泰诺）的服用者可以被分成三组：全国性品牌、商店品牌和摇摆不定者。这些组中的每组顾客又可以根据低、中、高用量被分成三个次组。用量就代表着在某类商品中，顾客对迪克连锁超市所提供的长期价值（仅在这一个产品种类中，就有六个"模件"，产生出总共九种不同类型的顾客——这足以举办一次批量定制营销活动了）。

假设超市的目标是把泰诺用户转变成商店品牌的用户，那么罗布就会将其最具攻击性的营销活动专用于用量大的顾客，因为他们最有潜在价值——给予大用量顾客的初始折扣优惠远高于给予低用量和中等用量顾客的优惠。促销活动的时间会恰好与每一位顾客独有的购买周期相吻合。而对这一点，罗布通过分析顾客的以往购物记录即可做出合理预测。

"顾客们认为这太棒了，因为购物清单准确地反映了他们要购买的商品。如果顾客养有狗或猫，我们就会给他们提供狗粮或猫粮优惠；如果顾客有小孩，他们就可以得到儿童产品优惠，如尿布及婴幼儿食品；常买很多蔬菜的顾客会得到许多蔬菜类商品的优惠，"罗布说，"如果他们不只在一家超市购物，他们就会错过我们根据其购物记录而专门提供的一些特价优惠，因为很显然我们无法得知他们在其他地方买了些什么。但是，如果他们所购商品中的大部分源于我们超市，他们通常可以得到相当的价值回报。我们比较忠诚的顾客常会随同购物清单一起得到价值为30~40美元的折扣券。我们的目标就是回报那些把他们大部分的日常消费都花在我们这里的顾客。"

有时可以通过获取其他相关单位的赞助，来尽量减少折扣优惠所造成的经济损失；同时，这些单位也可以分享你不断收集到的信息。以迪克连锁超市为例，生产厂商会给其绝大多数的打折商品补贴；作为整个协议的一部分，生产厂商可以获得迪克连锁超市从极为详尽的销售信息中所发现的分析结果（消费者名字已去除）。这些销售信息的处理加工均是由关系营销集团进行的，这家公司不但提供软件产品，而且还提供扫描数据挖掘服务。

要点提示：此处当心。虽然频次营销和优惠卡计划是用于收集顾客信息的有效途径，但却常常遭到滥用，造成不利于自己的结果。一对一营销商的首要任务就是识别和区分客户，所以在零售业，像迪克连锁超市那样的频次营销计划可能会成为一种不可或缺的辅助工具。它激励个体顾客在每次踏进店门就"举起手来申明身份"，以期获得打折优惠。频次营销计划的实际运作还提供了一个与顾客互动交流的良好平台，这种互动可以通过信函进行，也可以通过收银台抑或网络进行。

但这里隐藏着危险。频次营销只是用于获取个体客户信息和互动交流的一项策略，而非足以促使顾客保持忠诚的战略——面对着竞争对手的同样促销也不可能。要把这种客户信息与互动转变成一种学习型关系，让顾客认识到保持忠诚而非参与竞争对手所提供的类似活动对自己更为方便，那么你就应该按迪克连锁超市的办法去做。你必须根据所收集到的信息，针对每一个体客户制定相关的服务政策。这样，随着收集到的任一单独客户的信息日渐增多，针对该客户的服务政策就会调整得越来越具体准确，同时也让客户在你所提供的服务中进行一番协同投入。除此之外，在最大可能的限度内，这项计划不仅应该包括给客户准确定制的折扣优惠，还应该包括一些价格以外的奖励，如食谱、每周饮食计划、产品使用技巧、健康营养知识、快速结账通道以及送货上门服务等。

千万记住，市场营销的目的绝不仅仅是分发赠品。

短期来看，紧接着忠诚计划推出以后，这一点很容易就被忘掉。你可能会误以为赠送物品就可以让客户更忠诚于你。但是，如果你的竞争对手也推出了一个类似的计划，而且现在你的顾客在任何一家店里都可以得到打折优惠，那么你该怎么办？谁想要一群总是不断寻觅打折的顾客？你这样做的全部效果，无疑等同于在训练自己最有价值的顾客去追寻价格优惠。

1997 年，尼尔森公司（A. C. Nielsen）对一个"典型的"美国城市进行了调查，三家当地相互竞争的主要食品杂货店各自均有一套频次营销计划。忠诚计划参与者的购买量占到了每家商店销售额的 90% 以上。然而，这些参与者之中有 3/4 的人在钱夹里不只放有一张忠诚计划优惠卡，而且超过半数的人三张全有。

要谨记是什么原因让迪克连锁超市成了为数不多的成功一对一营销实践者之一：罗布利用从其顾客处所得到的信息向顾客们提供了竞争对手无法轻易仿效的激励，因为这些激励是根据每个顾客独自的爱好及购物周期而专门定制的。一位顾客在迪克连锁超市购物越多，超市为其专门定制的优惠也越多，这样就越发激励顾客保持忠诚。

罗布将这种信息看作自己的小秘密。"在多数情况下，"他说，"如果你的对手想了解你的商品价位，他们只需到你的店里查看一下货架上的价格标签，要么也可以浏览一下你每周的广告。但是，有了这种购物清单，竞争对手对你目前所做的一切一无所知，因为每位顾客的购物清单都不一样。"

（资料来源：摘编于道客巴巴 . CRM 客户关系管理的案例分析 . http：//www.doc88.com/p-662134936067. html.）

案例讨论题：

1. 迪克连锁超市是怎样通过分析客户的价值来提升企业利润的？
2. 怎样判断一个客户是不是增长型客户？

第 6 章

客户沟通管理

本章学习重点

1. 理解客户沟通管理的作用和内容
2. 了解企业与客户相互沟通的途径
3. 掌握处理客户投诉的方法

案例导入

强生公司客户关系管理案例分析

美国强生公司（Johnson&Johnson）是世界上规模最大的综合性医药保健公司，也是世界上产品最多元化的公司之一。公司成立于1886年，迄今为止已在世界57个国家设有230多家子公司，全球共有员工11万6千多名，产品畅销全球175个国家和地区。强生公司为世界500强企业，长期以来在各个领域获得了一系列殊荣：自1986年起，强生公司被《职业母亲》杂志连年评为职业母亲的最佳公司；被《商业周刊》评为2001年度全美最佳经营业绩的上市公司，2002年度全美50家表现最杰出公司且居榜首，2002年度全美"最佳声誉公司"；2003年被《财富》杂志评为全美最受赞赏公司，居第五位；2011年《福布斯》网站评出最受美国消费者欢迎的企业品牌100强，强生排名首位；2013年获中华人民共和国民政部颁发的"中华慈善奖"。

强生（中国）有限公司1992年注册成立于上海，是美国强生公司在中国大陆投资的第一家独资企业，也是目前美国强生公司在海外最大的个人护理和消费品公司之一。该公司在中国推广强生婴儿这一全球知名婴儿护理品牌时，不仅为中国的消费者带来了值得信赖的护肤产品系列，而且还致力于推广专业的婴儿护理理念、知识及婴儿护理产品。

管理学者素来对强生公司"受欢迎的文化"推崇备至。该企业文化的内涵在公司信条中有所体现，这也是自其成立之初就奉行的一种将商业活动与社会责任相结合的经营理念：第一，公司需对使用其产品和服务的用户负责；第二，对公司员工负责；第三，对所在社区和环境负责；第四，对公司股东负责。该公司的历任领导者们坚信，只要做到信条的前三条，第四条就会自然做到，企业也会受到公众的欢迎。强生的百年成功历史，就是其执着地实践这些信条的过程。

经验告诉强生公司，企业网站的成功应与其奉为宗旨的"受欢迎"和"文化"相联系，结合互联网媒体特性以及企业现有产品，关注与满足网民的实际需求。公司应该在网上开设具有特色的、别人难以模仿的新颖服务项目，并且这种服务对消费者和企业都必须是可持续、可交流的，能够增进双方亲和力与品牌感召力的项目。于是，强生公司选择其婴儿护理品为公司网站的形象产品，选择"您的宝宝"为站点主题，将年轻网民的"宝宝成长日记"变为站点内容的一部分，沿着这本日记展开所有的营销流程。

将一家拥有百年历史且身为世界500强之一的企业的站点建成"您的宝宝"网站，变成一部"个人化的、记录孩子出生与成长历程的电子手册"，这一创意的实施被证明是成功的。强生公司网站的确是一个"受欢迎"和充满"育儿文化"气息的地方。在这里，强生就像一位呵前护后、絮絮叨叨的老保姆，不时提醒着年轻父母们该关注宝宝的睡眠、饮食、哭闹、体温……随着孩子的日日成长，这位老保姆会时时递来"强生沐浴露""强生安全棉""强生尿片""强生围嘴""强生二合一爽身粉"等孩子所需的公司产品。年轻父母们会突然发现身边这位老保姆和"育儿宝典"的重要性。

进入强生网站，左上角的公司名称下是显眼的"您的宝宝"站名，每页可见的是各种肤色婴儿们的盈盈笑脸和其乐融融的年轻父母。首页上"如您的宝宝××时，应怎样处理？""如何使您的宝宝××？"两项下拉菜单是帮助人们解答育儿疑问的地方。整个网页色调清新淡雅、明亮简洁，设有"宝宝的书""宝宝与您及小儿科研究院""强生婴儿用品""咨询与帮助中心""母亲交流圈""本站导航""意见反馈"等栏目。其中，"宝宝的书"由电子版的"婴儿成长日记"和育儿文献交织组成，前者是强生在网上开设的日记式育儿宝典，各项操作指导可谓细致周全。例如，教人如何为婴儿量体温，如何为孩子洗澡……

此外，网站还为年轻父母提供心理指导，这对于某些婴儿的父母来说具有特别重要的意义。例如"我的宝宝学得有多快？"栏目开导人们不要将自己的孩子与别人的孩子做比较。"将一个婴儿与其兄弟姐妹或其他婴儿比较是很困难的，只将他的现在和他的过去做比较；而且你们的爱对婴儿来说是至关重要的。因此，无条件地接受他，爱他，就会培养出一个幸福、自信的孩子来。"

互联网的主要功能之一就是促进人们的交流，强生公司在互联网上参与运作了一个名为"全美国母亲中心协会"的虚拟社区。它是分布于美国各州的妇女组成的自由组织，目的是"使参加者不再感到孤立无助，能展示其为人之母的价值，交流夫妇在育儿方面的经验，共同营造一个适合孩子成长的友善环境"。

强生网站提供服务时，将客户输入的数据也导入其网站服务器。这些客户登记及回答的信息到了公司营销专家、心理学家、市场分析家等人手中，能成为一笔巨大的资产，形成一份份产品促销专案，对企业与顾客保持联系起到了相当重要的作用。

一个公司认真到了这个地步，不得不叹服其"对服务负责"信条的威力，相信其入选《财富》世界500强绝非偶然。

面对庞大的企业群和产品群，强生网站若按一般设计，可能会陷入检索型网站的格局。从网络营销的角度看，这类企业站点已呈"鸡肋"之颓势。对强生而言，那样做绝对无助于发挥其底蕴深厚的企业文化的作用。事实上，公司站点在设计上做了大胆的取舍，放弃了所有品牌百花齐放的方案，只以婴儿护理用品为营销主轴线，选择"您的宝宝"为站点主题，精心构思出"宝宝的书"为其与客户交流及开展个性服务的场所，力求从护理层、知识层、操作层、交流层、情感层、产品层上全面关心顾客，深入挖掘每户家庭的需求，实时跟踪服务。

国内营销界权威卢泰宏在其著作《实效促销SP》中有言："网络营销可以结合网络的特点发

掘营销创意。"借助互联网,强生公司开辟出了丰富多彩的婴儿服务项目;借助婴儿服务项目,强生公司建立了与网民家庭的长期联系;借助这种联系,强生公司巩固了与这一代消费者之间的关系,同时又培养出新一代消费者。可以想象,"强生"这个名字,必然会成为最先占据新生幼儿脑海的第一品牌,该品牌可能将从其记事起伴随其度过一生。网络营销做到这一境界,可以说是天下无敌。

强生公司以"有所为,有所不为"为建站原则,以企业"受欢迎的文化"为设计宗旨,明确主线,找准切入点后便"咬住青山不放松",将主题做深做透,从而取得了极大成功。

案例分析:

强生公司重视与客户的沟通交流,通过有特色的网站建设,以网络传载文化,用心去服务客户,拉近了与客户的距离,实现了企业与客户的良性互动。强生公司通过互联网,编制详细的育儿宝典,设立个性化地记录孩子出生与成长历程的电子手册,同时又开辟出了丰富多彩的婴儿服务项目;借助婴儿服务项目,建立了企业与客户家庭的长期沟通联系,增强了客户对强生公司的情感依赖,巩固了与这一代消费者之间的关系,同时又培养出新一代消费者。

(资料来源:强生公司客户关系管理案例分析,http://www.chinadmd.com/file/was3aouc3ccsovepeuzrrvrv_3.html.)

网络客户关系强调的是交流与互动,克服了传统市场营销中的信息单向传递的弊端,企业与客户之间的交流不再仅仅局限于客户在接受企业产品或服务后的一种反馈,而是在网络营销环境下企业和客户之间的双向信息交流。在线产品销售时,企业可以帮助客户搜寻产品信息,直至交易达成,使客户的服务要求得到充分满足,企业也会得到较大的利润回报。

6.1 客户沟通的作用、内容与策略

6.1.1 客户沟通的作用

1. 客户沟通是实现客户满意的基础

保持与客户的双向沟通是至关重要的。企业只有经常与客户进行沟通,才能了解客户的实际需求,才能理解他们的期望,进而满足这种期望。高度的愉悦和满意能使客户对品牌产生情绪上的共鸣和忠诚。

例如,客户购买前,要有产品解说员或者介绍人对产品进行全方位的购前分析;购买时,有介绍人在中间辅助,帮助客户进行服务准备工作;购买后,客户对产品肯定有很多的疑问,可以再次对产品、对客户的疑惑进行解说,解释一遍,并看看有没有什么其他问题,及时帮客户解决,也可以给客户提供一些专业的建议和有用的信息;必要时,对客户进行一系列的满意度调查,让客户充分感受到贵宾般的服务;逢年过节或客户生日时,送上一条小小的短信、一张小小的卡片表示祝福,也会让客户心生感动。

2. 客户沟通是维护客户关系的基础

客户沟通是影响企业与客户关系的一个重要因素。企业应该着眼于与客户发展长期的互惠互利的合作关系，经常与客户进行沟通，才能向客户灌输双方长远合作的意义，描绘合作的远景，才能了解他们的需求，并在沟通中加深与客户的感情，让客户时时感受到温暖，愿意与企业做朋友，愿意再次消费并介绍朋友来购买，稳定客户关系，从而使客户购买次数增多。同时，企业也能够及时发现自己的产品或服务中出现的问题，采取有效措施调整经营策略，解决问题。

6.1.2　客户沟通的内容

客户沟通主要包括五个方面：政策沟通、信息沟通、情感交流、理念交流和意见沟通。

政策沟通主要是把与国家行业产业相关的政策向客户传达，让客户了解相关产品的国家政策法规。

信息沟通就是企业与客户之间互通信息，包括产品服务信息及客户需求信息，还有客户的经营动态。

情感交流是企业与客户之间的情感交流，以及为促使情感和谐、关系稳定所采取的行动。

理念交流主要是企业向客户传达企业的目标、宗旨，寻求客户理解和支持。

意见沟通是企业主动向客户征求意见和建议，同时也有客户主动向企业提出意见的行为。

6.1.3　客户沟通的策略

1. 对不同的客户实施不同的沟通策略

人上一百，各形各色。如果每个人的需求不一样，用一个腔调、一个模式的客户沟通方式必然效果不佳，难以达到沟通的目的。企业需要充分利用所掌握的客户信息，定期与客户进行联系，按照客户的特点采取有针对性的、个性化的沟通。例如，可以结合客户给企业带来的不同价值进行"分级沟通"，即针对客户的不同级别实施不同级别的沟通。例如，对关键客户，每个月打一次电话，每季度拜访一次；对次要客户，每季度打一次电话，每半年拜访一次；对普通客户，每半年打一次电话，每年拜访一次；对小客户，则每年打一次电话或者根本不必打电话和拜访。

2. 站在客户的立场上与客户沟通

要走进客户的心中，就要明白客户在想什么，就要关心客户的切身利益。客户由于自身的需求，出于对企业的信任，购买了企业的产品或服务，企业也应当有适当的回报来强化这种信任依赖关系。因此，需要把客户利益放在第一位，视客户为合作伙伴，站在利益共同体角度的沟通才能获得成功。

3. 向客户表明诚意

由于沟通的成功有赖于双方的共同努力，因此，企业与客户沟通时，首先要衷心希望得到客户的积极响应。沟通是双向的，要想取得客户的回应，就需要向客户表明自己的诚意，以真心换真情。企业可以采取一定的姿态，如就算不销售产品也要经常与客户联系沟通，热忱地帮助客户解决问题，哪怕与本企业的产品没有多大关系，也要能帮就帮。

6.2 企业与客户沟通的途径

6.2.1 通过人员与客户沟通

企业与客户沟通，最基本的是与客户直接进行沟通交流。向客户介绍产品或服务，了解客户的经营状态，听取意见和建议，还可以直接帮助客户解决问题，化解矛盾。

6.2.2 通过活动与客户沟通

企业通过举办各种活动，可以让目标客户参与其中，构建企业与客户共同体，让客户感受到企业的关心和尊重，增进感情，从而增强沟通的效果。活动的形式可以是座谈会、定期或不定期拜访客户、邀请客户参加联谊会、通过促销活动与客户沟通等。

6.2.3 通过信函、电话、电子邮件、微信、呼叫中心等方式与客户沟通

传统的信函邮递、电话沟通还是需要的。如客户成为会员后，每个月月底将收到公司寄来的下个月的活动信息等；在会员生日或重要节日时，公司还会给会员邮寄贺卡或小礼物等；公司设有消费者免费电话，只要客户拨通此专线，就可以得到想要了解的任何信息，解决需要帮助的任何问题。

随着网络技术的不断发展，企业可以通过建立微信客户群、开设博客或网站等方式与客户进行沟通交流。有的企业不仅有全球的官方网站，还有针对不同地区设计的有各个地区特色的网站。只要登录公司的网站，客户就可以掌握公司产品的任何信息和活动安排，任何信息都可以在网站上一目了然。

6.2.4 通过广告与客户沟通

广告形式多样，受众面广，可对目标客户、潜在客户和现实客户进行解释、说明、说服、提醒等，是企业与客户沟通的一种重要途径。企业通过突出产品符合目标客户群体需要的个性特点，确定产品的基本定位及其在竞争中的位置，并在客户心目中确定一个位置，就能在不同的细分市场引起轰动，不断加强客户的感知度，培育潜意识购买产品的客户群。常见的广告类型有：①电视广告；②广播广告；③报纸广告；④杂志广告；⑤DM广告、中邮专送广告、广告明信片、商情快车、商业信函广告、对账单广告；⑥户外广告、路牌广告、招贴广告、条幅广告、霓虹灯广告、灯箱广告、空中广告、球场广告、公共场所广告、建筑物广告、农村地区墙体广告；⑦车身广告；⑧POP广告；⑨礼品广告；⑩互联网广告；⑪电梯广告；⑫手机短信广告；⑬社区广告。

6.2.5 通过公共宣传及企业的自办宣传物与客户沟通

通过公共宣传可以强化企业的对外影响、公共关系和促销活动,改变企业实力强大但形象传播力弱的现状,提升企业的实力形象,加强对客户的影响力。

企业通过自办的内部刊物可以传播企业内部文化和进行外部品牌推广,可以发布国家的政策与法规以及企业的规章制度,可以及时将企业的产品、理念和服务介绍给客户,将企业经营战略与策略的变化信息传递给客户。

6.2.6 通过包装与客户沟通

产品包装是客户品牌形象联想的来源之一,具有赋予企业品牌产品个性化和亲和力的作用。通过产品包装,客户可以判断企业资质和产品质量的可靠性,所以要精心设计包装,既要美观、吸引人购买,又要突出产品特点。包装只有综合利用颜色、造型、材料等元素,同时表现出产品、品牌等企业的内涵和信息,突出产品与消费者的利益共同点,才能对消费者形成较直观的冲击,影响消费者对产品和企业的印象。

6.3 客户与企业沟通的途径

企业主动出击与客户建立各种联系,及时将企业的实时动态信息传递给客户;客户也需要途径联系企业,咨询产品或服务,提出建议,甚至投诉。这就需要客户联系企业的绿色通道保持畅通。

6.3.1 开通免费投诉电话、24h 投诉热线或网上投诉等

目前,这是最直接有效的意见反馈途径。企业设立专门的热线,应对各种矛盾,在解决问题的过程中完善产品质量,提高服务水平,为客户解决问题,让客户满意,做到有投诉、有回声、有回访。现在多数公司都向客户提供 800 免费电话服务。营销人员通过电话针对不同技术层次的客户回答各种问题,并引导客户选择配置。

6.3.2 设置意见箱、建议箱、意见簿、意见表、意见卡及电子邮箱等

在产品使用和服务区设置征求意见工具箱和发布电子邮箱,让客户有发表意见的通道。为了及时了解客户意见,企业需要定期通过员工与客户交流,鼓励客户填写意见反馈卡征求其意见和建议。例如,火车在每间车厢里放置旅客意见簿,电器故障每次维修服务后由客户填写满意反馈卡。

6.3.3 建立有利于客户与企业沟通的制度

为了规范客户沟通管理,理顺客户管理工作程序,企业需要建立有利于客户的沟通管理制度,搭建沟通流程,明确各环节的标准与职责。

6.4 如何处理客户投诉

客户投诉产品、投诉服务是再正常不过的事情，但也是一些企业管理者和员工最害怕的梦魇，因为投诉经常伴随着一些过激的言行，难于处理，有的员工还会被处罚。有时候最好的产品和服务也会受到投诉，要把客户的抱怨变成商机。大部分不满意的客户不会直截了当地向企业倾诉他们的不满，他们只会静静地离开，然后告诉每个他们认识的人不要跟你做生意！所以，当有客户抱怨时，千万不要觉得麻烦，而要把处理客户投诉看作改变客户意见、留住客户的绝佳机会。

6.4.1 客户投诉的原因

有研究表明，客户的每四次购买中就会遭遇一次不满意。客户不满意体现在以下几个方面：

（1）企业的产品或服务存在质量问题。这是最根本的问题，客户要的就是质量保证，质量也是企业的生命线。因此，发现产品或服务的缺陷要加以改进，应当引起企业的密切关注。

（2）企业的服务态度或服务方式问题。企业服务人员对客户的态度冷漠，办事程序化，没有迅速准确地处理客户的问题，甚至有粗鲁或不礼貌的言行，都会引起客户反感，进而讨要说法。

（3）承诺没有兑现。客户购买产品或服务时企业的承诺不能及时兑现，推诿扯皮，如产品的保修或者购买服务达到一定程度的累计返现不能兑现。这反映了企业经营者管理不当、管理制度混乱的问题。

（4）客户对企业的要求超过了企业对自身的要求。例如，一些大客户依仗自己是企业VIP的身份，不断地对企业提出无理的要求，甚至达到企业的临界点。

（5）客户自身的素质和修养问题。客户对问题的理解程度、自身的情绪等也会影响其投诉行为。

6.4.2 为什么要重视客户投诉

对企业来说，客户的投诉监管会带来很多的麻烦，但客户投诉是企业提高产品与服务质量的绝好机会。企业只有在对一件件投诉的处理中发现问题，解决问题，才能发现危机，采取措施，获得新发展。具体来说，重视客户的投诉有以下好处：

（1）收集市场反馈的一手资料。企业只有接触一线客户，才能真正明白自己产品的市场形象。每年企业都要做大量的客户回访，就是要获得一手资料。对于上门的客户，企业要认真接待，登记客户的要求，进而采取符合客户需求的措施，可以说这为企业提供了一种获得市场反馈的机会。

松下公司创业初期，创始人松下幸之助偶然听到几个客户抱怨现在的电源都是单孔的，使用起来很不方便。松下幸之助受到启发，马上组织力量进行研发，很快就推出"三通"插座，可以同时插几个电器，投放到市场后取得了巨大的成功，为松下公司的进一步发展积累了丰厚的资金。对此，松下幸之助总结说："客户的批评意见应视为神圣的语言，对任何批评意见都应乐于接受。"

（2）恢复客户对企业的信赖感。在互联网非常发达的今天，客户的一次不满可以快速扩散放大，导致潜在客户流失，如果处理不好客户的投诉，就会引发社会对企业的信任危机。为了避免引起更大的纠纷和恶性事件，企业必须认真处理客户的投诉。

6.4.3 处理客户投诉的四部曲

1. 真诚聆听客户的投诉

让客户宣泄他们的情感，鼓励他们讲出自己的不满，认同带给他们的不便，用真诚的话语响应客户的诉求，永远不要与客户发生争吵，代表企业对给客户带来的问题道歉。

2. 认真记录投诉内容

要弄清发生了什么事，是何时发生的，客户购买产品或服务的时间，客户产生不满的原因，客户使用产品的方法，导购人员是怎样向客户讲解使用方法的，等等，最重要的是弄明白客户希望以何种方式解决问题，并记下客户的联系方式。

3. 互动提出解决问题的方案

永远不要对客户使用"你说的不是问题"等这类挑衅性的语言，勇敢为出现的问题负责任。不要找借口，即使是因为员工生病或是由于供应商的差错而引发的问题，也与客户无关。弄清问题何在后，就要解决问题，企业需要立即采取补救措施。尽可能礼貌地与客户交换解决问题的意见，向客户提供解决问题的方案，并在协商一致的基础上找到问题的解决方案，推诿拖延只会使情况变得更糟。

4. 开展客户满意度跟踪调查

客户投诉处理后，间隔一段时间，通常1~2周要进行一次回访，再次为给客户带来的不便和损失表示真诚的歉意，可以是电话联系，也可以是在客户方便的时候登门，现场跟踪了解问题是否解决，客户是否满意，并向客户表决心，让客户知道企业会更加努力地改进工作。

6.4.4 提高处理客户投诉的质量

客户投诉会涉及企业产品或服务的研发、销售、售后服务等方方面面，因此，企业需要成立专门的售后处理机构，构建处理通道。

首先，需要建立完善的投诉处理系统。要有投诉处理小组，有处理投诉的规章制度。

其次，为客户投诉提供方便。例如，设立热线电话，以便对客户提出的意见和建议做出迅速的反应；也可以设置简便易行的"意见卡"，与客户建立全方位联系；在互联网发达的今天，还可在产品网上设立专门的反馈处理进展板块。

再次，对客服人员进行危机处理培训，授权柜台服务人员为客户提供迅速快捷的出色服务。建立投诉回访规程，对客户满意度进行调查。

最后，吸取经验教训，防患于未然。定期分析客户投诉的原因，查明造成客户投诉的具体责任人，并对直接责任人和部门主管按照有关规定进行处罚，必要时将客户投诉及相关处理结果在企业内部进行通报。提出"对症下药"的防止投诉再次发生的措施，不断改进企业工作中的缺陷与不足。

本章小结

沟通在生活当中无处不在，人与人之间都需要沟通。企业与客户之间同样需要沟通，更重要的是，企业可以通过与客户的沟通，拉近与客户的距离，建立起良好的伙伴关系，提高他们购买企业产品的积极性，最终赢得客户满意与忠诚，进而赢得市场。企业与客户的这种沟通是一种双向沟通的过程。首先，企业要把自己产品的信息、销售政策调整的信息等及时地通知客户，使客户了解并且理解、认同企业及其产品或服务；其次，客户也可以通过沟通渠道随时随地与企业进行沟通，包括向企业提出意见、建议和投诉。

复习思考题

1. 企业服务客户的核心是什么？
2. 请举例说明企业与客户沟通的方法。
3. 怎样与大客户进行沟通？

案例分析

雅芳公司的客户沟通

中国雅芳公司（简称雅芳）致力于为中国女性提供质量上乘、信誉度高、融高新科技和动感潮流于一体的名牌产品，为不同年龄、不同品位的女性提供多元化的选择。雅芳采取了多种有效的沟通方法与客户进行沟通：通过设立"采购不夜城"，与客户进行产品信息沟通；通过建立玩美游乐园，给客户提供各种化妆、搭配、扮靓、护肤、健身、保养方面的技巧和诀窍，与客户进行服务信息沟通；通过创立美丽俱乐部，在网站上设置了加入网络会员、会员登录、设定密码、美丽权益、VIP贵宾专区、个人手札等几个版块，与客户进行情感沟通，组织会员参与活动，充分调动会员对雅芳的情感依赖，形成客户的品牌忠诚；在经营管理区，有雅芳邀约、成功分享、雅芳成长学园、加入专业美容代表、数位行动平台等内容，与客户进行理念沟通。

1. 通过直销与客户沟通

雅芳在销售方式上一直沿用的是直销方式，也就是通过专业的美容代表、雅芳的代理等业务人员，与客户进行面对面的沟通，不仅把雅芳的产品和服务信息、促销活动等传递给客户，更是向客户传授各种美容心得，并教给客户一些美容方面的技巧，帮助客户成就美丽。

2. 通过活动与客户沟通

雅芳举办的"雅芳春天之约"大型活动以"爱情"为当年主题，通过"爱情宣言""告别情感冬天""爱我就给我美丽"等游戏和活动，与客户进行了良好的情感沟通和理念沟通。

3. 通过信函、电话、网络、电邮、呼叫中心等方式与客户沟通

在很多情况下，雅芳采取信函的方式与客户进行沟通。例如，成为雅芳的会员后，每个月月底将收到雅芳寄送的下月的活动信息等；在会员生日或重要节日时，雅芳会给会员邮寄贺卡或

小礼物等。同时,雅芳开通了客服专线和消费者免费专线,只要客户拨通此专线,就可以得到想要了解的任何信息,解决需要帮助的任何问题。

雅芳的网站更是做得非常人性化,不仅有全球的官方网站,还有针对不同地区设计的有各个地区特色的网站。只要登录雅芳的网站,客户就可以掌握雅芳的任何信息,从产品信息到加入雅芳事业,从美容技巧到近期活动安排,任何信息都可以在网站上一目了然。

4. 通过广告与顾客沟通

(1) 电视广告。以明星大S代言的雅芳色彩全效唇膏,通过14s的广告,有效地向客户传递了各种信息。首先,利用名人效应——利用大S"美容大王"的形象,赢得消费者第一印象的信任感,塑造消费者对雅芳的忠诚度。这则广告的广告词"唇膏,怎样才更好?颜色要饱满漂亮。雅芳色彩全效唇膏,四种功效,智慧锁定,四重美丽,创造美唇奇迹"充分诠释了雅芳色彩全效唇膏的特性和功效,采用广告的形式向客户传递产品信息。同时,广告词的最后一句"雅芳,比女人更了解女人",再次向客户展示了雅芳"AVON——The Company for Women"的宗旨和理念。

(2) 杂志广告。雅芳除了花重金做了很多电视广告之外,杂志也是雅芳选择的主要广告媒体之一,如在《瑞丽》《消费者》《SHE》《女友》等符合雅芳定位和目标客户的杂志上进行了大量的广告宣传,包括产品、理念、促销活动等方面的宣传。同时,还有雅芳自己创办的电子杂志,为客户更好地了解雅芳提供了一个平台,有效地促进了雅芳与客户的沟通。

(3) 互联网广告。通过雅芳先进的专业网站,以视频、图片等多种广告形式在网站上发布,表现手法多样,信息量大,受众面广;通过留言板等形式与客户进行互动,可以及时得到客户的反馈,与客户进行沟通的效果非常明显。

5. 通过公益事业与客户沟通

在"全球粉红丝带关爱日",中国雅芳"远离乳癌,健康一生"的活动把抗击乳腺癌的关爱送到了对乳腺癌的认识相当欠缺的中国农村地区。除此之外,雅芳还通过健康讲座、发放爱心礼包和乳腺健康宣传册、义诊等形式,把关爱带给农村地区的女性。作为一个公众企业,雅芳积极从事公益事业,就是希望通过这些活动取之于社会,回馈于社会,从而做一个负责任的企业公民。

6. 通过包装与客户沟通

包装会给消费者留下对产品的第一印象,最直接地影响了消费者的购买欲望。绿色包装、环保包装等也在一定程度上体现了企业的社会责任。

基于外观华贵和精致的考虑,雅芳在包装上选择了一种包装颜色,即一种光滑饱满、带金属光泽的蓝色。所有的包装色彩都以这种核心蓝为底色,这能带给客户一种和谐而高档的视觉感受,从而留下深刻印象。

(资料来源:苏朝晖. 客户关系管理——客户关系的建立与维护 [M]. 2版. 北京:清华大学出版社,2010.)

案例讨论题:

1. 雅芳公司的客户沟通有什么独特之处?
2. 请你设计针对一款牙膏产品的客户沟通方案。

第 7 章 客户满意度管理

本章学习重点

1. 理解客户满意度指数模型的作用和内容
2. 了解客户需求结构
3. 掌握客户满意度指数测评指标体系

案例导入

施乐公司的客户满意度管理

施乐公司是全球第四大数字与信息技术产品生产商。为扭转施乐公司逐日下滑的市场份额，公司制订了名为"以质取胜"的大型营销计划。作为其中的一部分，公司决定将客户满意列为首要任务，努力关注客户满意度和忠诚度的测量。按照规定，得到高满意分值（满分为5分）的部门会受到企业的特别奖励。然而，当施乐管理层的一位年轻成员决定比较一下调查中给出4分与给出5分的客户的再购买意愿的区别时，他的发现令人瞠目结舌：给出5分的客户再购买施乐产品的可能性比给出4分的客户高6倍！由此，施乐公司意识到客户满意度与忠诚度之间的关系并非直线，而是带有明显的转折特征的曲线。可以看出，4分对于公司的目标可以说毫无意义。从那以后，只有得到客户满意分值为5分的部门才被认可，公司总体目标也转变为得到100%的5分。在施乐公司努力达到全面客户满意的行为实施几年之后，学术界提出了关于客户满意、客户忠诚与利润之间关系的问题。这一问题产生了大量数据，这些数据更加清楚地说明了施乐管理层决定达到全面客户满意的关键性，使人们开始理解客户满意、客户忠诚与利润之间关系的真正本质。

（资料来源：奈杰尔·希尔，吉姆·亚历亚大.客户满意度和忠诚度测试手册[M].廉奇志，唐晓辉，译.北京：机械工业出版社，2004.）

7.1 客户满意度指数模型

7.1.1 客户满意度指数模型的起源

2015年版的ISO质量管理体系中，把"以顾客为关注焦点"列为"七项质量管理原则"之首,整个质量管理体系架构在以顾客的需求为输入、顾客的满意为输出的流程模式上。美国马尔科姆·波多里奇(Malcolm Baldrige)国家质量奖中,"客户满意"被确定为一个质量要素,成为该奖项评奖标准的一个重要组成部分。瑞典、美国等发达国家把客户满意度指数作为衡量经济增长质量的一个客观经济指标,美国通用电气公司(GE)等一些世界级大公司也把客户满意作为衡量经营业绩的指标。通过特定的因果关系模型对客户满意度进行测评得到的指标结果,通常称之为客户满意指数(Customer Satisfaction Index,CSI)。客户满意指数是一个测量客户满意度的宏观经济指标和质量评价指标,目前已经被许多国家积极开展研究和使用。

根据调查,对客户的期望、感受到的质量、感受到的价值、客户的抱怨和客户忠诚度等之间的关系进行梳理,给出客户满意度指数模型。根据该模型可以建立一个可以检验的、由多元方程组成的计量经济模型。所建立的这个计量经济模型把客户满意度及共同决定因素——客户的期望、感觉到的质量、感受到的价值等——联系起来,客户满意度反过来又与影响利润水平的要素(如客户抱怨以及客户忠诚度等)联系在一起。根据方程的变量,输入被访问者给出的分数,就可以算出每一个企业或者机构的客户满意度得分。

7.1.2 客户满意度指数模型简介

在企业的客户满意管理中,必须对企业客户的满意度进行度量,使之量化,才能为企业提供比较客观的决策指导。我国在这方面的研究起步较晚,国外的研究相对比较成熟,常见的度量模型主要有 P-E 模型、EP 模型和 NQ 模型。P-E 模型经过简单的公式计算,让企业清楚客户对产品或服务的主观感受与主观期望之间的差异,为下一步的改进指引方向。但是,该方法不能提供诸如客户对产品或服务的满意度与客户对其重要程度的期望不对等的问题。后两种方法对这一方法进行了改进,比较而言,EP 模型由于具有好的结构性和一致有效性,应用更为广泛。但是,后两种模型的计算都较复杂,尤其是 EP 模型,并且其结果也不能直接表达满意度和特征重要度。

建立客户满意的评价体系,首先要明确评价体系的评价指标,即确定企业产品或服务的特征指标,以此作为必要考核的对象。该特征指标可以通过企业的市场调查和内部分析产生。

7.1.3 国外几个典型的客户满意度指数模型

1. 瑞典的客户满意度晴雨表模型

图 7-1 给出了瑞典客户满意度晴雨表(Swedish Customer Satisfaction Barometer,SCSB)模型,它是第一个客户满意度指数模型。该模型包括客户期望、感知表现(价值感知)、客户满意、客户抱怨、客户忠诚五个隐变量。SCSB 模型是瑞典统计局于 1989 年在美国密歇根大学国家质量研究中心的帮助下构建的,其客户满意度指数逐步涵盖了瑞典 32 个行

业的 100 多家公司。调查发现，客户满意度不仅能够帮助企业计算未来的收益，以便做出合理的决策，而且能有效地测量经济产出的质量。在瑞典客户满意度模型运行 5 年后发现：如果企业 7 年中每年客户满意度平均增长一个百分点，该公司的财务回报率会增加 6.6%。

图 7-1　SCSB 模型

2. 美国的客户满意度指数模型

图 7-2 给出了美国客户满意度指数（American Customer Satisfaction Index，ACSI）模型，它是在 SCSB 模型基础上构建的，是目前被广泛采用或借鉴的客户满意度指数模型。该模型包括客户期望、质量感知、价值感知、客户满意、客户抱怨、客户忠诚六个隐变量。ACSI 模型是美国国民经济研究协会委托美国国家质量研究中心和美国质量协会等机构于 1990 年开始构建的。1994 年，ACSI 模型正式启动，至 1998 年，ACSI 模型已用于美国 7 个部门、34 个行业中的 200 多家企业的客户满意度指数测评。

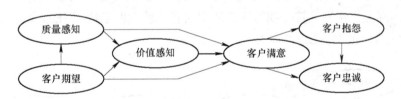

图 7-2　ACSI 模型

密歇根大学的一项研究发现，公司的财务资产回报率和长期财务表现等均与 ACSI 值有着正面而显著的关联，ACSI 值较高的公司在股票市场的表现更为优越，并在市场竞争中占有更有利的地位。而且 ACSI 值与道琼斯指数的涨落关系密切。从 1994 年起，美国质量协会每季度在《财富》杂志上公布一次 ACSI 的调查结果。

3. 欧洲的客户满意度指数模型

图 7-3 给出了欧洲客户满意度指数（European Customer Satisfaction Index，ECSI）模型，它是在 ACSI 模型基础上构建的。该模型包括企业形象、客户期望、质量感知、价值感知、客户满意、客户忠诚六个隐变量。ECSI 模型是欧洲质量组织、欧洲质量管理基金会等机构组织构建的。1999 年，采用 ECSI 模型在 12 个欧盟国家进行了客户满意度指数测评。

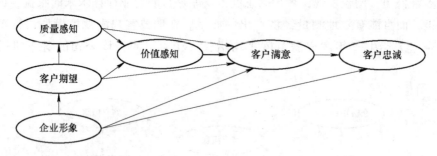

图 7-3　ECSI 模型

7.1.4　中国的客户满意度指数模型

国外客户满意度的研究与应用在经济生活中发挥的巨大作用引起了我国政府和专家的重视，从 1995 年开始，我国开始陆续进行客户满意度指数的研究。

2000 年，中国标准化研究院向国家科技部申请了研究课题"中国用户满意指数研究"，课题组开展了两次全国性的试验调查。第一次试验调查覆盖了 26 个省和直辖市，涉及 42 个行业中的主要产品和服务品牌，数据通过了可信度和有效度检验。2002 年起，中国客户满意度指数开始在国内的一些大型国企中推广应用。2005 年，中国标准化研究院客户满意度测评中心正式成立。该中心拥有自 1995 年以来的客户满意度研究成果的积累，并拥有具有国际先进水平且符合我国国情的中国客户满意度指数（China Customer Satisfaction Index，CCSI）模型，如图 7-4 所示。

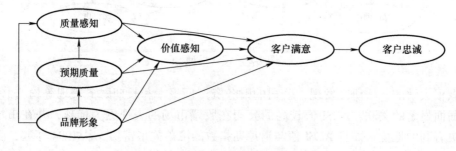

图 7-4　CCSI 模型

测评中心通过多种形式向社会公开发布了 2016 年部分测评结果，公开出版了《2017 年中国客户满意度手册》，为广大消费者提供消费指南。本次发布的《2017 年中国客户满意度手册》，采用的测评模型由中国标准化研究院客户满意度测评中心与清华大学中国企业研究中心借鉴美国、欧洲等的客户满意度指数模型，并结合中国的具体情况开发。

7.2 客户的购买决策过程

7.2.1 购买决策模型

1. 尼科西亚模型

1966 年,尼科西亚(Nicosia)提出了包含广告信息、调查评价、购买行为、反馈四大模块的模型。其中,广告信息是指厂商将产品信息通过各种途径传递给消费者;调查评价是指消费者对信息做出心理反应,产生购买动机;购买行为是指消费者做出决策并购买;反馈是指消费者根据对购买产品的体验以及对厂商信息的再认识。该模型的传递过程如图 7-5 所示。

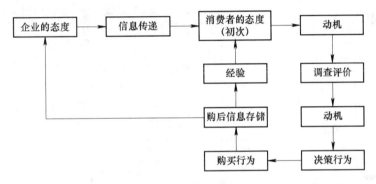

图 7-5 尼科西亚模型

2. SOR 购买决策模型

SOR 购买决策模型由雷诺兹(Reynolds)于 1974 年提出,S 代表刺激(Stimulate),O 代表消费者的生理和心理(Organism),R 代表反应(Response)。该模型的传递过程可简单描述为如图 7-6 所示。

图 7-6 SOR 购买决策模型

3. 恩格尔购买决策模型(EBK 模型)

EBK 模型由恩格尔(Engel)、布莱克威尔(Blackwell)和科拉特(Kollat)于 1968 年提出。该模型由问题认识、获取并处理信息过程、备选方案评价和选择、做出决策和购买、购后信息反馈五部分组成。该模型认为,厂商的信息进入消费者大脑,消费者通过中枢系统对信息进行处理并做出决策购买;购买后对产品进行体验,并将其作为反馈信息储存起来,为消费者的后续购买行为提供决策依据。由于该模型考虑因素动态、全面,被学者们广泛认同。该模型如图 7-7 所示。

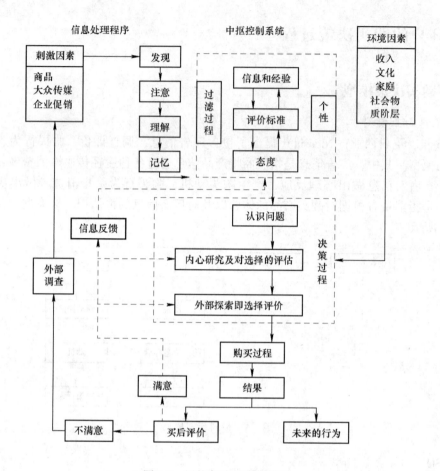

图 7-7　恩格尔购买决策模型

4. 科特勒购买决策模型

科特勒购买决策模型由科特勒（Kotler）于 2001 年提出。他指出，消费者的购买决策除了受商家营销方式的因素影响外，还与消费者特征密切相关，如社会背景、受教育程度、个人偏好等。该模型如图 7-8 所示。

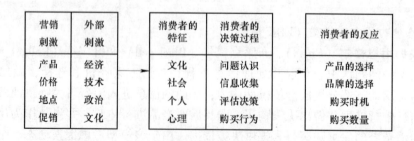

图 7-8　科特勒购买决策模型

7.2.2 购买决策的几个阶段

1. 需求认识阶段

所谓需求认识,就是消费者发现现实的状况与其所追求的状况之间存在着差异,从而想要改变现状。需求认识的途径有两个:①内在的原因和外在的刺激都可能引起需要,诱发购买动机;②外部社会因素,如社会文化背景、周围人的消费观念、厂商的营销策略等。在这一阶段,企业所需要做的就是了解引起消费者产生某种兴趣和需求的环境,找到刺激因素,然后利用这些因素激发消费者的购买欲望。

2. 信息收集阶段

信息的来源一般有四个方面:个人来源、商业来源、公共来源和经验来源。虽然消费者的大多数信息来源于市场,但大多数有效信息来源于个人或经验,可以说经验、亲自使用、试验得到的信息可信度较高。其中,消费者了解到并且有兴趣的产品归为兴趣集;消费者了解到但不感兴趣的产品归为排斥集;消费者不了解的产品归为惰性集。

3. 方案评估阶段

消费者在收集信息之后,进入对可供选择的方案进行评估的阶段。评估内容包括产品属性、品牌形象和效用等方面。在这一阶段,消费者进行评估的依据就是之前他所获得的信息。消费者通常考虑的产品评价标准有:产品的质量和性能、产品的品牌知名度、产品的时尚化和个性化、与同类产品的对比等。其中,产品的性能往往是消费者考虑的重要因素。同时,还有一些非产品因素影响着消费者的方案选择,如所处的情境、消费者的购买动机、消费者个性等。

4. 购买决策阶段

经过选择评价,消费者形成了购买意图,并大都会购买自己最喜欢的品牌。但是,在购买意图和购买决策之间,他人态度和偶然因素会相互作用,影响最终决策。

5. 购后行为分析阶段

良好的售后服务是消费者最好的体验。另外,消费者购买产品后是否感到满意,取决于消费者购前的预期绩效与产品购后的可见绩效之间的差异。如果消费者是根据各种信息,特别是市场信息的收集形成的期望,假设企业夸大了产品的性能(如采用不实或极其夸耀的广告宣传),就会使消费者的预期绩效过高,导致不满产生;这二者的差距越大,消费者的不满会越大。根据这一理论,企业应当如实宣传产品,甚至不要隐瞒产品的缺陷和不足之处,使消费者的预期绩效与可见绩效尽量保持一致。

7.2.3 影响消费者购买决策的因素

消费者在做出购买决策之前会受到很多因素的影响,而这些因素涉及各个方面,总结起来主要包括:消费者自身因素、消费环境的社会因素以及所购产品或服务本身及其企业的因素。以下就从这三个方面展开分析影响消费者购买决策的因素。

1. 消费者自身因素

首先,购买决策是由消费者本人做出的,也是为了满足消费者自身或其家庭需要所购买的，所以，影响消费者购买决策的首要因素是其自身因素。消费者自身因素又可划分为：消费者自身的客观因素，如经济状况、年龄、性别、社会地位等；消费者自身的主观因素，如职业、性格、观念、自我形象、生活方式等。

2. 消费环境的社会因素

每一位消费者都是生活在特定的社会环境中的，其所做出的每一个决策都与环境之间存在着千丝万缕的联系。社会因素影响消费者购买决策的外部环境中的各种自然的、社会的以及文化的综合体，包括了影响消费者认知和行为的各种综合因素，所以，影响消费者购买决策的因素也应包括消费环境的社会因素。其又可细分为社会文化因素、社会群体因素以及政治、法律、经济等因素。

3. 所购产品或服务本身及其企业因素

所购产品或服务是消费者购买决策的标的物，而产品生产或服务提供企业是标的物的制造者，因此，这两者必然会影响到消费者的购买决策。这方面的因素又可以细分为产品或服务的质量、价格、包装、商标、品牌形象以及企业的产品和促销策略等。

7.3 客户需求结构

客户需求主要受四个方面的影响：客户自身需求信息、市场需求、企业文化和管理者意识。其中，客户自身需求信息是根本，市场需求是外部条件，企业文化和管理者意识是内部条件。在客户需求研究中，客户需求信息的非定量性描述和客户对产品专业性知识的缺乏，使企业无法领会客户的真正需求。

这一方面造成企业与客户之间的理解误差，最终影响企业的生产发展；另一方面，企业为了吸引更多的客户，在客户基本需求的基础上，挖掘深层次的需求信息，提高产品性能。本书采用客户结构阶层（Customer Architecture Hierarchy，CAH）方法和BP神经网络分类识别方法，分析客户需求信息结构和市场发展趋势，使PLM（Product Lifecycle Management，产品生命周期管理）企业在正确的时间和正确的方式下，获取正确的客户需求信息。PLM就是在系统思想指导下，利用计算机技术、管理技术、自动化技术和现代制造技术等手段，对全生命周期内与产品相关的数据、过程、资源和环境进行集成管理。通过实施PLM，企业各部门员工、最终用户和合作伙伴进行高效协同，使产品达到综合最优。客户需求管理是PLM系统实施的起点，覆盖了设计、制造、销售、服务和回收全生命周期。通过对需求信息的抽象、组织和记录管理，可以实现PLM全系统内客户信息的追踪和有效实施，从而最大限度地提高客户满意度。产品生命周期管理（PLM）系统并不只是一种企业应用产品，事实上，许多企业解决方案，如ERP（企业资源规划）、CRM（客户关系管理）和SCM（供应链管理），侧重于优化实物产品和事务或交易的流程。对于涉及反复地按照相同的方式做相同事情的过程，这些应用程序和工作效果很好。而实际上，对于成功开发产品所需的那一类快速迭代和创新工作而言，它们就无能为力了。只有PLM系统可以最大限度地实现跨越时空、地域和供应链的信息集成，在产品全生命周期内，充分利用分布在ERP、CRM、SCM等系统中的产品数据和企业智力资产。因此，PLM系统的价值取决于在企业内能否与 ERP、SCM、CRM 集成使用,组成 PLM 生态系统。图 7-9 为面向 PLM 系统的客户需求管理功能结构图。

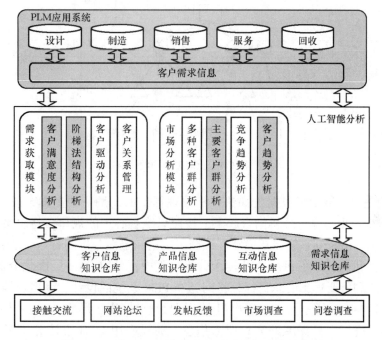

图 7-9　面向 PLM 系统的客户需求管理功能结构图

面向 PLM 的客户需求分析理论包括两个部分:客户需求获取和市场需求分析。客户需求获取是从客户对产品功能和结构的需求角度以及企业从产品全生命周期阶段跨度对需求信息进行层次化分析和再组织,提供企业准确的产品性能实施策略;市场需求分析通过产品信息的分类和预测,研究客户需求趋势和产品市场竞争趋势,结合 PLM 各阶段特征,强化市场需求结构。

7.3.1　客户需求获取

对于一个产品来讲,功能仅是性能的基础和前提,企业真正的竞争实力是产品性能的满足。产品的性能贯穿产品全生命周期,涉及市场需求、设计、制造、销售、服务到回收每一阶段,因此,从全生命周期跨度获取产品需求的性能信息是企业成功的关键。以客户需求信息为基础,应用大量的客户行为要素,如观察、动机、态度和个性化等,从产品功能和性能方面进行需求信息获取,已成为企业发展的目标。目前,需求信息获取的方法有客户满意度、客户市场决策、客户驱动发展系统和客户关系管理等。这些方法只能单一地从客户方面获取产品的功能信息,不能结构化表达产品的性能需求特征,使企业按照需求信息设计的产品不能实现功能的持久性,严重影响了客户满意度。鉴于客户结构阶层(CAH)具有从产品全生命周期范围内拓展需求信息结构化等特点,本书采用 CAH 方法从结构和层次上采集、挖掘、分析需求信息,调整 PLM 系统各阶段产品信息子集,挖掘产品深层次结构,提高信息获取效率,如图 7-10 所示。

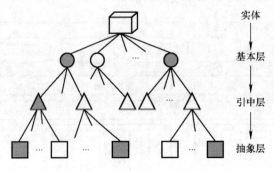

图 7-10 CAH 结构图

CAH 方法是由领域专家根据阶梯法分析原理提出的,是一种多方案或多目标的决策方法。CAH 将抽象项与具体分析结合起来,按照思维、心理的规律,将决策过程层次化、数量化和具体化。由于其系统灵活简洁,综合了定量和定性分析的特点,在各行业领域得到了广泛的重视和应用。在 PLM 客户需求分析过程中,采用 CAH 层次化分析方法,根据客户需求的性质和所要达到的总目标,将问题在 PLM 系统的设计、制造、销售以及服务、回收阶段内进行层次化因素分解,聚集组合不同层次的因素,形成一个多层分析的结构模型,最终获取最高层、最深度的客户所需信息。通过采用 CAH 方法分析客户需求信息,有效地保证了 PLM 系统各阶段需求实施特征的一致性。在图 7-10 基础上,层次化分析 PLM 各阶段需求过程与目的(属性、特征和最终性能)之间的关系,建立阶梯状信息属性表,如表 7-1 所示。

表 7-1 CAH 的基本结构

需求类型	定义	案例
基本需求结构	描述产品最基本的功能特征	体积小
高层需求结构	从基本功能特征中抽象出产品高层性能特征	设计新形状,减小体积
附加需求结构	在高层结构基础上抽象出产品性能附加特征	可使用性强

7.3.2 市场细分

市场细分是市场需求分析的基础。Winder 首先提出了市场细分理论,并广泛应用于企业寻找目标市场,准确定位产品市场。在需求管理中,通过细分市场,同一市场内个体之间的固有差异减少到最小,不同市场之间的差异增加到最大,使企业发掘最有价值的客户,并制定相应的实施决策。市场细分包括以下四个不同模块:

(1) 多文化客户群分析。根据客户的多文化差异,如文化传统、社会阶层、消费水平和个性风格等因素进行客户群分类。

(2) 主要客户群分析。该类客户是企业利益的最大创造者,从市场细分中找到最主要的客户群,进行深层次分析。

(3) 竞争群分析。分析竞争对手信息,获取产品的市场竞争趋势,准确快捷地确定投产方案。

(4) 历史客户群分析。分析历史信息,获取客户新产品需求趋势,为企业提供生产依据。

7.4 客户期望

客户的满意是指客户的一种心理感受,具体来说,就是客户的需求被满足后形成的一种愉悦感或状态。此处的"满意"不仅仅是客户对服务质量、服务态度、产品质量和产品价格等方面直观的满意,更深层的含义是企业所提供的产品或服务与客户期望的吻合程度。

1. 物质层次期望

物质层次期望是指客户对所提供的产品产生的期望——物质层次期望的基础是产品的使用价值,如功能、质量、设计、包装等。

物质满意是构成客户满意的基础因素。没有过硬的产品质量,就谈不上客户满意,只有质量上乘、功能独特、造型优美、包装新颖、使用便捷、价格适当的产品,才能令客户满意。

2. 精神层次期望

精神层次期望是指客户对提供的产品形式层和外延层产生的满意,即在产品售前、售中、售后以及产品生命周期的不同阶段,企业采取的服务措施令客户满意的基础是产品的外观、色彩、品位和服务等,这主要是指在服务过程的每一环节都能设身处地地为客户着想,做到有利于客户、方便客户。

3. 社会层次期望

社会层次期望是指客户在对企业提供的产品或服务消费过程中所体验到的对社会利益的维护方面的满意,主要是指客户整体社会满意。它要求企业的经营活动要有利于社会文明进步。

对客户满意的这三个层次的充分认识,是企业研究客户满意的基础。

7.5 客户对质量的感知

众所周知,长期稳定的优异质量是企业维系客户的根本所在。如今,质量的含义不仅仅停留在硬性的条条框框标准上,而有了更高的要求,需要企业更加注重客户的个性化需求。

从某种程度上讲,客户的要求就是质量的标准。企业应积极适应现代消费者个性化的要求,为客户定制产品和服务,将企业的观念从"将产品或服务尽可能地销售给更多的客户"转变为"向客户尽可能多地提供其所需要的产品或服务",以此来留住客户。

7.6 客户对价值的感知

由于市场竞争激烈，许多产品或服务在品质方面的区别越来越小，也就是说，产品的同质化倾向越来越严重。这种产品的同质化结果，使得品质不再是客户消费选择的主要标准，客户越来越多地看重厂商能否满足其个性化需求，能为其提供何种质量和及时程度的服务。

客户满意度是在客户消费形态发生彻底变迁后，用以衡量客户消费价值选择的指标。从消费者价值选择的角度讲，早期消费者遵循理性消费的观念不但重视产品的价格，更看重产品的质量——"物美价廉"的意识反映出消费者对产品进行价值选择的标准是"好"和"差"；后来，消费者的价值选择更多受到感觉的影响，开始注重产品的形象、品牌、设计和使用的方便性、新颖性，对产品价值选择的标准发展为"喜欢"和"不喜欢"；而目前的消费者，越来越重视产品所带来的感情和心灵上的充实或满足，因而更着意追求购买与消费产品过程中的满足感，其价值选择的标准演变为"满意"与"不满意"。

一般而言，客户满意是客户对企业与员工提供的产品或服务的直接性综合评价，是客户对企业、产品、服务和员工的认可，客户根据他们的价值判断标准来评价产品或服务。在企业与客户建立长期伙伴关系的过程中，企业向客户提供超过其期望的"客户价值"，使客户在每一次的购买过程和购后体验中都能获得满意。每一次的满意都会增强客户对企业的信任，从而使企业能够获得长期的盈利与发展。

泽瑟摩尔（Zaithaml，1988）认为，客户感知价值是指客户所能感知到的利益，与其在获取产品或服务时所付出的成本进行权衡比较后，对产品或服务效用的总体评价。

伍德鲁夫（Woodruff，1997）认为，客户感知价值是下一个的竞争优势源泉。大连理工大学董大海教授（1999）认为，客户感知价值就是客户在购买和使用某一个产品的整个过程中，对所获得的效用与自身所付出的成本的比较。姚钟华（2002）认为，客户所购买的产品和服务的质量、功能利益，就是客户感知价值发挥的作用。客户感知价值可理解为客户从某种产品或服务中所能获得的总收益与在购买时所付出的总代价的比值。范秀成等（2003）认为，客户感知价值是指客户对企业提供的产品或服务所具有价值的主观认知。

因此，客户感知价值可以定义为：客户对企业提供的产品或服务价值的一种主观认知，是客户对产品的心理预期是否得到满足的表现，是客户获得产品的使用价值与付出的时间、精力以及金钱的成本之间的差额。

在互联网环境下，客户感知价值不仅包括产品本身所提供的价值，而且还包括客户在购买产品或服务过程中所体验到的购物价值。关于客户感知价值与网络客户忠诚之间的关系，学术界的若干研究表明，客户感知价值对客户满意具有积极的影响作用。

Kisang Ryu等学者认为，客户满意由客户从产品或服务中所获得的价值大小决定，只有价值得到满足，客户满意度才能得到提高。琳达（Linda）认为，产品价格、产品质量、服务质量等因素通过影响客户认知的价值，进一步影响客户忠诚度。劳埃德和马克（Lloyd and Mark，2004）在网络环境下信任、满意与忠诚的关系模型中，提出客户感知价值是影响客户忠诚的重要影响因素之一。杨晓燕认为,为客户创造的价值越多,就越能提高客户的满意度和忠诚度,并减少客户抱怨。吕筱萍和刘梅通过分析客户网络忠诚的驱动因素,发现客户感知价值是客户忠诚的关键驱动力之一。张月莉、王方华和过聚荣(2009)在其研究中,也将客户感知价值作为客户忠诚的驱动因素之一。

Liang(1975)认为,衡量产品的要素有品质、选择性或种类、样式和价格的制定。汉森(Hansen,1978)则认为,衡量产品的要素有产品的品质、产品的价格、可供挑选性和产品的品种。

纳维娜和休斯敦(Navina 和 Houston,1980)则用品质、样式、可供挑选性和价格来测量产品。

贾文帕和托德(Jarvenpaa 和 Todd,1997)指出,产品的价格、样式和品质会影响网络客户的消费行为及对电子商务网站产品的客户感知价值。

7.7 客户满意度

7.7.1 客户满意度概述

客户满意度是客户满意程度的简称,从统计学意义上讲,它是以市场上消费过或正在消费的产品、服务为对象,量化各种类型和各个层次客户的评价,从而获得的一种综合性评价指标。也就是说,客户满意度从客户的角度测量企业产品或服务究竟在多大程度上满足了客户的要求。

1960 年,凯斯(Keith R. J.)首先提出了客户满意的概念,认为客户满意就是客户需求和欲望的满足,将客户满意观点引入营销领域,提出客户满意会促使再购买行为。

科特勒在《市场营销管理》一书中指出:"满意是指一个人通过对一个产品或服务的可感知的效果与他的期望值相比较后所形成的感觉状态。"亨利·阿塞尔(Henry Assael)也认为,当产品的实际消费效果达到客户的预期时,就产生了满意;否则,则会导致客户不满意。

从上面的定义可以看出,满意水平是可感知效果和期望值之间的差异函数。如果可感知效果低于期望,客户就会不满意;如果可感知效果与期望相匹配,客户就会满意;如果可感知效果超过期望,客户就会高度满意、高兴或欣喜。

客户满意度是指客户满意程度的高低,为客户体验与客户期望之差,用公式可表示为

$$客户满意度 = 客户体验 - 客户期望$$

当客户体验与期望一致,上述差值为零时,客户是基本满意的;当客户体验超出客户期望,上述差值为正数时,客户就感到"物超所值";相反,当差值为负数,即客户体验低于客户期望时,客户是不满意的,这个负数的绝对值越大,客户满意度越低。

客户满意度有三个层次:不满意、满意和高度满意,也可以用百分制度量满意度(0~100 分)。

企业不断追求客户的高度满意,原因就在于一般满意的客户一旦发现更好或者更便宜

的产品后，会很快地更换产品供应商，只有那些高度满意的客户一般不会更换供应商。客户的高度满意和愉悦创造了一种对产品情绪上的共鸣，而不仅仅是一种理性偏好。正是这种由于满意而产生的共鸣创造了客户对产品品牌的高度忠诚。

对于企业来说，如果客户对企业的产品或服务感到满意，也会将他们的消费感受通过口碑传播给其他客户，扩大产品或服务的知名度，提高企业的形象，为企业的长远发展不断注入新的动力。但现实的问题是，企业往往将客户满意等于信任，甚至是"客户忠诚"。事实上，客户满意只是客户信任的前提，客户信任才是结果；客户满意是对某一产品、某项服务的肯定评价，即使客户对某企业满意，也只是基于他们所接受的产品或服务令他们满意。如果某一次的产品或服务不完善，客户对该企业也就不满意了。

也就是说，客户满意是一个感性评价指标。客户信任是客户对该品牌产品及拥有该品牌的企业的信任感，他们可以理性地面对品牌企业的成功与不利。美国贝恩公司的调查显示，在声称对产品和企业满意甚至十分满意的客户中，有65%~85%的客户会转向其他产品，只有30%~40%的客户会再次购买相同的产品或相同产品的同一型号。

7.7.2 影响客户满意度的主要因素

根据定义，客户满意度是客户建立在期望与现实基础上的、对产品或服务的主观评价，一切影响产品与服务的因素都有可能影响客户满意度。

从企业工作的各个方面分析，影响客户满意度的主要因素包括为以下五个方面：

1. 企业因素

企业是产品或服务的提供者，其规模、效益、形象、品牌和公众舆论等在内部或外部表现的东西都影响消费者的判断。如果企业给消费者留下一个很恶劣的形象，很难想象消费者会考虑选择其产品。

2. 产品因素

产品因素包含四个层次的内容：首先是产品与竞争者同类产品在功能、质量、价格方面的比较。如果有明显优势或个性化较强，则容易获得客户满意。其次是产品的消费属性。客户对高价值、耐用消费品要求比较苛刻，因此这类产品难于取得客户满意；一旦满意，客户忠诚度将会提高。客户对价格低廉、一次性使用的产品要求较低。再次，产品包含服务的多少。如果产品包含服务较多，则难以取得客户满意；而不含服务的产品只要主要指标基本合适，客户就容易满意，但其产品如果与其他厂家差不多，客户很容易转向他处。最后，产品的外观因素，如包装、运输、品位、配件等。如果产品设计得细致，有利于客户使用并体现其地位，会带来客户满意。

3. 营销与服务体系

企业的营销与服务体系是否有效、简洁，能否为客户带来方便，售后服务时间长短，服务人员的态度、响应时间，投诉与咨询的便捷性等，都会影响客户满意度。同时，经销商作为中间客户，有其自身的特殊利益与处境。企业通过分销政策、良好服务赢得经销商的信赖，提高其满意度，能使经销商主动向消费者推荐企业的产品，解决消费者的一般性问题。

4. 沟通因素

企业与客户的良好沟通是提高客户满意度的重要因素。很多情况下，客户对产品性能的不了解，造成使用不当，需要企业提供咨询服务；客户因为质量、服务中存在的问题要向企业投诉，与企业联系，如果缺乏必要的渠道或渠道不畅，也容易使客户不满意。

5. 客户关怀

客户关怀是指不论客户是否咨询、投诉，企业都主动与客户联系，对产品、服务等方面可能存在的问题主动向客户征求意见，帮助客户解决以前并未提出的问题，倾听客户的抱怨、建议。通常，客户关怀能大幅度提高客户满意度，增加客户非常满意度。但客户关怀不能太频繁，否则会造成客户反感，适得其反。

7.8 客户抱怨

7.8.1 客户抱怨的概念

客户抱怨是指客户由于在购买或消费产品或服务时感到不满意，受不满驱使而采取的一系列（不一定是单一的）行为或非行为反应。

7.8.2 客户产生抱怨的原因

1. 企业没有认真全面地提高产品质量

（1）企业自身的生产工艺因素。

（2）经销商自身的管理因素。

（3）客户使用因素。

2. 没有做到令人满意的服务

（1）服务方式不佳。例如，接待慢、搞错了顺序，缺乏语言技巧，不管客户需求和偏好，一味对产品加以说明，产品的相关知识欠缺，无法满足客户的询问等。

（2）服务态度不好。

（3）服务人员自身的不良行为。例如，服务人员对自身的工作流露出厌倦不满情绪、对其他客户的评价议论、自身的举止粗俗或工作纪律差、服务人员之间起内讧等。

3. 广告误导导致客户抱怨

（1）广告夸大产品的价值功能，不切实际地美化产品。

（2）广告大力宣传自己的售后服务而不加以兑现。

7.8.3 处理好客户抱怨的意义

客户对企业产品质量和服务的不满，企业只能听到4%客户的抱怨，96%的客户保持沉默，91%的客户今后将不再上门光顾企业的生意。这说明真正抱怨的客户只是冰山一角，25个不满意的客户中只有1个客户抱怨。经营者要提醒自己，还有24个不满意而没有抱怨的客户，所以要立即改善服务态度，提高服务水平。

如果处理好客户的抱怨，70%的客户还会继续购买；如果能够当场解决，95%的客户会继续购买。客户的满意度会影响其购买行为，立即改善要比久拖不决更好。

一个不满意的客户会把自己不满意的态度告诉10个人，其中的20%会告诉20个人。按照这样的算法，10个不满意的客户会造就120个不满意的新准客户，其破坏力不可低估。

开发一个新客户的成本是保持一个老客户成本的5倍。做企业就是做市场，做市场就是寻找客户，守住老客户、开拓新客户是企业永恒的主题。

7.8.4 处理客户抱怨的原则

1. 客户始终正确

这是一项很重要的原则。只有有了"客户永远都正确"的观念，才会有平和的心态处理客户的抱怨。这包括三个方面的含义：第一，应该认识到，有抱怨和不满的客户是对企业仍有期望的客户；第二，对客户抱怨行为应该给予肯定、鼓励和感谢；第三，尽可能地满足客户的要求。

2. 不与客户争辩

就算是客户失误，也不要与之争辩。心中要始终存在这样的观念：客户是上帝，他们的一切都是正确的。即使是客户在与企业的沟通中因为存在沟通障碍而产生误解，也绝不要与客户争辩。

3. 及时处理客户抱怨

既然客户已经对企业产生抱怨，那就要及时处理。对客户的所有意见，必须快速反应，最好将问题迅速解决或至少表示有解决的诚意。拖延时间只会使客户的抱怨变得越来越强烈，使客户感到自己没有受到足够的重视，使不满意程度急剧上升。

7.9 客户满意度指数测评指标体系

7.9.1 测评指标体系的组成

美国客户满意度指数模型（American Customer Satisfaction Index，ACSI），是以产品和服务消费的过程为基础，对客户满意度水平的综合评价指数。它由国家整体满意度指数、部门满意度指数、行业满意度指数和企业满意度指数四个层次构成，是目前体系最完整、应用效果最好的一个国家客户满意度理论模型。ACSI是费耐尔（Fornell）等人在瑞典客户满意指数模式（SCSB）基础上创建的客户满意度指数模型。该模型共有六个结构变量，客户满意是最终所求的目标变量，客户期望、质量感知和价值感知是客户满意度的原因变量，客户抱怨和客户忠诚则是客户满意度的结果变量。模型中六个结构变量的选取以客户行为理论为基础，每个结构变量又包含一个或多个观测变量，而观测变量则通过实际调查收集数据得到。

经过对ACSI测量指标体系和其他客户满意度测量指标体系的深入研究，本书提出一个新的客户满意度测量指标体系。该指标体系采用四级指标体系结构：

第一级：总的测评目标"客户满意度"。

第二级：客户期望、质量感知、价值感知、客户满意。
第三级：由二级指标具体展开而得到的指标。
第四级：由三级指标具体展开后形成的问卷上的问题。

测评体系中的一级和二级指标适用于所有的产品和服务，企业可以根据产品特征的不同，制定不同的三级和四级指标。在不改变指标体系的四级结构的前提下，企业可以修改全部级别的指标，也可以提出全新的测量指标，程序会提供企业预定义自己的测评指标的功能，如表 7-2 所示。

表 7-2　测评指标体系的四级指标结构

一级指标	二级指标	三级指标	四级指标
客户满意度	客户期望	客户对产品或服务质量的总体期望 客户对产品或服务质量满足需求程度的期望 客户对产品或服务质量可靠性的期望	对应调查问卷上的问题
	质量感知	客户对产品或服务质量的总体评价 客户对产品或服务质量满足需求程度的评价 客户对产品或服务质量可靠性的评价	
	价值感知	感受到的价格等级 感受到的质量等级 客户对总价值的感知	
	客户满意	客户的正面情感 客户的负面情感 信息一致性 总体满意程度	

7.9.2　测评指标的量化

该指标体系使用李克特量表对指标进行量化，即分别对五级态度很满意、满意、一般、不满意、很不满意赋予 5、4、3、2、1 的值（或相反顺序）。让被访者打分，或直接在相应位置打钩或划圈。表 7-3 是用李克特量表测评客户对某产品质量满意程度的实例。

表 7-3　产品质量的李克特量表

测评指标	很满意	满意	一般	不满意	很不满意
产品包装	□	□	□	□	□
产品外观	□	□	□	□	□
稳定性	□	□	□	□	□
耐用性	□	□	□	□	□
安全性	□	□	□	□	□

有时候企业会遇到许多定量测评指标，而这些指标又不能直接用于李克特量表，为方便数据信息的收集和统计分析，必须将这些指标转化成李克特量表所要求的测评指标。其转化的方法是，将指标的量值恰当地划分为五个区间，每个区间对应于李克特量表的五个赋值，这样就实现了指标的量化。

7.9.3 测评指标权重的确定

当测评指标体系确定并量化以后，还需要根据各个指标的重要程度确定各个指标的权重。该指标体系采用层层递归的方式确定各级测评指标的权重，需要注意的是，每一级测评指标权重的和应分别等于1。具体的权重确定方法有主观赋权法、客观赋权法、德尔菲法、层次分析法等，企业可以依据测评人员的经验和专业知识从系统中选择适用的权重确定方法。

7.9.4 建立测评指标体系的步骤

1. 构建测评指标体系的原则

构建客户满意度指数的测评指标体系应遵循以下四条原则：

（1）客户确定原则。准确把握客户需求，选择客户认为最关键的测评指标，即由客户来确定测评指标体系。这是设定测评指标体系最基本的要求。

（2）可测量性原则。测评结果是一个量化的值，因此，设定的测评指标必须是可以进行统计、计算和分析的。

（3）可控性原则。测评会使客户产生新的期望，促使企业采取改进措施；如果企业在某一领域还不能采取行动加以改进，则应暂不采用这方面的测评指标。

（4）可比性原则。设定测评指标时要充分考虑到竞争者的特性。

2. 构建测评指标体系的步骤

构建客户满意度测评指标体系应分成五个步骤：

（1）基础信息的收集。对二手资料进行探访。

（2）指标体系的假设。分成结构模糊的测量指标和结构清晰的测量指标。

（3）基础数据的收集。通过实际的测评获得定量的数据。

（4）指标体系的建立。首先，通过探索性因子分析确定潜在的数据结构；然后，通过验证性因子分析验证假设的指标体系。

（5）指标体系的确立。通过因子分析结果和定性论证后确立。

3. 构建测评指标体系的框架

客户满意度每一层次的测评指标都是由上一层次测评指标展开的，而上一层次的测评指标则是通过下一层次的测评指标的测评结果反映出来的。测评指标体系的框架为：

一级指标（第一层次），即客户满意度指数。

二级指标（第二层次），即客户满意度模型中的客户期望、客户对产品或服务的质量感知、客户对价值的感知、客户满意、客户抱怨和客户忠诚六个要素。

三级指标（第三层次），即根据不同的产品、服务、企业或行业的特点，将二级指标中的六个要素展开为具体的测评指标。

四级指标（第四层次），即将三级指标中的具体测评指标展开为问卷上的一系列问题，是直接针对客户、面向客户的指标。

本章小结

客户满意是一种心理活动，是指客户在购买产品或享受服务时所感受到，并且是发自内心的愉悦和满足感。客户满意度即指这种愉悦和满足的程度。企业的产品能否被客户所承认、接受，取决于客户对企业产品的质量和服务的满意程度。所以，概括起来讲，客户满意度就是客户对企业产品和服务的满意程度。

客户满意的理念是：客户的需求是企业生存发展的基础，企业的全部经营活动都要从满足客户的需求出发，以提供满足客户需要的产品或服务作为企业的责任和义务，以满足客户的需要、使客户满意作为企业的经营目的；企业应培育以客户为中心的经营理念，尊重和维护客户的利益，不断改进产品质量，提高服务水平，给予客户最大的利益，使客户满意，甚至完全满意；企业利润的实现是建立在客户购买企业产品或服务的基础上的，因此，企业的基本职责是满足客户需求，而利润应当是客户对企业满足其需求的回报。能创造性地主动满足客户需求的企业是不可战胜的。

客户满意度可以通过美誉度、知名度、回头率、投诉率、购买额、对价格的敏感度等指标进行衡量。

影响客户满意的因素是客户期望与客户感知。要实现客户满意，必须从两方面着手：一是把握客户期望，即企业采取相应的措施，影响消费前客户对企业的期望，让客户对企业有一个合理的期望值，这样既可以吸引客户，又不至于使客户因为期望落空而失望，产生不满情绪；二是提高客户感知价值，即客户的让渡价值。这也可以从两方面来考虑：一方面，增加客户的总价值，包括产品价值、服务价值、人员价值、形象价值；另一方面，降低客户的总成本，包括货币成本、时间成本、精神成本、体力成本。

复习思考题

1. 客户满意及客户满意度的概念是什么？
2. 客户满意具有哪几方面的特征？
3. 如何衡量客户满意度？
4. 导致客户不满意的原因及应对措施有哪些？
5. 提高客户满意度的途径有哪些？

案例分析

客户满意度战略——"打造药企精准招商之路"

企业营销的目的是满足消费者的需求，药企的经营自然也不例外。首先，其所生产的产品一定要有良好的质量和疗效，可以满足患者治愈病痛的需求，只有这样才会有市场。这一点，在生产技术、设备乃至配方同质化严重，真正的独家新品种稀缺的情况下，已经不能成为企业决胜市场的关键。很自然的,药企的经营主体就从患者这个根本点逐渐过渡到满足经销商的需求这个层面上,也就是对渠道占有权的争夺。

医药招商企业的关键点有两个:产品与客户。其中,产品是招商企业经营的根本条件,从这个层面上讲,无论哪种类型、哪种定位、什么规模的招商企业,都在同一个竞争层面,大家手里都有少则几个多则成百上千个品种;而在客户乃至客户所经营渠道方面,由于客户规模、经营渠道、客户数量等不同,招商企业的三六九等自然就分明了。

如何拉近招商企业与客户之间的信任和共识,不断提升企业客户的满意度和合作意向,从而提升招商企业的经营实力?不妨从建立"客户满意度战略"开始。

战略一:寻找只属于你的客户

让客户满意的战略,首先是必须找到客户、找对客户。从哪里找你的客户?明确谁是你的客户至关重要!

医药招商企业的客户,一直以来都以活跃在全国各地的自然人为主。企业通过参加展会、发布广告、电话营销等手段,日复一日、年复一年地进行客户资源的积累。伴随着国家监管力度趋于严格,个人从事药品经营的生存空间已经越发狭窄,于是医药招商企业的客户主体也逐渐向法人经营实体转变,如单体药店、商业公司等。如何高效地找到这些客户,在传统手段的基础上,不妨尝试一下新的手段和方法:

1. 媒体精投

在招商媒体的选择上,企业应根据阶段性经营战略侧重选择。选择要招的代理商是哪个渠道的、什么区域的、如何操作等,然后选择合适的媒体,进而通过"媒体调研——媒体试投——媒体评估——确定效果"的步骤,提升招商效果。

2. 虚拟代理

"虚拟代理"模式是一种借力发力的代理商发展模式,就是借助现有代理商的关系网络,通过给予一定的物质激励,诱使其给企业介绍和发掘新的代理商的形式。招商企业可以将已有代理商身边的代理商资源挖掘出来,形成一个自上而下的代理商开发体系,做到精准招商。

3. 驻地招商

改变传统的"电话、广告、展会"招商的老三样,通过驻地进行某一区域市场的精细化招商,往往可以招到与企业产品和经营思路相吻合的代理商资源,便于企业的经营更有针对性。

4. 借助组织

目前,医药行业出现了很多的联盟、论坛组织等。这些联盟(如药店采购联盟、代理商联盟等)等,一般是某一渠道、某一品类、某一区域代理商聚集的场所,招商企业可以依据自身的产品和政策等资源,有针对性地对这些代理商聚集地进行招商宣传,往往能达到很好的招商效果。

此外,通过各种方式找到的经销商,还要讲究与企业"门当户对"。经销商的经营规模、经营模式、个人或组织的信用情况、渠道适应情况等,都是招商企业要综合考虑的。不是大的经销商就一定适合企业,也不是小的经销商就一定不能合作。这就好比青年男女谈恋爱,双方门当户对才会产生最美的爱情结晶。

战略二:展示核心竞争力

在解决了客户资源的问题之后,让客户满意,还必须有明确的品牌战略。对于招商企业而言,品牌是什么?品牌是企业的核心价值,是企业区别于其他招商企业的独有特性,既可以是口碑、服务、产品、渠道优势、价格等方面,也可以是企业本身的经营管理、某一核心竞争优势的体现。

医药招商企业的品牌化之路，不妨从产品采购、渠道定位、高效服务入手，往往可以起到很好的效果。例如，河南医保药业有限公司的"特色产品营销之路"就是定位于独家、医保、农保、重要保护品种等方面有特色的中成药产品，从而走出了一条品牌化经营之路。

1. 集中展示

既然要做品牌，那就要让代理商知道你的定位和优势在哪里。通过有效的渠道将企业的对外品牌形象展示出来，亮出独有风采。

品牌的集中展示是一个大战略，需要各方面的整合管理。对中小招商企业来讲，或许觉得高不可攀，其实，大可不必悲观。集中品牌展示可以通过行业展会、每一次媒体的利用、企业内部资源的整合匹配，保持企业的风格和形象，并在工作当中加以落实，就可以收到不错的效果。

2. 持之以恒

品牌打造是一项系统化、长期性的工作，要求与之相配套的战略规划也保持持久性。如果只为了追求短期效果，而寄希望于花重金来打造企业的品牌效应，往往会得不偿失。

3. 正面推介

企业应该抓住每一次与客户接触的机会。例如，通过每年固定的经销商大会，一方面可以向经销商推介新产品，另一方面也是向全国客户展示自己的好机会。行之有效的企业品牌形象引导、企业发展规划和经营战略演讲，都是展现企业品牌形象的大好机会。

战略三：建立客户满意度

在前面两个战略的基础上，还要改善与客户接触过程中的细节，才能真正与客户建立长久的合作关系。这又涉及战略问题，每个企业的资源总是有限的，不可能改善所有的方面，这就需要优化资源配置的战略，根据战略配置资源，使产品或服务更好地满足客户的需求，让客户盈利，这才是提高客户满意度的根本之道。

1. 建立客户信息体系

目前很多企业都建立了客户信息库，但只是希望通过这个信息库的建立，熟悉自己对客户的管辖权和数量满意度。其实，建立这样的客户信息库没有什么实质性的意义。因为客户的经营情况在随着市场不停地变化，唯有动态的客户信息才有助于企业根据客户的情况对症下药。所以，奉劝那些自以为登记了客户信息的招商企业：不仅要有客户信息，而且要及时更新，能为己所用！

2. 建立客户维护机制

通过上门拜访，定期的生日、节假日等短信祝福，逢年过节的礼物赠送，优秀经销商的集中表彰展示等手段，让客户感受到企业对他的关怀，可以极大地增强客户与企业的向心力。同时，及时关注客户的经营变化，在其经营困境中雪中送炭，给予资金、人力、物力方面的支持，则可以将一个客户长久地保留。当然，这是建立在客户资信较好、值得投入的基础上的。企业千万不能盲目、不分情况地胡乱支持，增加自己的资金风险。

3. 定期沟通互访

在日常客户维护的基础上，建立与相关客户的定期沟通互访机制，也可以提升客户满意度。这可以是季度、年度经销商会议，也可以是针对某一医药行业情况召开的专门论坛，当然也可以是新产品推介会等。通过这些形式，可以针对客户进行满意度调查，摸清客户对企业满意的方面和不满意的方面。对客户满意的方面需要不断强化提升；对客户不满意的地方，则可以成为企业下一步经营整改的重心。

当然，企业也可以通过不定期的高层拜访，来加强客户对企业的认知程度。通过这样的高层肯定和表彰，满足客户自我表现的需求，真正让他们把企业的事情变成自己的事情。

4. 个性化的服务

此外，对于医药招商企业而言，还要摆脱"招而不管"的情况。针对某同一类型的客户，提供实际操作性很强的市场经营指导方案。甚至针对一些大客户和潜力客户，还可以派出专业的经营团队帮助其进行产品的营销、策划、管理等，依据当地实际情况指导其经营。要知道，帮助客户赚钱，加快企业产品在客户渠道中的流通速度，才能最终让企业盈利。

（资料来源：郑一群. 服务的秘密：客户满意度提升指南［M］. 北京：中国长安出版社，2013.）

案例讨论题：

医药企业的经营理念是什么？它们是如何让客户满意的？

第 8 章

客户的忠诚管理

本章学习重点

1. 掌握客户忠诚分析的概念
2. 了解客户忠诚的特征
3. 掌握客户忠诚度指标体系
4. 掌握客户生命周期的模式分类
5. 了解客户维系的策略

案例导入

满意的服务让客户更忠诚

汽车修理行业的价格差异很大,同样修理一辆汽车,在指定的修理厂和在普通小修理厂价格可能差几倍。当然,它们提供的服务也不一样。小修理厂价格便宜,服务不好,工作人员穿的衣服很脏,坐在你的驾驶座位上,把方向盘摸得油乎乎的。去特约维修站价格很贵,在小修理厂花100元的修理费,到这里可能要300元。但给你提供的服务怎样呢?整个修理过程不需要你参与,你只需告诉工作人员车哪儿有毛病就可以了。修好之后,工作人员会把钥匙和工单一起交给你。在维修过程中,驾驶座位是用一次性坐套罩住的,方向盘也是用一次性握套罩住的。车修理完以后,工作人员会擦去所有的手印、指纹,脚垫也是一次性的。最后给你的车是干干净净的。更好一些的服务是修理完以后,再把车免费清洗一遍。

更高级一点的,如去本田特约维修站,就更享受了:中午去修车,会为你提供免费的午餐,还有VCD看,以及各种报纸可以翻阅。

当市场竞争中的平衡被打破以后,企业的传统客户服务领域就会升级,包括销售环节和客户服务质量环节。

现在,很多医院实行病人挑选医生的制度,即把医院里的一些主治医生的照片和简历贴在墙上,病人看病的时候就可以选择大夫。这是为病人提供的客户服务。过去很多医院规定,探视病人的时间是一周两次,而且只能是下午,去医院看病人很不方便。在美国的很多医院,可以随时探视病人。尽管这样可能会对医院的环境有所影响,但是对病人却是一种关怀。所以,现在几乎全美的医院都实行24h探视,愿意几点来探望病人就可以几点来。

(资料来源:吴宏晖. 客户忠诚的秘密 [M]. 北京:北京大学出版社,2012.)

8.1 客户忠诚概述

8.1.1 客户忠诚的概念

大部分早期的客户忠诚研究主要从行为上抽象忠诚,以一段时间内重复购买某一特定的产品或服务为表现形式,如塔克(Tucker,1964)将忠诚定义为连续三次的购买,巴特伯格和森(Blattberg 和 Sen,1976)采用重复购买在所有消费行为中的比例作为对忠诚的度量等。

雅各比、切斯努特和威廉(Jacoby、Chestnut 和 William,1978)通过对 300 多篇相关文献的系统整理,发现了 50 个关于客户忠诚的不同观点,可以归纳成行为和态度两种基本方法。

从行为角度看,客户忠诚被定义为客户对产品或服务所承诺重复购买的一种行为,这种形式的忠诚可以通过诸如购买份额、购买频率等指标来测量。从态度角度看,客户忠诚被视为对产品或服务的一种偏好和依赖,不仅要考虑客户的实际购买行为,还需要分析客户的潜在态度或偏好,其测量指标有购买意愿、偏好程度等。

迪克和巴苏(Dick 和 Basu,1994)也从态度和行为的角度定义客户忠诚,并引入了相对态度的概念。相对态度是指客户对某一产品的评价优于对其他产品评价的程度。认为客户忠诚是个人对于某个实体(品牌、服务、商店或卖主)的相对态度和重复光顾之间关系的强度。在他们的研究中,相对态度的认知前提、情感前提和意向前提都对忠诚有着明确的作用。迪克和巴苏认为,研究客户忠诚既要考虑态度的绝对性,更要关注它的相对性。因为在绝对意义上,客户对给定产品或服务的评价也许很高,但如果同时对所有竞争产品的评价也同样高的话,那么绝对态度的效应就难以发挥。

奥利弗(Oliver,1999)的定义与迪克和巴苏的忠诚概念比较一致,认为客户忠诚是客户对偏爱产品或服务的深度承诺,并在未来一贯地重复购买同一品牌或同一品牌的系列产品或服务,且不会因市场情况的变化和竞争性营销力量的影响而产生转移行为。与迪克和巴苏的定义相比,奥利弗的观点更多的是强调有形品牌忠诚的内容。

我国学者韩经纶、韦福祥(2001)认为,客户忠诚是由于价格、产品(服务)或其他要素引力的影响,客户长久地购买某一品牌产品或服务的行为。这个定义主要从客户忠诚的行为角度考虑。汪纯孝、韩小芸和温碧燕(2003)认为,客户忠诚是一个复杂的多维概念,真正的忠诚感应该包括认知性忠诚感、情感性忠诚感、意向性忠诚感和行为性忠诚感四个组成成分。他们的认知性忠诚感、情感性忠诚感和意向性忠诚感都属于忠诚的态度层面,行为性忠诚则属于忠诚的行为层面。

从以上对客户忠诚概念的分析中可以发现,目前客户忠诚研究主要倾向于从两个维度来定义忠诚(Christian Homburg 和 Annette Giering,2001),即忠诚的态度和行为两个维度。因此,本书研究的客户忠诚同样基于这两个维度。

在中文的概念里,"忠诚"一词一向是一个褒义词,被解释为对朋友、信仰、组织、国家等的认同和追随。它包括两个层次的含义：第一层次是对人和事物的；第二层次是对某种价值观的忠诚。

客户忠诚（Customer Loyalty，CL）的定义为：客户坚持重复购买或惠顾自己喜欢的同一品牌的产品或服务，不管环境的影响和市场的作用。客户忠诚度研究领域在有关客户忠诚的本质、前提和概念方面已经建立了一个庞大的知识体系。

客户忠诚理论可追溯到客户满意理论和市场关系理论。社会学和心理学是客户满意理论的基础，"认可或不认可"概念的提出为满意的定义以及解释满意与信任间关系打下了基础。信任和忠诚都是长时间满意体验的积累，客户满意理论多年来的研究成果阐述了满意与信任的关系，以及满意对再购买行为和忠诚的影响。

客户行为理论和市场关系理论为分析客户与供应商的关系提供了一个广阔坚实的知识背景。客户忠诚是从客户满意概念中引出的，是指客户满意后而产生的对某种产品品牌或企业的信赖、维护和希望重复购买的一种心理倾向。客户忠诚实际上是一种客户行为的持续性。客户忠诚度是指客户忠诚于企业的程度。

客户忠诚表现为两种形式：一种是客户忠诚于企业的意愿；另一种是客户忠诚于企业的行为。而一般的企业往往容易将这两种形式混淆，其实这两者具有本质的区别：前者对于企业并不产生直接的价值；而后者对企业非常具有价值。道理很简单，客户只有意愿却没有行动，对于企业来说是没有意义的。企业需要做的：一是推动客户从意愿向行为的转化；二是通过交叉销售和追加销售等途径进一步提升客户与企业的交易频度。

在市场关系领域，已经提出了许多运用生命周期法来描述客户行为的模型。为了更好地理解客户行为，动态观点被许多学者采纳。他们用动态的方法来解释关系生命周期的不同阶段中，客户忠诚度的不同表现形式，把客户与供应商的关系分为几个不同的阶段。其他分析客户行为的理论还有品牌和客户忠诚文化，这些领域研究的主要贡献是区分了行为忠诚与精神忠诚，提出真正的忠诚是通过比较和评估过程而产生的一种对同一品牌的再购买行为，即行为忠诚；再购买意愿假如没有相对应的行为忠诚，只能被认为是一种虚假的忠诚，即精神忠诚。判断客户是否忠诚，可从以下四个方面观察客户：

（1）忠诚的客户会经常反复地购买你的产品或服务，甚至可以定量分析出他们的购买频度。

（2）忠诚的客户在购买你的产品或服务时，选择呈多样性，因为是你的产品或服务，他们乐意购买，他们信任你、支持你，也较其他客户更关注你所提供的新产品或新服务。

（3）忠诚的客户乐于向他人推荐你的产品，而且调查显示，被推荐者相对于其他客户会更亲近于你，更忠诚于你。

（4）忠诚的客户会排斥你的竞争对手，只要忠诚的纽带未被打破，他们甚至不屑胜你一筹的对手。

8.1.2 客户忠诚的重要性

莱希赫尔德（Reichheld，1996）认为，维持老客户有如下效果：获取一个新客户的成本是保留一个老客户的 5 倍；一个公司如果将其客户流失率降低 5%，其利润就能增加

25%~85%。

忠诚的客户会更愿意主动地与别人分享他们购买产品或接受服务的经历,甚至积极主动地去扮演"宣传者"的角色,免费为企业做广告。忠诚客户的口碑效应不仅不会增加企业额外的成本,而且会为企业创造更多的收入(Shoemaker 和 Lewis, 1999)。因此,企业拥有忠诚客户越多,企业维持客户的成本会越低,企业的获利能力会越高,并有利于企业市场竞争力的提高。

8.2 客户忠诚分析

8.2.1 客户忠诚的类型分析

迪克和巴苏(1994)根据客户忠诚的态度和行为两个维度,即客户的相对态度(高和低)和实际购买行为(高和低)进行组合,划分了四种可能的客户忠诚类型,如图 8-1 所示。

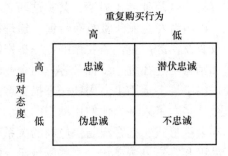

图 8-1 客户忠诚矩阵图

(1)忠诚(Loyalty)型。忠诚意味着客户对企业的产品或服务具有高重复购买率,同时相对态度强烈。忠诚强调这两种条件的同时实现。

(2)伪忠诚(Spurious Loyalty)型。伪忠诚的客户虽有高重复购买率,但对该产品或服务的态度却很弱。产生伪忠诚型客户有多种原因,可能是客户的习惯性购买,可能是该产品或服务的价格诱人,或是垄断性产品等。在这些情况下,客户对特定的供应商没有特别的偏爱。

(3)潜伏忠诚(Latent Loyalty)型。潜伏忠诚是指客户对某一产品或服务表现出强烈的相对态度,而购买很少或根本没有购买。这种情况的原因可能是受到客户的财力、时间等因素的限制,也可能是由于企业设置的障碍所导致。

(4)不忠诚(No Loyalty)型。不忠诚客户对企业的产品或服务既不偏爱,也很少购买。

特伦斯 A. 辛普(Terence A. Shimp, 1997)从行为忠诚和情感忠诚两个方面,把客户忠诚划分为三种类型:

(1)高度忠诚,即有超过 50% 的概率重复购买同一品牌产品。

（2）中度忠诚，即有10%~50%的概率重复购买同一品牌产品。

（3）低度忠诚，即有0~10%的概率重复购买同一品牌产品。

曹忠鹏、周庭锐和陈淑青（2007）借鉴这种定量分析方法，根据客户的购买比例将行为忠诚和态度忠诚分别划分为高、中和低三个水平，构建了客户忠诚划分图，如图8-2所示。其中，不忠诚是指态度忠诚程度和行为忠诚程度都低的情况；单一忠诚是指态度忠诚和行为忠诚程度都高的情况；剩余七个单元格的客户都是多忠诚。

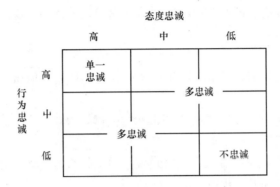

图8-2 客户忠诚划分

以上学者对客户忠诚的分类研究区分了不同维度的忠诚，其实就是对客户忠诚的多量度研究。然而，这些学者仅从客户忠诚本身出发，没有把不同程度的客户忠诚与客户满意相结合进行研究，也就无法得知不同忠诚程度下的客户满意行为是否存在差异。

此外，学者的研究也忽视了不同忠诚程度客户的不同特征研究。虽然企业了解客户忠诚有不同的程度，如忠诚或单一忠诚、多忠诚以及不忠诚等，有着积极的意义，但问题的关键是企业如何才能够判断客户究竟是属于忠诚、多忠诚还是不忠诚。

吉尔·格里芬（Jill Griffin）从态度取向（情感依恋）和行为取向（购买重复）两个维度对客户忠诚进行细分，划分出四种类型，如图8-3所示。

	重复购买	
程度	高	低
情感依赖 高	理想忠诚	潜在忠诚
情感依赖 低	虚假忠诚	缺乏忠诚

图8-3 顾客忠诚的类型

（1）缺乏忠诚。低情感依恋伴随低重复购买，表明客户缺乏忠诚。此类客户在消费了某一产品一两次后即转向其他品牌的产品。

（2）虚假忠诚。低情感依恋伴随高重复购买，表明客户的忠诚是虚假无奈的。产生虚假忠诚的原因主要是位置便利、市场垄断、转移成本等非情感因素超过了情感因素的作用所产生的高频度购买行为。

（3）潜在忠诚。高情感依恋伴随低重复购买。潜在忠诚的存在主要是情景因素、行为规范、转移成本等非情感因素超过了情感因素的作用，妨碍了客户的购买频率所致。

（4）理想忠诚。高情感依恋伴随高重复购买，是态度和行为的完美统一。

8.2.2 超值服务

超值服务就是用爱心、诚心和耐心向消费者提供超越其心理期待（期望值）的、超越常规的全方位服务。

1. 超值服务系统

超值服务系统是由售前超值服务、售中超值服务和售后超值服务三个子系统构成的服务体系。

（1）售前超值服务就是要按严格的要求和规范做好售前培训、售前调研、售前准备和售前接触四大环节的工作。

（2）售中超值服务就是服务人员与客户或用户进行交流、沟通和洽谈的过程，主要包括操作规范、语言规范和姿势规范。

（3）售后超值服务主要通过实行一系列服务，如服务制度、用户沟通制度、员工服务规范、事前培训制度和奖惩制度来实现。

2. 超值服务的延伸和发展

在超值服务理念的指导下，新产品开发管理从一开始就追求向多维发展，即开发性能卓越、适合不同消费层次的产品，而不是一味追求复杂的、高档次的产品。

3. 客户附加价值与理想服务

（1）客户附加价值。客户附加价值也称让客价值、让渡价值，它是客户总价值与客户总成本之间的差额，即

$$客户附加价值 = 客户总价值 - 客户总成本$$

产品的"客户附加价值"即客户购买某一产品后所获得的附加价值。对一个特定客户而言，其购买的客户附加价值越大，客户满意度就越高。

$$产品的客户附加价值 = 产品的客户总价值 - 产品的客户总成本$$
$$= （产品价值 + 个人价值 + 形象价值 + 人员价值）$$
$$- （货币成本 + 时间成本 + 精力成本 + 心理成本）$$

企业可以从三个思路来提高产品的客户附加价值，提高顾客满意度：①增加产品的客户总价值，包括产品价值、个人价值、形象价值和人员价值等；②降低产品的客户总成本，包括货币成本、时间成本、精力成本和心理成本等；③双管齐下，既努力提高产品的客户总价值，又努力降低产品的客户总成本。

（2）理想服务产品。理想服务产品是指客户满意度与实际服务产品的吻合程度的关系，即

$$客户满意度 = 理想服务产品 - 实际服务产品$$

8.2.3 客户忠诚的成分

1. 客户重复购买的次数

客户重复购买某品牌产品或服务的次数越多,说明客户对该品牌的忠诚度越高。企业为了便于识别和纳入数据库管理,一般将忠诚客户量化为连续三次或四次以上购买行为。

2. 客户挑选产品时间的长短

由于客户对企业和产品的信赖程度的差异,对不同品牌的挑选时间是不同的。通常,客户挑选时间越短,说明他对该品牌的忠诚度越高。

3. 客户对价格的敏感程度

事实表明,客户对于喜爱和信赖的产品或服务,对其价格变动的承受能力强,即敏感度低;否则,承受力弱。客户对价格敏感度高,说明客户对该品牌的忠诚度低;反之,说明客户对该品牌的忠诚度高。

4. 客户是否愿意给企业和产品提建议或自觉宣传

忠诚的客户能积极地、正面地给企业提出如何提高产品质量、服务水平的建议;忠诚的客户也非常乐于向他人推荐企业的产品或服务。

5. 客户对竞争品牌的态度

一般来说,对某种品牌忠诚度高的客户会自觉排斥企业竞争对手的产品或服务;如果客户对竞争品牌的产品有兴趣或好感,那么就表明他对本品牌的忠诚度较低。

6. 客户对产品质量问题的承受能力

任何企业的产品保证百分之百无质量问题是很难的,如果客户对某产品的忠诚度高,当出现质量问题时,他们会采取宽容、谅解和协商解决的态度,不会由此而失去对它的偏好。

相反,如果客户对该产品的忠诚度不高,当产品出现质量问题时,他们会深感自己的正当权益被侵害,或者不再买该产品,或者向媒体投诉,或者诉诸法律和索赔。

当然,运用这一指标时,要注意区别质量问题的性质,是一般还是比较严重的质量问题,是经常发生还是偶尔发生。

7. 客户购买费用的多少。

客户对某一品牌支付的费用占购买同类产品支付的费用总额的比例如果高,即客户购买该品牌的比重最大,说明客户对该品牌的忠诚度高。

8.2.4 客户忠诚度指标体系

客户忠诚度是对客户忠诚的量化指标,如同客户满意度指数对客户满意的量化一样。客户忠诚度实际评价起来比较复杂:首先,影响客户忠诚的因素有很多,而且都比较难以量化;其次,不同的行业之间影响客户忠诚度的因素并不相同,难以找到一个统一的标准来进行评价;最后,通常使用的一些量化指标,如客户的消费额、消费时间等,并不能完全反映出客户忠诚度的高低,因为这两者之间并非完全正相关,很多情况下,即使客户对某种产品或服务不满意,客户也不得不进行对某种产品或服务的购买。借鉴以往的研究成果，提出一种客户忠诚度的评价方法，其具体步骤如下：

1. 识别影响客户忠诚的关键因素

构建客户忠诚度评价体系必须首先识别影响客户忠诚的关键因素，根据这些因素确定客户忠诚评价指标。根据陈明亮等人的研究，客户忠诚的主要决定因素可以归纳为以下四个：客户认知价值、客户满意、转移成本和客户信任。客户认知价值是指客户对企业提供的相对价值的主观评价；客户满意是指客户对企业的总的售后评价；转移成本是指客户对结束与企业的关系和建立新的替代关系所涉及的相关成本的主观认知；客户信任是指客户对可信的交易伙伴的一种依赖意愿，包括可信性和友善性两个维度。

2. 客户忠诚度评价指标体系

该指标体系由三个层次构成：总目标——客户忠诚度为第一层次，也称为一级指标；二级指标将客户忠诚度分解为客户认知价值、客户满意、转移成本和客户信任四个方面；三级指标为对二级指标和一级指标的具体分解结果如图8-4所示。

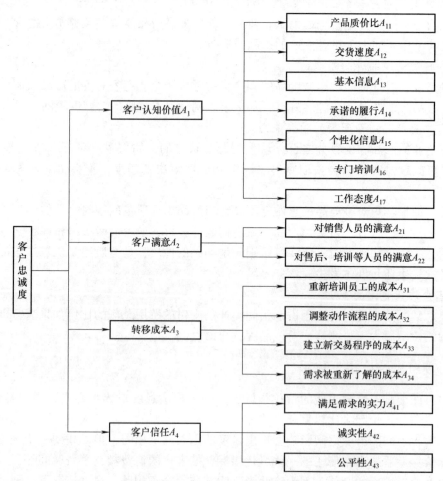

图8-4　客户忠诚度评价指标体系

3. 客户忠诚度指标体系权重

指标体系权重的确定是评价指标体系设计中非常关键的一个步骤，对能否客观真实地反映客户忠诚度起着至关重要的作用。本书指标体系权重的确定方法采用客观调查与层次分析法相结合的方法。问卷调查涉及三级指标的 17 个项目，问卷采用通行的李克特五级分值回答。根据问卷调查结果分别建立各层判断矩阵，计算判别矩阵的特征值和特征向量，求出各指标的权重系数并进行一致性检验；检验通过后，计算出各三级指标的综合权重系数，具体方法是用各三级指标权重系数乘以其对应的二级指标权重系数。

4. 客户忠诚度计算

客户忠诚度是各指标评价值与其对应综合权重系数加权平均的结果。计算公式为

$$CLI = \sum w_i x_i$$

式中，CLI 是客户忠诚度；w_i 是第 i 个指标的权重系数；x_i 是客户对第 i 个测试指标的评价值。

8.3 客户满意与客户忠诚的关系

8.3.1 客户满意与客户忠诚关系的静态分析

从理论上讲，客户满意与不满意心理形成的根源在于客户对产品或服务的感知，即产品或服务的质量决定了客户是否满意。客户满意则部分决定客户忠诚，如果客户感知不及客户期望，客户就会不满意；如果客户感知等于客户期望，客户就会满意；如果客户感知超过客户期望，客户就会超级满意。假设客户期望的产品或服务质量为 q，实际的客户感知质量为 Q，则客户感知与客户满意和客户忠诚之间的关系如表 8-1 所示。

表 8-1　客户感知与客户满意和客户忠诚之间的关系

分　类	描　述	满意度	忠诚度
$Q \gg q$	优质产品和服务质量	客户非常愉悦	不确定
$Q > q$	优良产品和服务质量	客户很满意	不确定
$Q = q$	可接受的产品和服务质量	客户基本满意	不确定
$Q < q$	难以接受的产品和服务质量	客户不满意	不确定

从表中可以看到，$Q \gg q$，$Q > q$，$Q = q$，都可以导致客户满意。但究竟哪一种心理状态能影响客户忠诚，从表中无法做出结论性判断。客户满意不一定客户忠诚，忠诚的客户也不一定满意。

8.3.2 客户满意与客户忠诚关系的动态分析

究竟客户满意能否导致忠诚，客户不满意是否一定导致不忠诚呢？对于这些问题，可以通过分析客户满意与客户忠诚的动态互动关系来回答。

琼斯和萨瑟（Jones 和 Sasser）在 1995 年研究了竞争状况是如何影响客户满意与客户

忠诚之间的关系的，并创建了基于不同市场竞争状况的客户满意与客户忠诚关系矩阵。

如图 8-5 所示，曲线Ⅰ所在的虚线右下方区域代表着高度竞争区；曲线Ⅱ所在的虚线左上方区域代表着低度竞争区。曲线Ⅰ和曲线Ⅱ分别表示在高度竞争的行业和低度竞争的行业中客户满意度与客户忠诚度之间可能的关系。

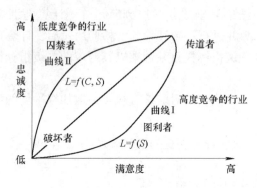

图 8-5 客户满意度与客户忠诚度之间的关系

在图 8-5 中，L 表示客户忠诚度，S 表示客户满意度，C 表示影响竞争状况的因素。其中，影响竞争状况的因素是指企业无法控制的影响客户感知服务质量和客户忠诚的那些因素，主要包括一些法律与技术上的约束因素。在低度竞争区，影响竞争状况的约束因素较多；在高度竞争区，影响竞争状况的约束因素较少。

因此，在高度竞争的行业中，曲线Ⅰ为 $L=f(S)$，即客户忠诚是客户满意的函数，客户满意影响客户忠诚。

在图 8-5 中，当客户处于一般程度的满意状况时，曲线Ⅰ的中间部分客户未必保持忠诚，不一定会进行重复购买，也没有向家人、朋友或他人推荐自己所购买产品或接受服务的愿望。这类客户充其量只是"图利者"，很容易被竞争对手的促销或者低价策略吸引走。只有当客户满意水平非常高时（曲线Ⅰ右端），客户忠诚现象才比较明显。他们不仅自己会重复购买企业的产品或服务，还会向其他人推荐该企业的产品或服务，成为企业的"义务推销员"。这种由高满意度产生高忠诚度的客户也可以形象地称为"传道者"。但需要注意的是，此时只要满意度稍微下降一点，客户忠诚度可能就会急剧下降。因此，企业要加强与这类客户的关系，不断采取措施挽留住这些"传道者"。因此，要培育客户忠诚，防止客户"叛逃"，企业必须尽力使客户完全满意。在低度竞争的情况下，影响竞争状况的约束因素较多，如专有技术性强、品牌转移成本高、替代品少、客户的选择空间有限，即使满意度不高或者不满意，他们往往也会出于无奈，继续使用特定的产品或服务，从而表现出一种行为忠诚。这种客户就是所谓的"囚禁者"，他们表现出的忠诚是一种"虚假忠诚"。最典型的例子是包括在全球范围内使用微软公司 Windows 操作系统及其他产品的客户。在曲线最左端的客户往往是客户中的"破坏者"，由于他们对企业的产品或服务不满意，忠诚度非常低，很可能会抓住机会表达自己的不满情绪，对企业的产品或服务做负面宣传，成为企业产品和形象的"破坏者"。因此，企业要努力减少和转化这类客户。

本章小结

客户忠诚是指客户对企业的产品或服务的依恋或喜爱的感情。它主要通过客户的情感忠诚、行为忠诚和意识忠诚表现出来，是一再重复购买，而不是偶尔重复购买同一企业的产品或服务的行为。客户忠诚可以节约企业开发客户的成本，降低交易成本和服务成本；客户忠诚可以使企业的销售收入增长，并且获得溢价收益；客户忠诚可以降低企业的经营风险并且提高经营效率；客户忠诚还可以使企业获得良好的口碑效应，从而壮大企业的客户队伍，使企业发展，实现良性循环。总之，客户忠诚是企业稳定收入的来源，是企业取得长期利润的保障。如果企业赢得了大批的忠诚客户，无疑就拥有了稳定的市场。

客户的行为忠诚比意识和情感忠诚更具有现实意义，不过，意识和情感不忠诚的客户难以做到持久的行为忠诚。所以，从长远来说，企业应当追求客户的行为忠诚、意识忠诚和情感忠诚的三合一。客户忠诚度的高低可以通过客户重复购买的次数、客户挑选产品时间的长短、客户对价格的敏感程度、客户是否愿意给企业和产品提建议或自觉宣传、客户对竞争品牌的态度、客户对产品质量的承受能力、客户购买费用的多少等指标进行衡量。

企业要实现客户忠诚，首先应当努力实现客户对产品或服务的满意。但是，满意的客户也并不一定忠诚，因为可能有其他更令他满意或者割舍不下的企业，也就是说，竞争对手可能比你做得更好，更令客户满意。

因此，除让客户满意之外，还要通过一些激励和约束机制，才能最终实现客户的忠诚，也就是奖励忠诚、限制流失的机制，如奖励忠诚的客户、提高客户的转移成本、增加客户对企业的信任与情感牵连、加强与客户的结构性联系、提高服务的独特性与不可替代性、加强企业的内部管理、建立客户组织等。

总而言之，忠诚客户使企业获得了丰厚的利润，保证了企业的可持续发展。可以说，忠诚客户的数量决定了企业的生存与发展；忠诚的质量，即忠诚度的高低，决定着企业竞争能力的强弱。

复习思考题

1. 什么是客户忠诚？
2. 客户满意与客户忠诚之间有什么关系？
3. 个性化服务对提高客户的满意度和忠诚度的作用是什么？
4. 在企业经营过程中影响客户忠诚的因素有哪些？
5. 企业如何加强客户忠诚度的管理？
6. 实现客户忠诚的有效策略有哪些？

案例分析

泰国东方饭店的客户忠诚度管理

泰国的东方饭店堪称亚洲饭店之最，几乎天天客满，不提前一个月预订是很难有入住机会的，而且客人大都来自西方发达国家。泰国在亚洲算不上特别发达的国家，但为什么会有如此诱人的饭店呢？该饭店靠的是非同寻常的客户服务，也就是现在经常提到的客户关系管理。

东方饭店的客户服务到底好到什么程度呢？我们不妨通过一个实例来看一下。

一位朋友因公务经常出差泰国,并下榻东方饭店,第一次入住时良好的饭店环境和服务就给他留下了深刻的印象。当他第二次入住时,几个细节更使他对饭店的好感迅速升级。

那天早上,当他走出房门准备去餐厅的时候,楼层服务生恭敬地问道:"于先生是要用早餐吗?"于先生很奇怪,反问:"你怎么知道我姓于?"服务生说:"我们饭店规定,晚上要背熟所有客人的姓名。"这令于先生大吃一惊,因为他频繁往返于世界各地,入住过无数高级酒店,但这种情况还是第一次碰到。

于先生高兴地乘电梯下到餐厅所在的楼层,刚刚走出电梯门,餐厅的服务生就说:"于先生,里面请。"于先生更加疑惑,因为服务生并没有看到他的房卡,就问:"你知道我姓于?"服务生答:"上面刚刚打电话过来,说您已经下楼了。"如此高的效率让于先生再次大吃一惊。

于先生刚走进餐厅,服务小姐微笑着问:"于先生还要老位子吗?"于先生的惊讶再次升级,心想:"尽管我不是第一次在这里吃饭,但最近的一次也是一年多以前了,难道这里的服务小姐记忆力那么好?"看到于先生惊讶的目光,服务小姐主动解释说:"我刚刚查过电脑记录,您在去年的6月8日在靠近第二个窗口的位子上用过早餐。"于先生听后兴奋地说:"老位子!老位子!"小姐接着问:"老菜单?一个三明治,一杯咖啡,一个鸡蛋?"现在于先生已经不再惊讶了,"老菜单,就要老菜单!"于先生已经兴奋到了极点。

上餐时,餐厅赠送了于先生一碟小菜。由于这种小菜于先生是第一次看到,就问:"这是什么?"服务生后退两步说:"这是我们特有的××小菜。"服务生为什么要先后退两步呢?他是怕自己说话时口水不小心落在客人的食品上。这种细致的服务不要说在一般的酒店,就是在其他地方最好的饭店里,于先生都没有见过。这一次早餐给于先生留下了终生难忘的印象。

后来,由于业务调整的原因,于先生有三年的时间没有再到泰国去。在于先生生日的时候,突然收到了一封东方饭店发来的生日贺卡,里面还附了一封短信,内容是:"亲爱的于先生,您已经有三年没有来过我们这里了,我们全体人员都非常想念您,希望能再次见到您。今天是您的生日,祝您生日愉快!"于先生当时激动得热泪盈眶,发誓如果再去泰国,绝对不会到任何其他的饭店,一定要住在东方饭店,而且要说服所有的朋友也像他一样选择东方饭店。于先生看了一下信封,上面贴着一枚六元的邮票。六元钱就这样买到了一颗心,这就是客户关系管理的魔力。

东方饭店非常重视培养忠实的客户,并且建立了一套完善的客户关系管理体系,使客户入住后可以得到无微不至的人性化服务。迄今为止,世界各国约20万人曾经入住过那里。用他们的话说,只要每年有1/10的老顾客光顾饭店就会永远客满。这就是东方饭店成功的秘诀。

现在客户关系管理的观念已经被企业普遍接受,而且相当一部分企业已经建立起了自己的客户关系管理系统,但真正能做到东方饭店这样的并不多见。关键是很多企业还只是处于初始阶段,仅仅是用了一套软件系统,而并没有从内心深处思考如何去贯彻执行,所以大都浮于表面,难见实效。客户关系管理并不只是一套软件系统,而是以全员服务意识为核心贯穿于所有经营环节的一整套全面完善的服务理念和服务体系,是一种企业文化。在这方面,泰国东方饭店的做法值得很多企业去认真地学习和借鉴。

(资料来源:赵溪.客户服务导论与呼叫中心实务 [M].北京:清华大学出版社,2009.)

案例讨论题:

1. 泰国东方饭店在实现客户忠诚度方面有哪些好的做法?
2. 总结泰国东方饭店实现客户忠诚采取了哪些营销策略。

第 9 章 客户生命周期管理

本章学习重点

1. 掌握客户生命周期的概念
2. 了解客户生命周期各阶段的特征
3. 掌握客户生命周期各阶段客户的特点
4. 掌握客户生命周期的模式分类
5. 了解客户维系的策略

案例导入

中国工商银行的客户生命周期管理

中国工商银行是我国金融业中客户资源极为丰富的一家国有银行,庞大的客户群让中国工商银行在客户数量上具有一定的优势。根据客户关系生命周期不同阶段的特点,中国工商银行在实施客户关系管理时主要有以下几方面的措施:

(1) 保留老客户。保留老客户,并努力促进中国工商银行已有的客户向成为银行客户关系生命周期成熟期的客户过渡。尽管中国工商银行的客户量较大,但整体贡献度不大。中国工商银行通过数据仓库的建设,积累了大量的客户信息,通过它可以了解客户的需求,对客户的行为进行预测,开展一对一营销,并通过交叉销售(如向个人住房贷款的客户推荐住房装修贷款)、追加销售(如使牡丹卡的客户升级为贷记卡或理财金账户的客户)等方式,与客户建立"学习型"关系,获取"客户份额",提高客户满意度,增加客户的终身价值。

(2) 让更多的优质客户成为保证银行利润的稳定来源。保留忠诚和创利客户,尤其是大客户,才能保证银行利润的稳定来源。中国工商银行大力开展关系营销,对现有客户进行成本/利润分析,找出"金牌"客户,并对市场进行细分,提供令客户满意的服务,建立"合作伙伴"的关系,提高老客户的满意度和忠诚度,为中国工商银行保留更多的优质客户。

(3) 获取更多的有价值客户。在客户关系管理系统的基础上,通过数据库营销、渠道营销等方式,对客户的需求进行分析,找出客户需求的共同点;在此基础上,创新中国工商银行的产品和服务,及时把握市场机会,从而吸引客户、获取客户;同时,通过分析找出现有客户的关联客户,有针对性地进行一对一营销,从而获取新的客户。

> **案例分析：**
> 现代市场营销理论提出企业应该建立运营型、分析型和应用型客户关系管理系统，通过采用一对一的营销方式，实现以"客户份额"为中心；通过与每个客户的互动对话，与客户逐一建立持久、长远的"学习型"关系，为客户提供定制化的产品，从而使客户满意。"客户份额"即企业在一个客户的同类消费中所占份额的大小。它是在客户细分、客户生命周期计算的基础上，通过客户终身价值来体现的，关注的是那些能为企业带有最大价值的客户，即最有价值的客户。
> （资料来源：周洁如. 客户关系管理经典案例及精解［M］. 上海：上海交通大学出版社，2011.）

9.1 客户生命周期理论

客户生命周期的概念其实是产品生命周期概念在客户关系管理中的移植，是指从一个客户开始对企业进行了解或企业欲对某一客户进行开发开始，直到客户与企业的业务关系完全终止且与之相关的事宜完全处理完毕的这段时间。简单来说，它是指从企业与客户建立业务关系到完全终止关系的全过程。客户生命周期是客户关系水平随时间变化的发展轨迹，它动态地描述了客户关系在不同阶段的总体特征。

9.1.1 研究客户生命周期理论的意义

在经济全球化和服务一体化的环境中，人们越来越清楚地认识到客户关系已成为企业最宝贵的资源之一，对其价值进行充分挖掘是企业获得持续竞争优势的关键。但目前对客户关系的研究存在一个严重缺陷：只是静态研究客户关系，没有考虑客户关系对时间的依赖性，不能反映客户关系发展的动态特征。而客户生命周期理论的提出，对客户生命周期的研究有助于克服客户关系研究的这个缺陷，从而完善客户关系管理。

在企业管理实践中，企业常常会思考，客户关系发展中是否呈现生命周期的现象？企业投入维系客户关系的资源与真正的客户反应之间有没有密切的关联？当企业相信这种投资可以达到自己的目标时，企业就会与消费者、客户及供应商确立和维持特定的关系。人们往往会用生命周期的概念来描述这样的关系。

对客户生命周期进行深入研究，可以使企业清晰地洞察客户关系发展的动态特征：不同阶段驱动客户关系发展的因素不同，同一因素在不同阶段的内涵也不同；客户关系的发展是分阶段的，处于不同阶段的客户其行为特征和为企业带来的价值不同。同时，通过对客户生命周期的研究和分析，企业还可以了解在不同阶段中客户价值的大小以及如何获取这些价值；了解对高价值客户可以通过哪些手段、方法、措施来延长这种关系周期，以获取价值的最大化；了解如何将潜在客户分解为不同时期的群体，在不同的阶段和时期内发展客户关系，保持客户数量的稳定性，从而维持高价值客户的数量。

9.1.2 客户生命周期理论的基本观点

德怀尔、舒尔和吴（Dwyer、Schurr 和 Oh，1987）指出，买卖双方的关系存在着生命周期的特点，生命周期的理论可以运用到客户关系的研究中，因此，提出客户关系生命周期的概念，简称客户生命周期。在生命周期框架下运用客户生命周期理论研究客户关系问题，能够清晰洞察客户关系的动态特征：客户关系的发展是分阶段的，不同阶段客户的行为特征和为企业创造的利润不同；不同阶段驱动客户关系发展的因素不同，同一因素在不同阶段其内涵不同等。

克罗斯比和斯蒂芬斯（Crosby 和 Stephens，1987）强调了关系动态特征的重要性，认为买卖关系是不断更新的，买方的满意始终受其对市场上产品竞争程度主观判断的影响，仅凭良好的业务关系不足以保持客户。

德怀尔、舒尔和吴（1987）进一步提出了买卖关系发展的五阶段模型，第一次明确强调渠道关系的发展是一个具有明显阶段特征的过程。他们认为，买卖关系的发展一般要经历认知、考察、扩展、承诺和解体五个阶段。在这五个阶段中，认知阶段是通过接触与广告得到加强；考察阶段是以买方搜索卖方和尝试性购买为特征；扩展阶段是买卖双方的相互依赖日益加强；承诺阶段是双方高度满意，并相互保证持续现有的关系；解体阶段是至少一方退出关系。

Jap 和加尼森（Jap 和 Ganesan，2000）参考德怀尔等的五阶段模型，将供应商和零售商之间关系的发展划分为考察、形成、成熟、退化和恶化五个阶段，简称 Jap–Ganesan 模型。

董金祥（2002）将客户关系生命周期划分为潜在客户期、开发期、成长期、成熟期、衰退期、重新进入成熟期、终止期七个阶段。

在德怀尔模型和 Jap–Ganesan 模型的基础上，陈明亮（2002）提出了四阶段模型，将客户关系划分为考察期、形成期、稳定期和退化期四个阶段。这四个阶段类似于 Jap–Ganesan 模型中的考察、形成、成熟和退化四阶段，而去除了德怀尔模型中的认知阶段和解体阶段。

9.1.3 客户生命周期的阶段划分

客户与企业的关系与产品生命周期和企业生命周期一样，也有一个从建立到消亡的变化过程。在各个阶段，客户的市场特征不同，企业需制定出的个性化营销策略也应不同。客户生命周期是指从企业与客户建立业务关系到完全终止关系的全过程。客户生命周期的划分是客户关系生命周期研究的基础。作为企业的重要资源，客户具有价值和生命周期。客户生命周期可分为考察期、形成期、稳定期和退化期四个阶段。考察期是客户关系的孕育期；形成期是客户关系的快速发展阶段；稳定期是客户关系的成熟期和理想阶段；退化期是客户关系水平发生逆转的阶段，如图 9-1 所示。

一般而言，考察期的客户群往往关注产品品牌的丰富性，产品与服务质量，企业对产品、服务或价格的价值观认识的一致性，以及提供产品以外的免费服务等非物质利益；形成期的客户群一般重视产品品牌的丰富性，产品与服务质量，以及提供产品以外的免费服务等；稳定期的客户群对产品品牌的丰富性、间接的互动和沟通接触等方面十分关注；退化期是客户关系水平逆转的阶段，客户可能开始关注其他企业的品牌或产品。

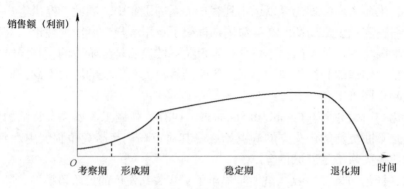

图 9-1　客户生命周期的阶段划分

1. 客户生命周期各阶段的特征

（1）考察期。考察期是关系的探索和试验阶段。在这一阶段，双方考察和测试目标的相容性、对方的诚意、对方的绩效，考虑如果建立长期关系双方潜在的职责、权利和义务。双方相互了解不足、不确定性大是考察期的基本特征，评估对方的潜在价值和降低不确定性是这一阶段的中心目标。在这一阶段，客户会下一些尝试性的订单，企业与客户开始交流并建立联系。因客户要对企业的业务进行了解，企业要对其进行相应的解答，某一特定区域内的所有客户均是潜在客户，企业要对所有客户进行调研，以便确定可开发的目标客户。此时企业有客户关系投入成本，但客户尚未对企业做出大的贡献。

（2）形成期。形成期是关系的快速发展阶段。双方关系能进入这一阶段，表明在考察期双方相互满意，并建立了一定的相互信任和交互依赖关系。在这一阶段，双方从关系中获得的回报日趋增多，交互依赖的范围和深度也日益增加，逐渐认识到对方有能力提供令自己满意的价值（或利益）和履行其在关系中担负的职责，因此愿意承诺一种长期关系。在这一阶段，随着双方了解和信任的不断加深，关系日趋成熟，双方的风险承受意愿增加，由此双方交易不断增加。当企业对目标客户开发成功后，客户已经与企业发生业务往来，且业务在逐步扩大，此时已进入客户成长期。成长期企业的投入与开发期相比要小得多，主要是发展投入，目的是进一步融洽与客户的关系，提高客户的满意度和忠诚度，进一步扩大交易量。此时客户已经开始为企业做贡献，企业从客户交易中获得的收入已经大于投入，开始盈利。

（3）稳定期。稳定期是关系发展的最高阶段。在这一阶段，双方或含蓄或明确地对持续长期关系做了保证。这一阶段有如下明显特征：

1）双方对对方提供的价值高度满意。

2）为能长期维持稳定的关系，双方都做了大量有形和无形投入。

3）大量的交易。

因此，在这一时期双方的交互依赖水平达到整个关系发展过程中的最高点，双方关系处于一种相对稳定状态。此时企业的投入较少，客户为企业做出较大的贡献，企业与客户的交易量处于较高的盈利时期。

（4）退化期。退化期是关系发展过程中关系水平逆转的阶段。关系的退化并不总是发生在稳定期后的第四阶段，实际上，在任何一阶段关系都可能退化。引起关系退化的可能原因很多，如一方或双方经历了一些不满意、需求发生变化等。

退化期的主要特征有：交易量下降；一方或双方正在考虑结束关系甚至物色候选关系伙伴（供应商或客户）；开始交流结束关系的意图等。当客户与企业的业务交易量逐渐下降或急剧下降，而客户自身的总业务量并未下降时，说明客户生命周期已进入退化期。

此时，企业有两种选择：一种做法是加大对客户的投入，重新恢复与客户的关系，进行客户关系的二次开发；另一种做法便是不再做过多的投入，渐渐放弃这些客户。企业的两种不同做法自然就会有不同的投入产出效益。当企业的客户不再与企业发生业务关系，且企业与客户之间的债权债务关系已经理清时，意味着客户生命周期的完全终止。此时企业有少许成本支出而无收益。

2. 企业在客户生命周期各阶段的管理

在客户生命周期的不同阶段，客户对企业收益的贡献是不同的，企业管理的重点自然也不同。

在考察期，企业只能获得基本的利益，客户对企业的贡献不大。客户在此阶段重视产品品牌的丰富，重视产品与服务质量，比较看重对方对产品、服务或价格的价值观认知的一致性。对于企业来说，要为客户提供产品以外的免费服务等非物质利益。

在形成期，客户开始为企业做贡献，企业从客户交易获得的收入大于投入，开始盈利。在此阶段，客户在行为和心理方面明显高于考察期的信任程度，客户与企业的关系开始达到平稳状态，愿意进行常识性购买。企业应重视与客户的间接互动与沟通接触机会。

在稳定期，客户愿意支付较高的价格，带给企业的利润较大，而且由于客户忠诚度的增加，企业将获得良好的间接收益。在此阶段，双方关系建立得最长久，心理与行为都表现出很好的客户忠诚，关系强度最高。客户对产品和企业形成了高度的信任，比较重视人员服务。企业应重视与客户的间接接触和沟通，为客户提供产品以外的免费服务等非物质利益。

在退化期，客户对企业提供的价值不满意，交易量回落，客户利润快速下降。有些客户有尝试做出改变的心理，消费行为可能有妥协的倾向，有转换供应商的打算。

根据客户生命周期理论，客户关系水平随着时间的推移，从考察期到形成期和稳定期直至退化期依次增高，稳定期是理想阶段，而且客户关系的发展具有不可跳跃性。同时，客户利润随着生命周期的发展不断提高，考察期最小，形成期次之，稳定期最大。客户成熟期的长度可以充分反映一个企业的盈利能力。因此，面对激烈的市场竞争，企业借助建立客户联盟，针对客户生命周期不同阶段的不同特点，提供相应的个性化服务，进行不同的战略投入，使企业获得更多的客户价值，从而增强企业的竞争力。

9.1.4 客户生命周期的模式类型

根据在整个客户生命周期内交易额和利润随生命周期阶段的变化规律，可以绘制出客户生命周期曲线。一般来说，理想的客户生命周期应包括完整的四个阶段，稳定期持续较长时间,考察期和形成期相对较短。这样的客户关系发展轨迹将带给企业丰厚的利润。但是,在激烈的市场竞争中,并不是所有企业的客户关系都能够按照企业期望的这种模式发展,有的可能从考察期就直接进入退化期等,即客户生命周期模式存在多种类型,不同的类型带给企业不同的利润,代表着不同的客户关系质量。

客户关系的退出可能发生在考察期、形成期和稳定期三个阶段的任一时点,根据客户关系退出所处的阶段不同,可将客户生命周期模式划分成四种类型(由于在稳定期前期退出和后期退出的生命周期模式有显著差异,故将从稳定期退出的模式分成两种)。图9-2给出了四种客户生命周期模式。模式Ⅰ、Ⅱ、Ⅲ、Ⅳ分别表示客户关系在考察期、形成期、稳定期前期、稳定期后期四个阶段退出。下面分析四种客户生命周期模式的成因。

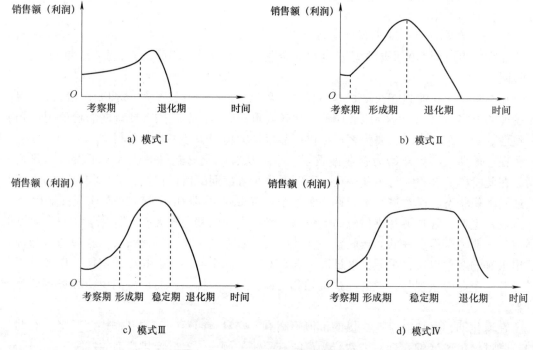

图 9-2 客户生命周期的模式类型

1. 模式Ⅰ(早期流产型)

这种模式类型客户关系没能越过考察期就进入了退化期。造成早期客户关系退化的原因可能有两种:一是企业提供的价值达不到客户的预期,客户认为企业没有能力提供令其满意的价值。也许客户只是对有限次购买中的一次购买不满意,但这时客户对企业的基本信任尚未建立起来,也没有转移成本,客户关系非常脆弱,一旦感到不满意,很可能直接退出关系。二是企业认为客户没有多大的价值,不愿与其建立长期关系。模式Ⅰ代表的是一种非常多见的客户关系形态,因为在巨大的企业与客户之间的多元关系网络中,经过双向价值评估和选择,能够进入二元关系的毕竟只是少数。

2. 模式Ⅱ（中途夭折型）

这种模式类型客户关系越过了考察期，但没能进入标志着关系成熟的稳定期，而在形成期中途夭折。客户关系能进入形成期，表明双方对此前关系的价值是满意的，曾经建立了一定的相互信任。客户关系中途夭折最可能的原因是企业不能满足客户不断提升的价值预期。对生命周期不同阶段的研究表明，客户对价值的预期是不断提升的，企业提供的价值必须不断满足客户的预期，并达到或超过最好可替代企业的水平，客户关系才可能进入稳定期。客户关系中途夭折，说明企业虽然在前期能提供比较好的公共价值，如较高的产品质量、适中的价格、较及时的交货、较好的售后服务和技术支持等，但由于不了解客户的真正需求或受自身核心竞争能力的限制，无法给客户提供个性化增值。个性化增值是客户关系发展到一定程度时客户的必然要求，一个企业如果不能满足客户的这种要求，将始终无法成为客户心目中最好的企业，从而客户会积极寻找更合适的企业，一旦发现更好的可替代企业，客户便从现有关系中退出，转向新的企业。

3. 模式Ⅲ（提前退出型）

这种模式类型客户关系进入了稳定期但没能持久保持而在稳定期前期退出。造成客户关系没能持久保持的可能原因主要有两个：第一，企业持续增值创新能力不够。客户关系要长久保持在高水平的稳定期，企业必须始终提供比竞争对手（最好是可替代企业）更高的客户价值。个性化增值是提高客户价值的有效途径，它建立在与客户充分沟通、对客户需求深刻理解和客户自身高度参与的基础上，具有高度的不可模仿性。增值创新能力实际就是企业个性化增值的能力。企业由于受自身核心竞争能力的限制，或者不能及时捕捉客户需求的变化，或者没有能力持续满足客户不断变化的个性化需求，从而引起客户不满，失去客户信任，导致客户关系退化并最终退出。第二，客户认为双方从关系中获得的收益不对等。当客户关系发展到很高水平时，客户对价值的评价不再局限于自身从关系中获得的价值，同时也会对企业从关系中获得的价值做出评价。如果发现自身从中获得的价值明显低于企业从中获得的价值，客户将认为双方的关系是不公平的，对等双赢才是关系可持续发展的一个基础。因此，一旦客户认识到关系的不公平性，客户关系就会动摇，久而久之，关系就可能破裂。

4. 模式Ⅳ（长久保持型）

这种模式类型客户关系进入稳定期并在稳定期长久保持。客户关系能长久保持在稳定期，可能的原因有三个：第一，企业提供的客户价值始终比竞争对手更高，客户一直认为现企业是他们最有价值的企业。第二，双方关系是对等双赢的，客户认为关系是公平的。第三，客户有很高的经济和心理转移成本。转移成本是一种累积成本，当客户关系发展到高水平的稳定期时，客户面临着种种很高的转移成本，如专有投资、风险成本、学习和被学习成本等。因此，即使企业提供的价值一时达不到客户的预期，客户也不会轻易退出。此时，转移成本成为阻止客户退出关系的关键因素。当客户关系出现问题时，转移成本的这种作用为企业提供了良好的客户关系修复机会。模式Ⅳ是企业期望实现的一种理想客户生命周期模式，这种客户关系能给企业带来更多的利润。需要说明的是，实际中客户关系的发展一般不会完全一帆风顺，常常有一些波折，但只要企业能有效调整客户关系管理策略，客户关系仍会回到正常的发展轨道。

客户是企业最重要的资产，谁拥有了高质量的客户，谁就掌握了主动。所以，客户群的质量决定了企业的竞争能力，而客户群的生命周期结构（全体客户生命周期模式类型的构成）决定了客户群的质量。一个企业的客户群中，如果大部分有价值客户的生命周期模式属于"长久保持型"，那么该企业在市场竞争中必然处于优势地位；反之则未必。客户生命周期模式的分类为企业诊断客户群的质量提供了一个很好的分析工具，根据诊断的结果，企业可以更有针对性地制定客户关系管理的战略目标和实施方案。

9.2 客户生命周期各阶段的客户特点及客户价值分析

9.2.1 客户生命周期各阶段的客户特点

从客户成为企业的潜在客户开始，客户的生命周期就开始了，客户服务的目的就是让这个生命周期不断延续下去，使这个客户成为忠诚客户。对客户生命周期的划分，可进一步分析客户生命周期阶段的特点。客户生命周期是指客户与企业业务持续的时间周期，先后经历潜在客户、新客户、忠诚客户和新业务的新客户四个发展阶段。

1. 潜在客户阶段

潜在客户是指虽然没有购买过企业产品，但有可能在将来与企业进行交易的客户。当客户对企业产品产生兴趣，并通过某种渠道与企业接触时，就成为企业的潜在客户。他们的特征就是询问。与此同时，客户生命周期就开始了。

在这个阶段，客户由于需求产生了需求意识。当客户对某种产品或服务的需求意识产生之后，就会对有关这种产品或服务的各种信息感兴趣，会通过媒体广告、商品展示、他人推介、本人经历等多种途径去收集信息，为自己的购买决策提供依据。然后，客户将收集到的各种信息进行处理，包括对不同企业生产或提供的同类产品或服务进行相互对比、分析和评估。在这个阶段，重要的是帮助潜在客户建立对企业及其产品的信心。潜在客户对企业及其产品的认同度，是其能否与企业创建交易关系的关键。因此，向潜在客户详细介绍产品特性、耐心解答他们提出的各种问题、使他们树立交易信心是企业在此阶段的主要任务。客户对业务或产品的信任程度或认可程度决定了其上升为新客户的可能性，但其也可能就此丧失信心，从而使企业失去这个客户。对客户进入下一阶段的影响因素总结如下：

(1) 外界评价。对该企业业务评价的高低将会影响客户对企业业务的信心和兴趣。

(2) 客户的层次。客户所属的层次越高，对企业业务了解得越多，就越能明确自己的行为，受外界影响的程度就越小，更易在询问之后确定使用。

(3) 客户所属的行业。客户的行业与企业业务有联系，就有助于客户了解他所需选择的业务，有助于客户做出结论。

2. 新客户阶段

当客户经过需求意识阶段、信息收集阶段、评估选择阶段后，对企业业务有所了解，或者在别人的推荐和介绍之下将某种产品和服务的期望同属于自己的价值观念密切联系在一起，决定使用或者购买某一企业的某种产品或服务时，他就由潜在客户上升为新客户，开始为企业创造收入。

与此同时，企业可以开始收集和记录与新客户有关的各种信息，以便与他们保持联系，或在今后分析他们的商业价值。新客户与企业的关系仍然处于整个客户生命周期的初级阶段。虽然新客户已经对企业有了初步的认同，并接受了企业的产品，但是企业还必须继续培养客户对企业及其产品的信任感和忠诚感，以促使客户继续使用该企业更多产品。

对新客户的联系、呵护和关心，是让新用户再次与企业交易的基础。此时客户的购买经历、使用体验以及客户对这次购买的价值评判产生了客户对质量的实际感受和认知（即客户对质量的感知）；对所支付的费用和所达到的实际收益的体验（即客户对价值的感知）将影响客户进入下一个阶段。客户在与企业交易过程中的质量感知及价值感知，将会影响他们今后能否继续与企业进行重复交易。对新客户的影响因素总结如下：

（1）客户对产品质量的感知。客户对产品质量的感知包括对产品功能的感知和对产品形式的感知。如果这两方面都满足客户对产品功能和形式的需求，客户就会继续使用这种产品或服务，实现客户升级；如果无法满足，客户就可能转向其他企业。

（2）客户对产品服务质量的感知。客户对产品服务质量的感知是指客户在产品购买和使用过程中对外延需求方面满足程度的感受和认知。它通常由服务满足个人需求的程度、服务的可靠性和对服务质量的总体评价三方面组成。如果企业对客户的服务效果很好，就会满足客户的情感需求，就可能延长客户的使用周期；反之，则相反。

（3）客户对价值的感知。客户对价值的感知是指客户在购买和消费产品或服务过程中，对所支付的费用和所达到的实际收益的体验。客户感知的价值核心是价格，但不仅仅是价格。从广义角度考虑，客户对价值的感知体现在三个方面：客户对总成本的感知、质量与价格之比的感知以及价格与质量之比的感知。客户对价值的感知会使客户考虑这次购买是否值得，如果值得，会产生下次购买；反之，则相反。客户对价值的感知取决于客户的价值取向，而处于不同需求层面的客户自身的价值观念又影响着客户的价值取向。

（4）企业竞争者的资费信息。如果企业的竞争者提出更适合客户的资费信息，就可能使客户在使用本企业产品之后很短的时间就转向新的企业。

（5）客户需求的情况。如果客户的需求在此期间上升，现有的企业业务无法满足其需求，客户就可能转向新的企业。

3. 忠诚客户阶段

如果有良好的交易体验以及对企业产品的持续认同，新客户就会反复地与企业进行交易，成为企业的忠诚客户，他们与企业的关系也随之进入成熟阶段。这时候，客户的满意度、忠诚度和信用度是企业关心的焦点。这意味着能否将此客户发展成为忠实客户，争取更多的客户钱包份额，同时能否让他在有或者还没有使用本企业新业务的需求之下，对新的业务感兴趣，通过交叉销售扩展客户的盈利性。因此，保持与忠诚客户原有的业务关系、努力与他们建立新的业务关系、将他们培养成为新业务的客户、扩展他们的盈利性，是企业在这一阶段的工作重点。影响老客户的因素总结如下：

（1）企业的服务情况。企业持续、良好的客户服务有助于保持老客户。因为这个时期最重要的是情感上的满足，客户服务的具体和详尽程度将决定客户日后的选择。

（2）客户新的业务需求。如果客户有新的业务需求，并且该企业可以提供这项需求，则客户极有可能仍然选择现有的企业，进而实现客户的升级。

（3）企业竞争者的信息。如果竞争者提供更为质优价廉的服务和业务，那么客户存在着转移的风险。

4. 新业务的新客户阶段

这里所说的新业务的新客户，是由原来的老客户发展而来的，即原有的老客户由于建立起对该企业业务的信任感，进而使用了该企业的新业务，这时他的使用是建立在一种相互信任基础上的，不同于一个纯粹的新客户对新业务的接受程度。影响新业务的新客户的因素总结如下：

（1）老业务的运行情况。这一阶段企业应加强老业务的质量，保证客户的满意度，使生命周期的运行不会中断。

（2）新业务的发展情况。新业务的发展好坏影响着客户对企业的信心，也会影响客户继续使用的决心。

（3）客户的满意程度。在这个阶段，客户是在进行一项尝试，如果客户对此不满意，就可能终止客户生命周期。

（4）企业的发展状况。在这个时期，客户一般都愿意与企业建立长期的合作关系；但如果企业的发展状况达不到客户的预期和期望，客户就可能转向他认为更有前途的运营商。

当客户进入这一阶段时，客户生命周期就进入了循环阶段，客户的潜力也被发挥得淋漓尽致，延长了客户的试用期，从而保持了客户，节约了成本。当然，这种生命周期的划分可能会有交叉的部分，企业客户服务的目的就是使客户在接受企业服务的那一天，或是在有这种需求的开始，就能持续不断地沿着这种生命周期发展，从而节约成本，创造更多的利润。

总之，在整个客户生命周期中，各个环节的各个因素互相作用和影响，对客户产生综合的作用。无论是内部还是外部的信息，都会对客户是否持续他的生命周期有影响。客户是从整体的效果和发展状况来考虑持续的必要性和盈利性的，只有在客户认为这是一个双赢的状态和服务满足需求的情况下，客户生命周期才可以延续下去，使得企业降低成本、获得利润。面对激烈的市场竞争，企业必须了解和掌握客户生命周期不同阶段客户的消费行为和特点，从而制定出适合不同阶段的个性化服务，提高客户的忠诚度和满意度，为企业带来丰厚的利润和利润的上升空间。

9.2.2 客户价值分析

1. 潜在客户的价值分析

潜在客户虽然还没有与企业建立交易关系，但仍然可能是企业值得特别关注的对象，尤其对汽车销售商、房地产企业这些以高价值、耐用消费品为主要产品的企业更是如此，因为购买这些产品的每个客户都可以为企业创造可观的利润。而且对这些企业来说，一旦失去与潜在客户交易的机会，哪怕仅仅是一次交易机会，都很难重新与他们建立交易关系。因此，在耐用高档消费品行业中，每个潜在客户都是非常有价值的客户。

此时，对潜在客户的价值判断不同于后面介绍的方法，因为潜在客户还没有与企业发生过交易，企业也就无从记录和跟踪他们的交易行为数据。但没有交易行为数据，并不等于企业就不能对潜在客户的价值做出合理的判断。企业仍然可以通过交易以外的其他途径收集反映潜在客户基本属性的数据（如年龄、性别、收入、受教育程度、婚姻状况等），然后利用这些基本属性数据对客户进行细分，分析他们的潜在价值。

2. 新客户的价值分析

不难理解，客户信息的收集需要一个动态的过程。企业很难在第一次交易时就能收集到完整的客户信息，通常需要在反复的交易过程中才能逐渐对客户信息进行完善。即使企业从第一次与客户接触时就特别注意收集和整理客户信息，对新客户少数的几次交易行为进行了实时记录，但从这些少量的记录中仍然难以分析出新客户交易行为的规律性。因此，相对于忠诚客户来说，企业很难对新客户的价值做出有根据和有效的判断。此时，企业应该注意收集和积累新客户的每次交易数据，并跟踪和完善新客户的其他信息，以便为今后的客户价值评价工作做好准备。

3. 忠诚客户的价值分析

与新客户相比，忠诚客户为企业创造了更多的收入，对企业的生存和发展具有重要的意义。忠诚客户的价值主要体现在三个方面：通过重复交易，为企业创造累计的收入；企业更容易以低成本保持与他们的关系；为企业带来新的客户。

（1）企业通常是通过分析已经发生的交易数据，来确定忠诚客户价值的评价指标的。常用的数据包括：最近交易情况，即客户最近一次与企业进行交易的时间、地点和类型；交易频率，即在某一时期内，客户与企业进行交易的次数；交易总额，即在某一时期内，客户的累计交易金额。

（2）企业还可以使用对交易总额排序的方法来判断忠诚客户的价值。首先，将客户的交易总额从高到低进行排列；然后，找出为企业带来绝大部分收入的那部分客户。使用这种方法，企业通常能容易地发现"帕累托定律"，即不同的客户对企业销售量和销售收入的贡献是不一样的，企业80%的收入来自近20%的客户。如果企业能够识别出这20%的客户，就应该努力让他们乐意扩展与自己的业务，或者在同一业务上追加更多的交易量，或者与企业开展新的业务。

（3）企业还可以从"帕累托定律"中获得更多的启示。既然每位客户对企业的贡献是不同的，少量客户为企业创造了绝大多数的收入，那么企业就不应该将营销努力平摊在每一位客户身上，而应该将更多的精力放在数量虽少但贡献重大的优质客户身上。另一方面，既然这些少量的客户为企业创造了大量的收入，就表明这部分客户比其他客户更愿意与企业保持关系，因此，将有限的营销和服务资源充分应用在这些客户身上就更有针对性，更容易取得事半功倍的效果。

（4）忠诚客户与企业发生了多次交易，为企业创造了累计的收入。但为企业创造高收入的客户未必就一定是真正有价值的客户,因为企业最终追求的是利润,而利润是需要从收入中剔除为赢得利润所付出的成本的。的确,有的客户能够为企业创造更高的收入,但如果企业为了维持与这些客户的关系,必须付出比其他客户高得多的成本,那么企业就需要从客户为企业创造利润的角度去分析这些客户的价值了。因此,企业应该从客户为企业创造利润而不是收入的能力的角度去分析客户的价值。所以,在应用"帕累托定律"时,最好使用累计利润而不是累计交易金额作为评价客户价值的指标。

(5) 忠诚客户的价值应该反映他们在一定时期内通过交易互动为企业创造累计利润的能力。此外,忠诚客户的价值还具体体现在为企业创造直接利润和间接利润两个方面:一方面,忠诚客户反复购买企业的产品或服务,会为企业创造直接利润;另一方面,忠诚客户将良好的体验传达给潜在客户、向潜在客户推荐企业产品、促使潜在客户转变为新客户,从而为企业创造间接利润。

通过上面的分析,可以得出如下几点结论:分析不同客户的价值,需要有不同的信息依据。企业对忠诚客户进行价值分析的主要依据是累积的交易行为记录,而潜在客户的价值分析依据则是能够较全面反映他们基本属性的一些信息。

对于不同客户,应该使用相应的价值分析方法。"帕累托定律"及其原理适用于忠诚客户的价值分析,而不适用于对潜在客户进行价值分析。对不同客户进行价值分析的目的不一样。对忠诚客户进行价值分析,主要是为了向他们推销更多的产品或服务。

9.3 客户维系策略

当大多数企业面临着客户不断流失到竞争对手那里的窘境时,其第一反应就是精疲力竭地去追逐新客户以抵补流失客户的损失。这本身是无可厚非的,但对于客户为什么流失这个问题并没有冷静下来思考:我的客户为什么会流失?如何留住这些客户?于是,大部分企业与客户的关系就像是从干草堆里找一根针一样,找到之后又把它扔回去再找。作为企业最宝贵的财富——客户,如同沙漏里的沙,一点点流失掉。这种尴尬情景的出现关键在于供应商没有权衡好新老客户的关系,没有真正认识到维系现有客户的重要价值所在。

客户是企业生存和发展的基础,市场竞争的实质就是争夺客户资源。《哈佛商业评论》的一项研究报告指出,在企业经营管理中,再次光临的客户可带来25%~85%的利润。另一项调查表明:1位满意的客户会引发8笔潜在的生意,其中至少有1笔成交;1位不满意的客户会影响25个人的购买意向;争取1位新客户的成本是保住1位老客户的5倍。因此,客户维系策略主要在于维系现有客户,而不是一味地争取新客户。

以下从两个角度说明现有客户的重要价值:

(1) 从"漏斗"原理的角度。以往在企业营销活动中,有相当一部分企业只重视吸引新客户,而忽视保持现有客户。这可以用"漏斗"原理来解释。由于企业将管理重心置于售前和售中,造成售后服务中存在的诸多问题得不到及时有效解决,现有客户大量流失。企业为保持销售额,必须不断补充"新客户",如此不断循环。企业可以在一周内失去100个客户,而同时又得到另外100个客户,表面看来销售业绩没有受到任何影响,而实际上,争取这些新客户的成本显然要比保持老客户昂贵得多,从客户盈利性的角度考虑是非常不经济的。按照"漏斗"原理的模式来经营的企业,在卖方市场上还不至于出现大的问题,但在竞争激烈的买方市场上就会举步维艰。

(2)从客户份额的角度。客户维系强调以客户为中心的管理模式。相对于市场份额,客户维系以客户份额作为衡量标准。大多数企业都是以短期的市场份额变化来估计企业的得失。随着信息技术在企业经营活动中的广泛应用,企业对市场和客户信息的把握更为准确,客户维系更侧重于客户份额所带来的长期收益。这主要有两方面原因:其一,传统上一般以短期利润的增减论企业的成败,而短期利润则是以交易量为基础的;客户维系策略则投资于客户的忠诚,通过保持客户来使企业获得长期收益,而不计较一时得失。其二,信息技术实现了企业与客户间交互式的沟通,有助于企业与客户建立长期关系。这样,以客户份额作为衡量企业业绩显得更为现实。其实,增加市场份额并不一定能够改善收益。企业争取高市场份额的成本可能会大大超过其所能获得的收入,尤其是在已经获得较高市场份额后再进一步扩大市场份额,往往得不偿失。

以下公式表示了销售收入的构成关系:

销售收入 = 使用人数量 × 每人的使用量 × 单价
       = (新客户 + 现有客户 × 客户维系率) × 每人的使用量 × 单价

从以上公式可见,对现有客户的维系具有重要意义。首先,企业可以在现有客户的基础上增加使用量来增加收入;其次,可以通过保持现有客户,即提高客户维系率来改进企业的经营绩效。

9.3.1 客户维系的必要性

1. 进行客户维系是市场竞争的需要

目前生产同质产品的企业越来越多,导致产能过剩,企业面对的是较以往更为激烈的市场竞争。提高客户满意度、培育客户忠诚度、进行客户维系是市场竞争的需要。

2. 客户维系率的提高意味着客户关系管理的改善

随着市场从"产品导向"转变为"客户导向",客户成为企业最重要的资源之一,谁拥有了客户,谁就会成为赢家。然而,许多企业忙于开拓市场、发展新客户,而忽视了客户维系,由此导致一系列现象的出现:一方面,企业投入大量的人力、物力和财力去发展新客户;另一方面,又因为客户维系工作的不完善导致现有客户流失。面对现有的市场状况,企业必须着手进行客户维系研究,通过有效的客户关系管理来提高客户的维系率。

3. 客户维系率是衡量企业是否成功的标准之一

从企业自身的角度来看,客户维系是企业生存发展的需要。如前所述,发展1位新客户的成本是挽留1位老客户的5倍;客户忠诚度下降5%,则企业利润下降25%;向新客户推销产品的成功率是10%,而向现有客户推销产品的成功率是50%。这些数据充分说明,客户是目前商业活动的中心,衡量一个企业是否成功的标准将不再仅仅是企业的投资收益率和市场占有率,而是该企业的客户维系率、客户份额及客户资产收益率等指标。可见,客户维系即忠诚客户的价值,体现在增加企业的盈利,降低企业的成本,以及提高企业的信誉度、美誉度等方面。

4．进行客户维系能减少企业开展新业务的成本

如果企业想要增强竞争实力，稳固市场地位，就必须不断地进行业务的创新和升级换代。而对新客户推广这些新业务时，所进行的营销宣传难度大、费用高，成功率也较低。但是，一旦现有客户对企业产生了一定程度的信赖，对企业非常信任，他们往往愿意配合厂家来尝试新业务，接受更大的挑战，这样也会降低企业的成本，提高企业的效益。

5．进行客户维系能提高企业的效率

与现有客户发展关系、进行客户维系能提高企业的效率。供应基础的稳固使企业能够制订长期的、大量的生产计划。由于减少了生产计划的变动和机器的频繁转换，企业成本降低，质量得到提高；同时，与现有客户良好的合作也能大幅度削减存货成本。

6．客户维系是一种吸引

客户维系所带来的不仅仅是客户保留，企业之所以会维系这些客户，就是因为他们对企业十分满意并且忠诚。事实上，客户很愿意把自己的这种感觉告诉所认识的人，也就是口碑传播，而这种宣传的效果更胜过企业斥巨资拍摄的广告所带来的效果。从这个角度来看，客户维系也是一种吸引，而且是一种效果更加强烈的吸引。

针对以上六种情况，企业必须摒弃"狗熊掰棒子"式的市场拓展方式，在发展新客户的同时，着手进行客户维系的研究，以有效的客户关系管理来提高客户的维系率，促进企业经济效益的不断增长。

9.3.2 客户维系策略的作用

如今，客户资源已经成为企业利润的源泉。一个企业只要多维系5%的客户，则利润可显著增加。现有客户购买量大，消费行为可预测，服务成本较低，对价格也不如新客户敏感，而且还能提供免费的口碑宣传。维护客户忠诚度，能使得竞争对手无法争夺这部分市场份额，同时还能保持企业员工队伍的稳定。总之，客户维系策略可以给企业带来如下益处：

1．从现有客户中获取更多市场份额

由于企业着眼于与客户发展长期的互惠互利的合作关系，从而提高了相当一部分现有客户对企业的忠诚度。忠诚的客户愿意更多地购买企业的产品或服务，其支出是普通客户随意消费支出的2～4倍。而且，随着忠诚客户年龄的增长、经济收入的提高或客户企业本身业务的增长，其需求量也将进一步增加。

2．减少销售成本

企业吸引新客户需要大量的费用，如各种广告投入、促销费用以及了解客户的时间成本等，但维持与现有客户长期关系的成本却逐年递减。虽然在建立关系的早期，客户可能会对企业提供的产品或服务提出较多问题，需要企业做出一定的投入，但随着双方关系的发展，客户对企业的产品或服务越来越熟悉，企业也越来越清楚客户的特殊需求，所需的关系维护费用就变得十分有限了。

3. 赢得口碑宣传

对于企业提供的某些较为复杂的产品或服务，新客户做购买决策时会感觉有较大的防线，这时他们往往会咨询企业的现有客户。而仅有较高满意度和忠诚度的老客户的建议往往就具有决定作用，他们的有力推荐往往比任何形式的广告都更为奏效。这样企业既节省了吸引新客户的销售成本，又增加了销售收入，从而使企业利润有所提高。

4. 提高员工的忠诚度

这是客户维系策略的间接效果。如果一个企业拥有了相当数量的稳定客户群，也会使企业与员工形成长期和谐的关系。在为那些满意和忠诚的客户提供服务的过程中，员工会体会到自身价值的实现，而员工满意度的提高会促进客户服务质量的提高，使客户满意度进一步提升，形成一个良性循环。

9.3.3 客户维系策略的内容

企业通过分析客户维系的必要性，深刻认识到维系企业老客户的重要性。具体来说，企业应从如下三方面来实施客户维系策略：

1. 建立、管理并充分利用客户数据库

客户数据库是企业在经营过程中通过各种方式收集、形成的各种客户资料，经分析整理后，可作为制定营销策略和客户关系管理的依据，并可作为保持现有客户的资源的重要手段。企业必须重视客户数据库的建立、管理工作，注意利用数据库来开展客户关系管理；应用数据库来分析现有客户的简要情况，并找出人口数据及人口特征与购买模式之间的相关性，以及为客户提供符合他们特定需要的个性化产品和相应的服务。企业还应通过各种现代通信手段与客户保持自然、密切的联系，从而建立起持久的合作伙伴关系。

2. 通过客户关怀提高客户满意度与忠诚度

企业必须通过对客户行为的深入了解，对客户从购买前、购买中到购买后的全过程进行客户关怀。购买前的客户关怀活动主要是在提供有关信息的过程中的沟通和交流。这些活动为企业与客户之间建立良好关系打下坚实基础，可作为鼓励和促进客户购买产品和服务的前奏。购买中的客户关怀与企业提供的产品或服务密不可分，包括订单的处理以及各个相关细节都要与客户的期望相吻合，满足客户的需求。购买后的客户关怀活动主要在于高效地跟进和圆满地完成产品的维护和修理的相关步骤。售后的跟进和提供有效的关怀，其目的是使客户能够重复购买企业的产品或服务，并向其周围的人多对产品或服务进行有力的宣传，形成口碑效应。

3. 提高客户的转换成本

如果客户转到竞争对手那里购买，客户必须放弃什么？企业可以评估忠诚回报活动对企业优秀客户是否重要。如果重要，企业就需要开展这种活动，提高客户的转换成本，从而降低优秀客户受到竞争者诱惑的可能性。如果客户认为转换成本高，那么忠诚回报活动就能提高客户维系的可能性和提高企业的盈利能力。

4. 利用客户投诉或抱怨，分析客户流失的原因

企业为了留住客户、提高客户维系率，就必须寻根究底地分析客户流失的原因，尤其

是分析客户的投诉和抱怨。客户对某种产品或服务不满意时，可以说出来，也可以一走了之。如果客户拂袖而去，企业连消除客户不满情绪的机会都没有。客户关系管理系统就有专门针对纠纷、次货和订单跟踪、现场服务管理、记录发生过的问题及其解决方案的数据库、维修行为日程安排及调度、服务协议及合同，以及服务请求管理等功能。

大部分客户是很容易满足的。不过，企业失去客户的原因很多，如自然流失或因他人建议而改变主意等，其中最重要的原因是，企业对客户的要求置之不理。客户的流失比企业生产出的不合格产品要糟糕得多。舍弃一件不合格产品，企业损失的只是生产这件产品的成本；但当一位对企业不满意的客户离开时，所造成的损失就是一位客户为企业带来的几年利润。更糟糕的是，企业可能要对所有有缺陷的产品或零件进行彻底检查，从而发现问题的根源所在。投诉的客户仍给予企业弥补的机会，他们极有可能会再次光临。因此，企业应该善待投诉，应该充分利用客户投诉和抱怨这一宝贵资源，不仅要及时解决客户的不满，而且应该鼓励客户提出不满意的地方，以改进企业产品质量和重新修订服务计划。

9.3.4 客户维系策略的层次

利奥纳多·贝瑞（Leonard Berry）和帕拉斯拉曼（A. Parasraman）提出了客户维系策略的三个层次，无论在哪一层次上实施客户维系策略，都可以建立不同程度的企业与客户之间的联系，同时也意味着为客户提供不同的个性化服务。

1. 第一层次：增加客户关系的财务利益

这一维系客户的手段主要是利用价格刺激来增加客户关系的财务利益。在这一层次，客户乐于和企业建立关系的原因是希望得到优惠或特殊照顾。例如，酒店可以对常客提供高级别住宿；航空公司可以给予经常性旅客奖励；超级市场可以给予老客户一定折扣等。尽管这些奖励计划能改变客户的偏好，但却很容易被竞争对手模仿，因此不能长久保持与客户的关系优势。建立客户关系不应该是企业单方面的事情，企业应该采取有效措施使客户主动与企业建立关系。

2. 第二层次：优先增加社会利益

在这一层次既增加财务利益，又增加社会利益，而社会利益要优先于财务利益。企业员工可以通过了解单个客户的需求，使服务个性化和人性化，以此来增加企业和客户的社会性联系。如在保险业中，与客户保持频繁联系以了解其需求的变化，逢年过节送一些卡片之类的小礼物以及共享一些私人信息，都会增加此客户留在该保险公司的可能性。

信息技术能够帮助企业建立与客户的社会性联系。企业及其分支机构通过共享个性化客户信息数据库系统，能够预测客户的需求并提供个性化的服务，而且信息能够及时更新。无论客户走到哪里，都能够享受特殊的服务。这样，客户与整个企业（包括分支机构）都建立了社会性联系，而其意义远比财务上的联系重要。

另外，社会性关系还受到文化差异的影响。长久的关系是亚洲文化中不可或缺的部分，这与美国人过于强调时间和速度形成了鲜明对照。在北美洲，培育客户关系主要在于产品、价格和运输方面的优势；而在亚洲，虽然上述因素不可忽视，但业务往来中非经济因素占据了主导，培育营销人员和客户之间彼此信赖和尊重的关系显得尤为重要。需要强调的是，在产品或服务基本同质的情况下，社会关系能减少客户"跳槽"现象的发生，但它并不能帮助企业避免高价产品或劣质服务。

3. 第三层次：附加深层次的结构性联系

这一层次在增加财务利益和社会利益的基础上，附加了更深层次的结构性联系。所谓结构性联系，即提供以技术为基础的客户化服务，从而为客户提高效率和产出。这类服务通常被设计成一个传递系统。而竞争者要开发类似的系统需要花上几年时间，因此不易被模仿。

无论是财务性联系还是社会性联系，当面临较大的价格差别时，都难以维持。在B2B市场上，只有通过提供买方所需的技术服务及援助，建立关系双方的结构性联系，才能真正实现双方长期友好的合作。良好的结构性联系为关系双方提供了一个非价格动力，并且提高了客户转换供应商的成本，同时还会吸引竞争者的客户，从而增加企业收益。当然，这里并不是要否定赢得新客户的作用，而是侧重于赢得新客户的策略在一定的条件和环境下，对企业的生存和发展起着至关重要的作用。但是，企业管理策略的重心必须随着市场环境的变化而变化。由于竞争日益激烈，企业不得不改变策略，侧重于老客户的维系，发展与客户的长期合作关系。当然，与此同时，企业也需要获取新客户，但这已经不是目前市场环境下企业营销活动的重心了。

9.3.5 客户维系策略的效果评价

企业在对客户维系的管理中，应当设计一系列定量指标来考核工作目标。由于企业的个体经营情况有很多不同，因此，不同企业在设计客户忠诚度的量化考核标准时可以从自身的各个方面加以考虑，根据实际情况选择合适的因素，并给予不同的权值来得出一个综合评价得分。一些企业通用的和相对重要的考核标准有：

1. 客户重复购买率

考核期间，客户对某一种产品重复购买的次数越多，说明其对此产品或服务的忠诚度越高，客户保持效果越好；反之则越低。此项指标还适用于同一品牌的多种产品，即如果客户重复购买企业同一品牌的不同产品，也表明保持度较高。同时，在衡量这个指标时，企业还应该对客户在前几个时间段的购买次数进行对比，从而更有效地衡量维系效果。由于产品的用途、性能、结构等因素也会影响客户对产品的重复购买次数。因此在确定这一指标的合理界限时，必须对不同的产品或服务区别对待，如重复购买汽车与重复购买可乐的次数是没有可比性的。

2. 客户需求满足率

客户需求满足率是指一定时间内客户购买某产品的数量占其对该类产品或服务全部需求的比例。在考核期间，这个比例越高，表明客户的保持效果越好。这个指标需要通过对客户进行后期跟踪调查得出。

3. 客户对本企业产品或品牌的关注程度

客户通过购买或非购买的形式，对企业的产品或品牌予以关注的次数、渠道和信息越多，表明其忠诚度和保持度越高。

4. 客户对竞争产品或品牌的关注程度

人们对某一品牌态度的变化，多半是通过与其竞争者相比较而产生的。根据客户对竞争者产品的态度，企业可以判断其对其他品牌的忠诚度的高低。如果客户对竞争产品或品牌的关注程度提高，多数是由于客户对竞争产品的偏好有所增加的缘故，表明客户维系效果欠佳。

5. 客户挑选产品的时间

根据消费心理规律，客户选购产品都要经过仔细比较和挑选这一过程。但由于依赖程度的差异，客户对不同产品购买时的挑选时间不尽相同。一般来说，客户购买决策时间越短，说明他对这一品牌产品形成了偏爱，对这一品牌忠诚度越高；反之，客户做出购买决策的时间越长，则说明他对这一品牌的忠诚度较低。因此，从购买挑选时间的长短上也可鉴别其对某一品牌的忠诚度。在运用这一标准衡量品牌忠诚度时，必须提出产品性能、质量等方面的差异产生的影响。

6. 客户对价格的敏感程度

一般来说，客户对企业产品价格都非常重视，但这并不意味着客户对各种产品价格的敏感程度相同。事实表明，对于喜爱和信赖的产品，客户对其价格变动的承受能力强，即敏感度低；而对于不喜爱和不信赖的产品，客户对其价格变动的承受能力弱，即敏感度高。所以，企业可根据这一标准来衡量客户对某一品牌的忠诚度。企业运用这一标准时，要注意消费者对该产品的必需程度、产品供求状况以及市场竞争程度三个因素的影响，在实际运用中，要排除它们的干扰。

7. 客户对产品质量问题的承受能力

任何产品都难免会出现质量问题，当客户对某品牌产品的忠诚度较高时，对其出现的质量问题会以宽容和同情的态度对待，会与厂商合作解决问题，并且不会因此而拒绝再次购买这一产品；反之，若客户忠诚度不高，则会对出现的质量问题非常反感，有可能会从此不再购买该产品。

以上指标可以单独衡量也可以综合评估，每一项指标的改善都会对客户保持产生积极的影响。客户保持是一个循序渐进的过程，应当贯穿于企业的整个经营活动中，只有做好了客户保持，进而吸引更多的新客户，才能创造更多的利润。

本章小结

作为企业的重要资源，客户具有价值和生命周期。客户生命周期是指从一个客户开始对企业进行了解或企业想要对某一客户进行开发开始，直到客户与企业的业务关系完全终止且与之相关的事宜完全处理完毕的这段时间。因此，客户生命周期管理是一种系统的、动态的管理。企业在客户生命周期的考察期、形成期、稳定期和退化期四个不同的阶段中，要采取科学的管理策略，要有完善的客户关系管理的方法体系，可以通过动态跟踪客户的消费行为，引导和管理客户，达到客户长期价值的最大化，并通过持续不断的信息互动，为客户创造优异的消费体验，实现客户和企业两者的双赢。

客户生命周期四个发展阶段有各自的特点和价值。考察期是客户关系的孕育期；形成期是客户关系的快速发展阶段;稳定期是客户关系的成熟期和理想阶段;退化期是客户关系水平发生逆转的阶段。

客户生命周期模式存在多种类型,不同的类型带给供应商不同的利润,代表着不同的客户关系质量。客户关系的退出可能发生在考察期、形成期和稳定期三个阶段的任一时点,根据客户关系退出所处的阶段不同,可将客户生命周期模式划分成四种类型:早期流产型、中途夭折型、提前退出型和长久保持型。

目前生产同质产品的企业越来越多,导致产能过剩,企业面对的是较以往更为激烈的市场竞争。提高客户满意度、培育客户忠诚度、进行客户维系是市场竞争的需要。

复习思考题

1. 什么是客户生命周期?
2. 客户生命周期的四个阶段及其特点分别是什么?
3. 客户生命周期模式可以划分成哪四种类型?
4. 如何制定客户维系策略?
5. 客户维系策略的层次是什么?

案例分析

客户生命周期管理之汽车 4S 店展厅客流管理

客户的生命周期实际上是 4S 店业务运营的核心内容,但是大多数时候,它们往往关注结果或局部,而忽视了整体联系。这就导致在工作中,经常出现部门不配合、数据流通不畅、客户管理缺失等问题。而展厅客流是客户生命周期的起点,但是因为起点的基数较大,也是最容易被忽视和产生资源浪费的环节,因此,很多店的销售部常会出现一边喊着客户资源太少,一边还在浪费客户资源的现象。

通常,销售部会因为客户资源不足而埋怨市场部工作不力,但实际上,对展厅客流的管理,首要责任人应该是展厅经理。市场部负责客户的招募,展厅经理负责客流的管理。这里应该明确一个概念,就是什么是客流。所谓客流,是指所有入店客户,这包括意向客户、非意向客户(如喝水、上厕所、凑热闹、领礼品等)以及成交客户(提车客户、维修保养客户等)。之所以这么定义,其实是要告诉展厅经理,必须珍惜每一位进店客户,而不单单关注意向客户,因为非意向客户也有可能因为产品、服务等原因在未来转变成意向客户,而成交客户也会成为二次购车客户。所以,专业而真诚地对待每一位进店客户,是做好展厅客流管理的第一步。

由此牵出另一个问题,那就是应该如何看待建卡率。因为客流的定义被扩大了,建卡率计算公式中的分母也变大了,会导致建卡率下降。有些展厅经理说:"我们老总对我的考核里有一项关键绩效指标(KPI)就是建卡率,这下降了可怎么办?"其实,关注建卡率,并不是看它的绝对数值,而是主要关注一段时间内的相对变化浮动情况。也就是说,不能单纯地说建卡率高就好。要看在一段时间内(至少连续三个月)建卡率是不是一个稳定的值;同时,展厅经理要关注展厅的客流登记是不是及时准确、完整、真实。如果这两方面都做到了,反映出来的建卡率才是一个比较真实的数值,所以,就算这个数值只有 80%,也是正常的。相反,如果在一段时间内,这个数值高低起伏非常明显,就肯定暴露出展厅客流管理存在问题。而管理者要依据这个数据为展厅经理设定合理的 KPI,并通过这个数值的变化,来判断展厅经理在客流管理上是否负责。

归根到底，展厅的客流管理其实就是展厅的客流登记管理和展厅客户的接待管理。通常情况下，4S店都会比较注重后者的管理，因为这块管理看得见、摸得着，上有主机厂的标准核心接待流程要求，下有第三方的暗访、飞检、密踩等。可是即便如此，展厅接待流程也不是每个销售顾问都能做得好，而解决的唯一办法，只能是不断地模拟演练。而在接待管理上，展厅经理容易忽视的一个很重要的问题，就是展厅接待的排班管理。市场经理花大把时间做出来的展厅温度分析，其实就是排班管理的最好依据。根据展厅温度，很容易看出日常展厅的客流高峰和低谷在什么时候，那么什么时候安排销售顾问站展厅，什么时候安排交车就很明确了。如果还能在排班上形成竞争机制，保证每次接待的质量，那就更是锦上添花了。

相比之下，展厅客流登记管理是最容易被忽视，也是最不知道该怎么下手的事情了。而往往就是这个环节，造成了最大的客户资源浪费。销售经理都知道，几乎所有的销售顾问都有个自己的小本本，上面记录的都是最有意向或最没有意向的客户信息。但是，展厅经理们有没有想过这样一个问题：这个客户资源，究竟该属于谁？显然，这些客户资源都是公司的资源，是公司花了钱招募过来的，绝不是销售顾问的个人财产。小本本理应成为展厅经理尽可能杜绝的东西，更何况不是所有的销售顾问都自觉到管理好每一个客户，也许很多客户因为销售顾问的主观原因被放弃跟进，进而造成流失。所以，客户资源必须在公司监控的状态下进行管理。因此建立展厅客流登记管理制度就非常必要。因为每个4S店都不缺少客流登记工具——"展厅客流登记表"，但每家4S店在客流登记上都多少存在一些共性的问题。而客流登记管理制度恰是展厅经理管理客户资源的重要手段。这里除了要明确和规范"客流登记表"的使用规范，更要涉及展厅客流登记管理的各个责任岗位及其岗位职责，明确监控管理岗位及其职责、标准的登记流程规范、相应的绩效考核办法等。只有明确了在展厅客流登记方面的责、权、利问题，才能保证客流管理利益最大化。

（资料来源：http：//jz.docin.com/p-1141895284.html.）

案例讨论题：
1. 汽车4S店应该如何依托客户生命周期理论做好客户管理工作？
2. 如何做好4S店展厅的客流登记管理？

第 10 章

客户的流失与挽回

本章学习重点

1. 了解客户流失的原因
2. 了解客户流失的分类
3. 掌握区别对待不同的流失客户的方法
4. 掌握挽回流失客户的策略

案例导入

银行客户为何流失

某年 7 月,深圳市民余先生从家里携带 24000 元,来到××医院后面的××银行莲花北支行的自动存取款一体机前存钱。在柜台机前一番操作后,余先生发现存款总数由 24000 元变成了 21800 元,他当即拨通了该银行客服热线。银行方面当晚回复:柜台机未见差错,拒绝承担责任。8 月 27 日下午,《羊城晚报》记者陪同余先生前往银行,调取了当日余先生的存款流水账单与柜台机监控录像查看。经对比,流水账单显示的余先生第二次存款操作所放入柜台机的款数与监控录像所显示的款数明显存在偏差。对此,银行方面却表示,"眼见不一定为实",坚持以柜台机数据为准。

案例分析:

此银行的客户服务是失败的。具体体现在:

(1) 当余先生发现总款数不对时立即拨通了该银行客服热线,而银行以一句"柜台机未见差错"拒绝承担责任,没有细心地为客户做出必要的解释。

(2) 当发现流水账单显示的余先生第二次存款操作所放入柜台机的款数与监控录像所显示的款数明显存在偏差后,银行却以"眼见不一定为实"为由,仍拒绝承担责任。

(3) 不明白"服务无小事"的道理,没有站在客户的角度想问题,不顾客户的感受。

影响:

因为银行的态度强硬、拒不承认,引来了《羊城晚报》的记者,而通过记者的报道会使银行信誉降低。而这个影响一旦造成,就不是一两天能够挽回得了的,这会持续一段甚至很长一段时间;而信誉的降低会导致客户的流失,从而引发一系列的连锁反应,可谓得不偿失。

建议：

（1）银行应立即受理，真诚道歉，缓和气氛，让客户感到受重视，减少不必要的误会。而现在余先生的事情已经被公开化了，银行应该马上找出原因所在，尽可能地降低此事带来的不利影响。如果问题出在银行的柜台机，则应马上进行修理。之后，应登报进行道歉，挽回公众的信任。如果问题不是出在银行本身，而是由于余先生自己操作不当造成的，则应向余先生做出详细的解释，使问题得到妥善解决；也应向广大客户解释清楚事件的缘由，给客户得以安心的服务。

（2）应就此事对余先生造成的不便表示歉意。

（3）迅速对此事件做出合理的解释，说明原因，争取客户的理解。

（4）告知客户解决方案，并付诸行动，防止客户流失。

（5）再次向客户表示歉意和今后改进服务的诚意和决心，最后感谢客户对本银行的惠顾。

（资料来源：李农，袁全超．银行客户服务中心规划与建设［M］．北京：电子工业出版社，2005．）

10.1　客户流失的原因

在客户关系的发展过程中，可能会出现客户关系破裂的情况。客户关系破裂是指客户由于种种原因不忠诚而流失，转向购买其他企业的产品或服务的现象。按凯维尼（Keaveney）的观点，当客户不再使用某项产品或服务，转换到其他替代产品或服务或者转换到不同的品牌，对原来使用的产品或服务而言，就是客户流失。

随着科学技术的发展和企业经营水平的不断提高，产品和服务的差异化程度越来越小，市场上相似的产品和服务越来越多，竞争品牌之间的差异越来越小，客户因改变品牌所承受的风险也大大降低了。因此，当前企业普遍存在客户流失的现象。

在客户流失前，企业要防范流失，极力维护客户忠诚；而当企业与客户的关系破裂，客户流失成为事实的时候，企业如果不能尽快、及时地恢复客户关系，就可能造成客户的永久性流失。

因此，企业要想让客户创造更多的价值，不但要让忠诚的客户带来更多的价值，而且要想办法防止客户流失，让流失的客户回头，从而继续为企业创造价值。

客户关系的破裂即客户的流失，除了有由企业自身原因造成的之外，还有由客户自身原因造成的流失。

10.1.1　企业自身的原因

影响客户流失的因素与影响客户忠诚的因素是一样的，这些因素正面作用的结果就是客户忠诚，负面作用则导致客户流失。也就是说，客户不满意是影响客户流失的重要因素。

1．产品或服务的质量问题

产品质量是企业进行市场营销的基础。产品质量存在问题，不仅不能满足客户要求，也损害了消费者的利益，破坏了企业在客户心目中的形象。在这种情况下，客户就有可能会放弃原有企业去寻找新的企业。例如，当其他通信企业给客户提供越来越多的功能，网络覆盖面不断扩大，接通率提高，掉线率下降时，而本企业提供的通信服务却在很多地方打不通，或者经常掉线，那么客户的埋怨就会不断增加，严重时就可能导致客户流失。

2. 服务态度或服务方式的问题

售后服务是客户在选购商品时考虑的主要因素之一。据调查统计，企业售后服务欠佳将会造成94%的客户流失。在售后服务过程中，服务意识淡薄，员工对客户傲慢、冷漠、粗鲁、表情僵硬，或者表示出不屑，不尊重客户，不礼貌，缺乏耐心，对客户咨询不理睬，对客户的提问和要求表示烦躁；服务僵化、被动，工作效率低下，不能迅速、准确处理客户的问题，对客户的投诉和抱怨处理不及时不妥当等，这些都会严重伤害客户的感情，从而降低客户对企业的信任度，影响企业在客户心目中的形象。当企业不能满足客户需要并且致使客户利益受损时，客户"弃暗投明"转投其他企业也是情理之中的事情。

3. 企业创新问题

企业创新能力是关系企业发展的重要因素。任何产品或服务都有自己的生命周期，当今社会日新月异，科学技术飞速发展，客户的需求也随之产生了巨大的变化。在这样的情况下，企业只有不断提高自身的创新能力，才能迎合客户不断变化的需求。如果企业的创新能力不足，导致产品总是原地踏步，没有任何突破，自然无法满足客户的新需求，无法留住客户，导致客户流失。

4. 员工流失问题

企业因内部员工流失而引起客户流失，这方面原因在中小企业中尤为突出。受到企业规模、管理方法等因素的影响，企业与客户之间的忠诚关系往往容易变成企业员工与客户之间的忠诚关系，企业与客户之间的密切关系随之转化为企业员工与客户之间的密切关系，当企业核心销售人员跳槽时，老客户也随之流失的现象屡屡发生。因此，企业自身面临的是员工、老客户的双重流失。

5. 市场监控问题

市场监控是指企业对产品在流通领域的监管，如价格、渠道及营销等方面。如果企业在市场监管方面存在欠缺，必然会引起产品在流通领域的混乱，使客户对产品丧失信心，破坏企业的形象。

6. 客户对企业的信任和情感不够深

任何产品或服务都需要客户的忠诚度，当这种忠诚度还未充分建立起来时，客户行为具有不稳定性。也就是说，客户对企业还不够完全信任或者对品牌的情感还不足以支撑其购买行为时，客户就存在流失的风险。当客户不满企业行为，如破坏、污染环境，不关心公益事业，不承担社会责任等时，也会导致客户流失。当企业出现震荡或波动的时候，也往往会出现客户流失，这是因为部分忠诚度低的客户会出现倒戈。

7. 客户从忠诚中获得的利益较少

市场上的产品或服务越来越相似，从客户的感知角度而言，当他从所忠诚的品牌处获得的利益越来越少时，就会转向拥有相似产品但是能提供更多利益的品牌商。

8. 客户的流失成本较低

目前市场上产品和服务的差异化程度越来越小，市场上相似的产品与服务越来越多，竞争品牌之间的差异也越来越小，因此，客户因改变品牌所承担的风险也大大降低了。客户的流失成本降低也是客户流失的一个因素。

10.1.2 客户自身的原因

1. 客户遭遇新诱惑

客户不仅被琳琅满目的产品吸引着，还经受着五花八门的营销手段的诱惑。客户是一种有限资源，在市场竞争中，企业通过各种诱惑条件去吸引客户，而客户有自由选择的权利，在面对企业给出的足够让渡价值时，客户可能会改变选择，转投他家。

2. 客户产生新需求

在科学技术不断发展的今天，客户的需求也发生着快速变化，随时产生着新的想法和需求。当原有企业无法满足他们随时变化的需求时，客户就会根据自己的需要，重新对企业进行选择。另一方面，客户因为需求转移或消费习惯改变而选择退出某个市场，客户对企业提供服务或产品的差异根本不在乎，转向其他企业也不是因为对原企业不满意，而是因为自己想换"口味"，想尝试一下新的企业的产品或服务，或者只是想丰富自己的消费体验或经历而已。

3. 客户内在需求变化

随着社会的不断发展，客户的需求发生了内部变化，以前需要的产品或服务因为种种原因被淘汰了，致使客户不得不寻找新的企业。

10.2 客户流失的分类

基于以上客户流失的原因，客户流失可以分为四种类型：自然流失、恶意流失、竞争流失和过失流失。

1. 自然流失

客户的自然流失不是人为因素造成的，如客户的搬迁或者死亡等。这样的客户流失是不可控制的，应在弹性流失范围之内。在客户流失中，自然流失所占的比例很小。例如，银行可以通过提供网上服务等方式让客户在任何地点、任何时间都能方便快捷地使用银行的产品和服务，减少自然流失的产生。大型连锁超市也可以在尽可能多的地方设立连锁店或小型便利店，以方便搬迁客户购买。

客户的自然流失是一种正常范围内的损耗。针对客户的自然流失，企业应实施全面的质量营销。客户追求的是较高质量的产品和服务，如果企业不能给客户提供优质的产品和服务，终端客户就不会对他们的上游供应者满意，更不会建立较高的客户忠诚度。因此，企业应实施全面的质量营销，在产品质量、服务质量、客户满意和企业盈利方面形成密切关系。

2. 恶意流失

恶意流失是从客户的角度来说的，一些客户为了满足自己的某些私利而选择离开原来的企业。这种情况虽然不多，但是也会发生。例如，少数通信运营商的用户在拖欠了大额的通信费用后选择了离开这家通信运营商，再去选择其他的通信运营商，从而达到恶意拖欠费用的目的。对于这种类型的客户流失，企业可以建立完善的信用管理机制：一方面，在用户初次与企业合作时，登记其必要的个人资料；另一方面，建立详细的用户信用档案，在开展业务时进行用户名誉评定。

3. 竞争流失

竞争流失是由于企业竞争对手的影响而造成的客户流失。企业在竞争中为防止竞争对手挖走自己的客户，战胜对手，吸引更多的客户，就必须向客户提供比竞争对手更有让渡价值的产品。只有这样企业才能提高客户满意度，并增强双方进一步深入合作的可能性。

4. 过失流失

除上述三种情况之外的客户流失统称为过失流失。过失流失是针对企业而言的，因为这些客户的流失都是由企业自身工作中的过失造成的。这种类型的过失是占客户流失总量比例最高的，带给企业的影响也是最大的。为了防止过失流失，可以采取以下措施：以优质的标准为客户提供"一对一"的超值服务；与客户建立朋友般的信任关系；满足客户"喜新厌旧"的各种需求；建立良好的企业形象等。

企业的经营核心应该从"以产品为中心"转变为"以客户为中心"，但并不是以所有的客户为中心，而应该以忠诚客户或者潜在的忠诚客户为中心。毕竟企业的资源是有限的，要做到以所有的客户为中心是不切实际的，所以只能选择那些具有盈利价值的客户群体为中心。

10.3 如何看待客户流失

在客户流失之前，企业要防范客户的流失，极力维护客户忠诚。而当客户流失成为事实的时候，企业不应该坐视不管、轻易地放弃他们，而应当重视他们，积极对待，尽力争取挽回他们，尽快恢复与他们的关系，促使他们重新购买企业的产品或服务，与企业继续建立稳固的合作关系。

10.3.1 客户流失会给企业带来很大的负面影响

流失一位重复购买的客户，不仅会使企业失去这位客户可能带来的利润，还可能损失与受其影响的客户的交易机会，此外，还可能极大地影响企业对新客户的开发。

当客户在自己手里的时候，企业往往不珍惜，但是，当企业与客户的关系破裂、客户流失成为事实的时候，企业如果不能尽快、及时地恢复客户关系，就可能造成客户的永久性流失；而他们很可能成为企业竞争对手的客户，从而导致，壮大了竞争对手的客户队伍和规模。一旦竞争对手的客户多了，生产服务规模扩大了，成本也就随之下降，就会对企业产生更大的威胁。因此，不能听任客户的流失。

客户的流失，尤其是忠诚客户的流失，对企业如同釜底抽薪，让其多年投入于客户关系的成本和心血付之东流。就像摩擦力损耗着机械系统的能量那样，客户的流失不断消耗着企业的财力、物力、人力和企业形象，给企业造成的损害是巨大的。

10.3.2 有些客户流失是不可避免的

新陈代谢是自然界的规律，企业的客户也有一个新陈代谢的过程。特别是在今天的市场上，在各种因素的作用下，客户流动的风险和代价越来越小，客户流动的可能性越来越大，客户关系在任一阶段、任一时点都可能出现倒退，不论是新客户还是老客户都有可能流失。此外，由于客户自身原因造成的流失，企业是很难避免的，是企业无能为力也无可奈何的。

因此，虽然很多企业提出了"客户零流失"的目标，但是实现这个目标是不切实际的。幻想留住所有的客户是不现实的，就算能够做到，成本也会非常高，如此是得不偿失的。因为企业的产品或服务不可能得到所有客户的认同，企业也不可能留住所有的客户，所以企业应当理性地看待客户的流失，企业要做的是把客户流失率控制在一个很低的水平。

10.3.3 流失的客户有被挽回的可能

有一种看法认为，客户一旦流失，便会一去不复返，再没有挽回的可能。这种看法是片面的。研究显示：向流失客户销售，每4个中会有1个成功；而向潜在客户和目标客户销售，每16个中才有1个成功。

这其中的原因主要是：一方面，企业拥有流失客户的信息，他们过去的购买记录会指导企业如何下功夫将其挽回，而对潜在客户和目标客户，企业对他们的了解要少得多，不知如何下手；另一方面，流失客户毕竟曾经是企业的客户，对企业有所了解，只要企业努力挽回，纠正引起客户流失的失误，是有可能令其回归的。

可见，争取流失客户的回归比争取新客户容易得多，而且只要流失客户回头，他们就会继续为企业介绍新客户。

10.4 区别对待不同的流失客户

由于不是每一位流失的客户都是企业的重要客户，所以如果企业花费了大量时间、精力和费用，留住的只是无法使企业盈利的客户，就得不偿失了。因此，在资源有限的情况下，企业应该根据客户的重要性来分配投入挽回客户的资源，挽回的重点应该是那些最能盈利的流失客户，这样才能实现挽回效益的最大化。针对不同的流失客户，企业应当采取不同的态度。

10.4.1 对流失的关键客户要极力挽回

一般来说，流失前能够给企业带来较大价值的客户，被挽回后也将给企业带来较大的价值。因此，给企业带来价值较大的关键客户应是挽回工作的重中之重，他们是企业的基石，失去他们轻则会给企业造成重大损失，重则会伤及企业元气。

所以，企业要不遗余力地在第一时间将关键客户挽回，更不能任其流向竞争对手，这也是必须要做和不得不做的事情。

10.4.2 对流失的次要客户要全力挽回

次要客户对价格敏感，他们可能从多家企业采购产品和服务，我们首先要查清流失原因，解决让客户不满意的问题；其次需要利用服务活动赠送一些礼品和优惠卡，促使客户回流，让客户重新体验服务，重建客户的信任关系，消除客户的疑虑。

10.4.3 对流失的普通客户要尽力挽回

普通客户的重要性仅次于次要客户，而且普通用户还有升级的可能。因此，对普通客户的流失要尽力挽回，使其继续为企业创造价值。

10.4.4 对流失的小客户可见机行事

由于小客户的价值偏低，对企业又很苛刻，数量多且零散，因此企业对这类客户可采取冷处理，顺其自然，如果不是很吃力，或者只是举手之劳，则可以试着将其挽回。

10.4.5 彻底放弃根本不值得挽留的劣质客户

对不可能再带来利润的客户，无法履行合同规定的客户，无理取闹、损害了员工士气的客户，需要超过了合理的限度并妨碍了企业对其他客服服务的客户，声望太差、与之建立业务关系会损害企业形象和声誉的客户等劣质客户，他们的流失根本不值得挽回，需要彻底放弃。

总之，对有价值的流失客户，企业应当竭尽全力挽回，最大限度地争取与他们"重归于好"，对其中不再回头的客户也要安抚好，使其无可挑剔、无闲话可说，从而有效地阻止他们散布负面评价而造成不良影响；面对没有价值甚至是负价值的流失客户，则应抱放弃的态度。

10.5 挽回流失客户的策略

挽回流失客户是指运用科学的方法对将要流失或已经失去的有价值的客户采取措施，争取将其留下或挽回的营销活动。它将有效地延长客户生命周期，保持市场份额和运营效益。因此，客户的挽回是客户关系管理的关键功能之一。

10.5.1 挽回流失客户的原则

1. 服务第一、客户为先

优质的客户服务可以为企业带来更高的利润，并保证企业基业长青。聪明的企业不能一味通过降低和削减成本来增加收入，因为成本削减总有一个限度，因此要通过重新设计服务战略来达到目的。服务战略包括制定全方位的客户服务解决方案、建立服务矩阵、加强服务创新和优化服务流程等方面。

企业和客户应该是双赢关系而不仅仅是买卖关系。客户服务比推广销售和广告宣传更能增加企业的营业额和利润,因此,想战胜对手就必须学会站在客户的立场和角度去思考问题。在对客户服务的认识上,企业应该知道:因为客户服务关系到企业的长远发展,所以虽然短期内难以获得效益,但服务应该成为持续的行为。

2. 关系的培育和积累

留住企业的优质客户需要与客户处好关系。当前,业界普遍流行的观点是:企业成功=(能力+勤奋+机遇)×关系。该模式认为,缺少能力、勤奋和机遇中的任何一项,只要有一定的关系,同样可以成功,关系是一个人乃至企业成功的主要因素。不能仅从背景上看,还要从完善自我的角度上来理解关系,积累关系的关键因素就是完善自我。一个人必须从三个方面来完善自我:真诚、尊重和重视别人以及学会问和听,只有这样,才能在交往中积累自己的关系。

3. 客户关怀可以成为核心竞争力

核心竞争力是企业在很长的一段时间内形成的,蕴涵于企业内质中的,企业独具的,支撑企业过去、现在和未来的竞争优势,并能使企业长时间在竞争环境中取得主动的核心能力。现代经济其实就是客户经济,当今社会所倡导的全局观、全流程的龙头就是客户。

有些企业有自己完整的服务战略,也有详细的服务流程,但是服务规程执行起来很困难,特别是员工满意度、客户满意度很低。这种矛盾其实是一个企业的服务战略如何落实的问题。实际上,很多企业都存在这样一个瓶颈:认为战略是管理层制定的,执行是基层员工去做的。这其实是战略目标分解工作没有做到位。把战略目标逐层分解到企业员工日常工作的每一天,这是企业管理层在制定战略时首先要有的意识。此外就是要建立一个执行监控机制,实际上就是把战略目标分解成近期目标、远期目标、年度经营分析、月度指标分析,包括每一个人的行为规划等。

4. 不要忽略潜在的优质客户

每个人的精力都是有限的,不可能和所有的人去打交道。企业要选择重点,先设定自己的目标,然后围绕这个目标来长期、持续地投入时间和精力。但在这一过程中,要反对功利的做法,不应该只重视眼前有用的客户,将不重要的客户完全忽略掉,而应该对潜在的优质客户也保持持续关注和投入。

10.5.2 挽回流失客户的措施

找到客户流失的原因后,企业应如何防范,已成为诸多企业比较关注的问题。一般来讲,企业应从以下几个方面入手,来堵住客户流失的缺口:

1. 实施全面质量营销

全面质量管理是创造价值和客户满意的关键。进行产品质量管理,通用电气公司董事长小约翰 F 韦尔奇说过:"质量是通用维护客户忠诚度最好的保证,是通用对付竞争者的最有力的武器,是通用保持增长和盈利的唯一途径。"可见,企业只有在产品的质量上下大功夫,保证产品的耐用性、可靠性、精确性等价值属性,才能在市场上取得优势,为产品销售及品牌推广创造一个良好的运作基础。质量是根,品牌是叶,根深才能叶茂,唯有如此才能真正吸引客户、留住客户;否则,产品在质量上稍令客户不满,就不能长久地给企业带来光荣和财富。大多数客户都无法接受和容忍质量平平的产品,质量是产品实体价值的体现,也是客户购买产品的原因。增加了产品的价值,客户购买产品的价值得到了更好的实现,并不断满足客户需求,而客户也从对产品的满意中获得更多的盈利。

2. 提高市场的反应速度,善于倾听客户的意见和建议

(1) 让客户感觉自己受到重视。客户与企业之间是一种平等的交易关系,在双方获利的同时,企业还应尊重客户,认真地对待客户提出的各种意见及抱怨,并真正重视起来,才能得到有效的改进。在客户抱怨时,认真坐下来倾听,扮好听众的角色,有必要的话,甚至拿出笔记本将其要求记录下来,要让客户觉得自己受到了重视,自己的意见受到了重视。当然,仅仅听还不够,还应及时调查客户的反映是否属实,迅速将解决方法及结果反馈给客户,并提请其监督,增加其合作的忠诚度。

(2) 企业从倾听中创新,为客户创造更多的经营价值。客户意见是企业创新的源泉。很多企业要求其管理人员去聆听客户服务区域的电话交流或查看客户返回的信息。通过倾听,企业可以得到有效的信息,并可据此进行创新,促使企业更好地发展,为客户创造更多的经营价值。当然,还要求企业的管理人员能正确识别客户的需求,并正确地传达给产品设计者,将客户关于产品的信息准确地传达给产品设计者,以最快的速度生产出最符合客户要求的产品,满足客户的需求。在一次进货时,某家具厂的一个客户向其经理抱怨,由于沙发的体积相对大,而仓库的门小,搬出搬进很不方便,还往往会在沙发上留下划痕,顾客有意见,不好销售。要是沙发可以拆卸,就不存在这种问题了。两个月后,可以拆卸的沙发运到了客户的仓库里,不仅节省了库存空间,而且给客户带来了方便。而这个创意正是从客户的抱怨中得到的。

3. 与客户建立关联

(1) 向客户灌输长远合作的意义。企业与客户合作的过程经常会发生很多的短期行为,这就需要企业向其客户灌输长期合作的好处,对其短期行为进行成本分析,指出其短期行为不仅给企业带来很多的不利,而且也给客户本身带来了资源和成本的浪费。而企业与客户合作的目的是追求双赢,双方的长期合作可以保证产品销售的稳定,获得持续的利润;还可以使客户与企业共同发展,赢得企业的信任,获得企业更大限度的支持。

(2) 向客户描绘企业发展的远景。企业应该向老客户充分阐述自己发展的美好远景,使老客户认识到只有跟随企业才能够获得长期的利益。只有这样才能使客户与企业同甘苦、共患难,不会被短期的高额利润所迷惑而投奔竞争对手。某兽药厂的一位区域经理,面对市场上众多的竞争对手和其他厂家的高额返利,他没有盲从,而是与经销商进行了一番推心置腹的谈话:"很多厂家以高利润和高返利来吸引客户,但我们可以分析一下,差异化程度不大的产品,在成本相差不大的情况下,其高额利润从哪里来呢?'羊毛出在羊身上',厂家一定不会做亏本买卖的,一定是在产品的质量上打了折扣。我们的产品虽然价格高了点,但产品质量可以保证,而且我们生产的这种饲料还有一定的科技含量,企业发展潜力非常巨大,返利也可以顺利地返还到经销商的手中。你经营我们兽药厂的产品,

保证你会得到稳定的收益。"他这样做的结果使很多经销商放弃了眼前的利益，追求更为长远的打算，使企业赢得了一大批稳定的老客户。

4. 深入与客户进行沟通，防止出现误解

（1）将厂家的信息及时反映。企业应及时将经营战略与策略的变化信息传递给客户，便于客户工作的顺利开展；同时，把客户对企业产品、服务及其他方面的意见、建议收集起来，融入企业各项工作的改进之中。这样，一方面可以使老客户知晓企业的经营意图，另一方面可以有效调整企业的营销策略以适应顾客需求的变化。当然，这里的信息不仅包括企业的一些政策，如新制定的对客户的奖励政策、返利的变化、促销活动的开展、广告的发放等，而且还包括产品的相关信息，如新产品的开发、产品价格的变动信息等。

（2）加强对客户的了解

1）掌握客户的资料。很多销售人员跳槽会带走客户，最根本的原因就是企业对客户情况不了解，缺乏与客户的沟通和联系。企业只有详细地收集客户资料，建立客户档案进行归类管理，并适时把握客户需求，才能真正实现"控制"客户的目的。客户服务已成为市场竞争的焦点。企业还要确保客户的订货能正确、及时地得到满足，收集客户有关改进产品或服务方面的意见，并将其反馈到企业的各个部门。

2）引进新型的客户关系软件。市场上流行的客户关系管理系统给企业提供了了解客户和掌握客户资料的条件，主要是使用 IT 和互联网技术实现对客户的统一管理，建立客户档案，注明其名称、地址、资金实力、经营范围、信用情况、销售记录、库存情况等，做到对客户的情况了然于心，并为其提供完善的服务，才能留住客户。

（3）经常进行客户满意度的调查。一些研究表明，客户每四次购买中会有一次不满意，而只有5%的不满意客户会抱怨，大多数客户会少买或转向其他企业。所以，企业不能以抱怨水平来衡量客户满意度。企业通过定期调查，可以直接测定客户满意状况。在现有客户中随机抽取样本，向其发送问卷或打电话咨询，以了解客户对企业业绩各方面的印象。企业可以通过电话向最近的买主询问他们的满意度是多少，测试结果可以分为高度满意、一般满意、无意见、有些不满意和极不满意。在收集有关客户满意的信息时，询问一些其他问题以了解客户再购买的意图，这对企业将是十分有利的。一般而言，客户越满意，再购买的可能性就越大。衡量客户是否愿意向其他人推荐本企业及其产品也是很有用的，好的口碑意味着企业创造了高的客户满意。因此，了解了客户不满意所在才能更好地改进，赢得客户的满意，防止老客户的流失。

5. 优化客户关系

感情是维系客户关系的重要方式，日常的拜访、节日的真诚问候、婚庆喜事、过生日时的一句真诚祝福、一束鲜花，都会使客户深为感动。交易的结束并不意味着客户关系的结束，在售后还须与客户保持联系，以确保他们的满意持续下去。某服装商场老板平时十分注意收集客户的档案资料，客户家里的红白喜事、生日满月等，他都心中有数。到时间，一束鲜花、一盒蛋糕或是一件纪念品，便会准时送到，传达他浓浓的友情。每当逢年过节，该老板也总是放弃与家人团聚的机会，主动拜访客户、联络感情。他的这种靠情感做生意的做法，深得广大客户的好评。这样每年的客户都非常稳定，公司的销售业绩也逐年上升，增幅达10%。对那些以势相要挟的客户，企业一定要严肃对待，"杀一儆百"乃为上策。防范客户流失既是一门艺术，又是一门科学，它需要企业不断地去创造、传递和沟通优质的客户价值，这样才能最终获得、保持和增加客户，锻造企业的核心竞争力，使企业拥有立足市场的资本。

6. 调查原因，缓解不满

首先，企业要积极与流失客户联系，访问流失客户，诚恳地表示歉意，缓解他们的不满；其次，要了解流失的原因，弄清问题所在，并虚心听取流失客户的意见、看法及要求，让他们感受到企业的诚意和用心，给流失客户反映问题的机会。

7. "对症下药"，争取挽回

"对症下药"就是企业要根据客户流失的原因制定相应的对策，以挽回流失的客户。例如，针对价格敏感性客户的流失，应该在定价策略上采取参照竞争对手的定价策略，甚至略低于竞争对手的价格，这样流失的客户自然就会挽救回来。

企业要根据实际情况，参照流失客户的要求，提出解决的具体方案，并告诉他们正是基于他们的意见，企业已经对有关工作进行了整改，以避免类似的问题再次发生。如果流失客户仍然对整改方案不满意，可以询问他们的意见，向他们讨教，最后抓紧实施流失客户认可的解决方案。企业的诚意会给流失客户留下很好的印象，让他们觉得企业很重视他们提出的问题，是真心实意地解决问题。这样就可以打动客户，从而促使流失客户回头。

8. 总结流失教训，防患于未然

企业要对流失客户的产生以及客户挽留工作进行总结，总结经验和教训，警钟长鸣，防患于未然，防止客户流失现象再度发生，不断改进工作中的缺陷。例如，随着健康观念的增强，中国消费者认识到"洋快餐"易导致肥胖，在这种观点的影响下，肯德基的部分客户流失了。肯德基通过产品创新和推广活动，使品牌与健康和运动紧密结合，并且向"均衡营养、健康生活倡导者"转化，从而挽回了流失的客户。

本章小结

客户不再使用某项产品或服务，转换到其他替代产品或服务或者转换到不同的品牌，对原来使用的产品或服务而言，就是客户流失。

影响客户流失的因素与影响客户忠诚的因素是一样的，这些因素正面作用的结果就是客户忠诚，负面作用则导致客户流失。除了有由企业自身原因造成的之外，还有由客户自身原因造成的流失。

企业应当正确看待客户的流失：首先，客户流失会给企业带来很大的负面影响；其次，有些客户流失是不可避免的；最后，流失客户有被挽回的可能。

总之，在客户流失前，企业要防范客户的流失，极力维护客户忠诚；而当客户流失成为事实的时候，企业不应该坐视不管、轻易地放弃他们，而应当重视他们，积极对待，尽力争取挽回他们，尽快恢复与他们的关系，促进他们重新购买企业的产品或服务，与企业继续建立稳固的合作关系。

复习思考题

1. 客户关系破裂的原因有哪些？
2. 如何看待客户的流失？
3. 结合某一具体企业，谈谈客户挽回的具体措施。
4. 企业如何利用客户投诉来提升自身的服务水准？
5. 对不同级别客户关系的破裂，应该采取怎样的态度？
6. 怎样挽回流失的客户？

案例分析

联邦快递的客户关系管理体系

联邦快递的创始者费雷德·史密斯（Fred Smith）有一句名言："想称霸市场，首先要让客户的心跟着你走，然后让客户的腰包跟着你走。"由于竞争者很容易采用降价策略参与竞争，联邦快递认为，提高服务水平才是长久维持客户关系的关键。

1. 联邦快递的全球运送服务

电子商务的兴起，为快递业者提供了良好的机遇。在电子商务体系中，很多企业之间可通过网络的连接快速传递必要信息，但对一些企业来讲，运送实体的东西是一个难解决的问题。举例来讲，对于产品周期短、跌价风险高的计算机硬件产品，在接到客户的订单后，取得物料、组装、配送，以降低库存风险及掌握市场先机，是非常重要的课题。因此，对那些通过网络直销的企业来讲，如果借助联邦快递的及时配送服务来提升整体的运筹效率，可为规避经营风险做出贡献。有一些小企业，由于经费、人力的不足，往往不能建立自己的配送体系，这时就可以借助联邦快递。

要成为企业运送货物的管家，联邦快递需要与客户建立良好的互动与信息流通模式，让客户能掌握自己的货物配送流程与状态。在联邦快递，所有客户可借助其网站同步追踪货物状况，还可以免费下载实用软件，进入联邦快递协助建立的亚太经济合作组织关税资料库。它的线上交易软件 Business Link 可协助客户整合线上交易的所有环节，从订货到收款、开发票、库存管理一直到将货物交到收货人手中。这个软件能使无店铺零售企业以较低成本比较迅速地在网络上进行销售。另外，联邦快递特别强调，要与客户相配合，针对客户的特定需求，如公司大小、生产线地点、业务办公室地点、客户群科技化程度、公司未来目标等，一起制订配送方案。

联邦快递还有一些高附加值的服务，主要是以下几个方面：

（1）提供整合式维修运送服务。联邦快递提供货物的维修运送服务，如将已坏的计算机等电子产品，送修或送还所有者。

（2）扮演客户的零件或备料银行。承担零售商角色，提供诸如接受订单与客户服务处理、仓储服务等功能。

（3）协助客户简化并合并营销业务。帮助客户协调数个地点之间的产品组件运送流程。

在过去，这些作业是由客户自己设法将零件由制造商送到终端客户手中，而现在的快递业者可完全代劳。

综上所述，联邦快递的服务特点在于，协助客户节省了仓储费用，而且在交由联邦快递运送后，客户仍然能准确掌握货物的行踪，可利用联邦快递的系统来管理货物订单。

2. 联邦快递的客户服务信息系统

联邦快递的客户服务信息系统主要有两个：一个是一系列的自动运送软件，如 Power Ship、

FedEx Ship 和 FedEx Internet Ship；另一个是客户服务线上作业系统（Customer Operations Service Master Online System，COSMOS）。为了协助客户上网，联邦快递向客户提供了自动运送软件，有三个版本：DOS 版的 Power Ship、Windows 版的 FedEx Ship 和网络版的 FedEx Internet Ship。利用这套系统，客户可以方便地安排取货日程，追踪和确认运送路线，打印条码，建立并维护寄送清单，追踪寄送记录。而联邦快递则通过这套系统了解客户打算寄送的货物，预先得到的信息有助于运送流程的整合，货舱机位、航班的调派等。

COSMOS 这个系统可追溯到 20 世纪 60 年代。当时航空业所用的计算机定位系统备受瞩目，联邦快递受到启发，从 IBM、Avis 租车公司和美国航空等处组织了专家，成立了自动化研发小组，建起了 COSMOS。在 1980 年，该系统增加了主动跟踪、状态信息显示等重要功能。1997 年又推出了网络业务系统 Virtua Order。

联邦快递通过信息系统的运作，建立起全球的电子化服务网络，目前有 2/3 的货物量是通过自动运送软件进行的，主要利用其订单处理、包裹追踪、信息储存和账单寄送等功能。

3. 员工理念在客户关系中扮演的角色

良好的客户关系绝对不是单靠技术就能实现的，员工的主观能动性的重要性怎么强调也不过分。联邦快递在对员工进行管理以提供顾客满意度方面，具体方案有三个方面：

（1）建立呼叫中心，倾听客户的声音。联邦快递某分公司有 700 名员工，其中 80 人在呼叫中心工作，主要任务除了接听成千上万的电话外，还要主动打出电话与客户联系，收集客户信息。

呼叫中心的员工是绝大多数客户接触联邦快递的第一个媒介，因此他们的服务质量很重要。呼叫中心的员工要先经过一个月的课堂培训，然后接受两个月的操作训练，学习与客户打交道的技巧，考核合格后，才能正式接听客户来电。

另外，联邦快递分公司为了了解客户需求，有效控制呼叫中心服务质量，每月都会从每个接听电话员工负责的客户中抽取 5 人，打电话询问他们对服务品质的评价，了解其潜在需求和建议。

（2）提高第一线员工的素质。为了使与客户密切接触的业务员符合企业形象和服务要求，在招收新员工时，联邦快递会进行心理和性格测验。对新进员工的入门培训强调企业化的灌输，先接受两周的课堂训练，接下来是服务站的训练，然后让正式的业务员带半个月，最后才独立作业。

（3）运用奖励制度。联邦快递最主要的管理理念是，只有善待员工，才能让员工热爱工作，不仅做好自己的工作，而且主动提供服务。例如，联邦快递某分公司每年会向员工提供平均 2500 美元的经费，让员工学习自己感兴趣的新事物，如语言、信息技术、演讲等，只要对工作有益即可。

另外，在联邦快递，当公司利润达到预定指标后，会加发红利，这笔钱甚至可达到年薪的 10%。值得注意的是，为避免各区域主管的本位主义，各区域主管不参加这种分红。各层主管的分红以整个集团是否达到预定计划为根据，以增强他们的全局观念。

（资料来源：苏朝晖. 客户关系管理——客户关系的建立与维护 [M]. 3 版. 北京：清华大学出版社，2014.）

案例讨论题：

1. 在对员工进行管理以提高客户满意度方面，联邦快递采取了哪几种做法？
2. 从联邦快递的客户关系管理理念中，你有什么收获？

第 11 章

客户关系管理与企业文化和核心竞争力

本章学习重点

1. 了解客户关系管理与企业竞争力的关系
2. 了解如何通过客户关系管理打造企业核心竞争力的
3. 重点掌握客户关系管理是如何影响企业文化建设的

案例导入

两只红鞋

有位女士逛美国的一家百货公司的时候,在进口处看见有一堆鞋子,旁边的标价牌上写着:"超级特价,只付一折即可穿回家。"她拿起一双鞋子一看,原价70美元的一双充满光泽的红色皮鞋只要7美元,这简直让人不敢相信。她试了试觉得皮软质轻,外观也完美无瑕,真是乐不可支。她把鞋捧在胸前,赶快呼唤服务小姐。服务小姐微笑着走过来:"您好,您喜欢这双鞋?正好配您的红外套!"接着她伸出手说,"能不能再让我看一下。"女士把鞋交给服务小姐,不禁担心地问:"有什么问题吗?价钱不对吗?"那位服务小姐赶紧安慰说:"不,别担心,我只是要确认一下是不是这两只鞋。嗯,确实是!""什么叫两只鞋,明明是一双啊?"她迷惑不解地问。那位服务小姐诚实地说:"既然您这么中意,而且打算买了,我一定要把事情的真相告诉您。"服务小姐开始解释:"非常抱歉!我必须让您明白,它们真的不是一双鞋,而是皮质相同、尺寸一样、款式也相同的两只鞋。虽然颜色几乎一样,但还是有点色差,我们也不知道是否以前卖错了,或是顾客弄错了,剩下的左右两只正好凑成一双。我们不能欺骗顾客,免得您回去以后发现真相而后悔,责怪我们欺骗您。如果您现在知道了而放弃,还可以再选别的鞋子!"这真挚的一席话,哪有不让人心软的?何况,穿鞋走路,又不是让人蹲着仔细对比两边色泽。她心里越想越满意,除下定决心买那"两只鞋"外,不知不觉又买了"两双鞋"。时隔几年,那双鞋仍是她的最爱。当朋友夸赞那双鞋时,她总是不厌其烦地诉说那个动人的故事。唯一的"后遗症"是每次她到纽约时,总要抽空到那家百货公司买回几双鞋。

这个故事告诉我们:经营以诚信为本,留住顾客的心的方法就是以诚待人。

(资料来源:http://y.3edu.net/zlgs/23560.html.)

11.1 企业核心竞争力

企业竞争优势的根源到底在哪里？企业持续发展的竞争优势又是什么？这一系列问题成为企业理论和战略研究迫切需要回答的问题。在此背景下，核心竞争力理论于20世纪90年代在企业理论和战略管理领域异军突起。必须重新认识和分析企业的竞争能力，企业成败的关键在于是否拥有核心竞争力（Core Competence）。

11.1.1 什么是企业核心竞争力

"核心竞争力"的概念最早是由美国密歇根大学商学院的普拉哈拉德（C. K. Prahalad）教授和伦敦商学院的哈默尔（G. Hamel）教授于1990年发表在《哈佛商业评论》的论文《公司的核心竞争力》中提出，该文就"核心竞争力"作为竞争优势的源泉进行了精辟的论述和论证。所谓企业核心竞争力，是指支撑企业可持续性竞争优势的开发独特产品、发展特有技术和创造独特营销手段的能力，是企业在特定的经营环境中的竞争能力和竞争优势的合力，是企业多方面技能和企业运营机制（如技术系统、管理系统等）的有机融合。

企业核心竞争力可以详细表达为：企业长期形成的蕴含于企业内质中的、企业独具的支撑企业过去、现在和未来的竞争优势，并使企业能在长时间内在竞争环境中取得主动的核心能力。它不仅仅表现为拥有的关键技术、产品、设备或者企业的特有运行机制，更为重要的是体现为上述技能与机制之间的有机融合。企业核心竞争力的要素包括：核心技术能力、核心生产能力、战略决策能力、营销能力、组织协调能力以及企业文化和价值观等。其中，核心技术能力包含企业的研发（R&D）能力、产品和工艺的创新能力等，这构成了企业竞争力的中心，决定了企业能否最快、最优地将技术资源向技术优势转换；核心生产能力是企业核心竞争力赖以形成的基础；战略决策能力是企业对复杂多变的环境中的重要事件、机会、危机和威胁等做出正确反应以及规划未来的能力，它决定着核心资源的配置状况，关系着企业未来的兴盛衰亡；企业的营销能力和组织协调能力是企业核心竞争能力实现的重要保证；企业文化和价值观是企业核心竞争能力的形成与发展的重要条件。

企业核心竞争力是处在核心地位的、影响全局的竞争力，是一般竞争力，如产品竞争力、营销竞争力、研发竞争力、财务竞争力等的统领。从企业核心竞争力不同的表现形式，企业核心竞争力可分为三类：核心产品、核心技术和核心能力。它们之间关系密切——产品来自技术，技术来自能力。

普拉哈拉德教授指出，企业的核心竞争力、核心产品和最终产品之间既有区别，又有密不可分的联系。为了提高核心竞争力，一些企业最大限度地扩展其核心产品在世界市场上的份额，为各种客户生产核心产品，使企业获得加强核心竞争力和扩展步伐需要的收益。同样，为确保企业可持续性生存和发展，就必须有比其竞争对手更强的长期优化配置资源和能力。例如，日本本田汽车公司和佳能公司，本田的核心竞争力是其独特的发动机技术，这种技术推动本田公司研制开发出多种高功能、高效率、低耗能、低污染并具有不同规格、不同性能的发动机产品，这就是公司的核心产品。它必然使得公司生产出一系列在不同领域都具有高度竞争力的终极产品,包括本田轿车、本田跑车乃至本田割草机、本田发动机驱动的游艇等。佳能公司的核心竞争力则是高人一筹的光纤技术和微型电子技术。这种核心竞争力使得佳能公司生产制造出一系列在世界市场上具有高度竞争力的名牌核心产品和终级产品,包括传统照相机、打印机、复印机、电子计算器、电子游戏机等。

纵观当今世界上所有快速成长的跨国公司,无一不是具有独特核心竞争力的企业。它们拥有优良的生产制造过程、卓越的质量控制方法、提供优质服务的能力、开发新产品的创新能力、降低生产成本的业务流程等。伴随着经济全球化进程的加快和信息技术的飞速发展,企业面临着更加复杂、激烈的竞争环境,如何培育和提高企业的核心竞争力将成为企业发展的最关键问题。

11.1.2 如何界定企业核心竞争力

在激烈竞争的市场中,为什么有的企业能够长盛不衰,有的企业只能成功一时,而有的企业甚至连成功的机会都没有?这让人们无法简单地从企业所处的行业、体制结构、组织形式或者企业管理层和员工的努力程度等方面来回答这一问题。人们已经发现,一个企业所拥有的核心竞争力越强,就越容易建立和获得竞争优势,越难以被竞争对手超越,在市场上成功的概率就越大。强大的核心竞争力提供给企业进入多个市场的潜在途径,为企业带来丰厚的利润;核心竞争力能够优化企业的资源配置,使企业以节约竞争成本、使利润最大化成为最终目的,它也是竞争对手难以效仿的。核心竞争力一旦形成,就成为企业战略性资产,这种战略性资产能给企业带来可持续的竞争优势。

那么,企业的核心竞争力具备哪些特征?也就是说,应该如何界定企业的核心竞争力?

核心竞争力与一般企业优势相比,既具有其内在的特征,又有外在的特点。内在特征表现在以下几方面:

(1) 核心竞争力的建设,取决于企业管理者挖掘全体员工的潜力,并能够超越职能部门的狭隘利益局限,在全企业范围内广泛创新的工作力度和收效。

(2) 核心竞争力是企业"集体智慧"的结晶,是企业对不同生产技能、技术和体制整合后形成的一种综合能力。

(3) 核心竞争力是一种独特的、高人一筹的竞争优势。它具有持久的作用力和特有性质,不可轻易被竞争者效仿。

(4) 核心竞争力的培育取决和源自企业长期积累的经验、教训、理念和知识,是一个长期的过程,绝不是一蹴而就的。

(5) 核心竞争力不会随时间的推移而丧失价值。但是,核心竞争力的发展、延续、更新需要相应的机制保障和经营者的爱护培育。

同时,核心竞争力的外在特点可以概括为以下三方面:

(1) 客户价值优先性。富有战略价值的核心竞争力,首先要能够按客户愿意支付的价格为其提供根本性的好处或效用,即能为客户带来长期的关键利益,对客户最关注的价值有所贡献。这将不仅为企业创造长期的竞争主动权,也为企业创造超越同行业平均水平的超额利润。

（2）独创性。核心竞争力应该具有独特性，不易被人模仿。企业核心竞争力为企业独立拥有，是企业在发展过程中长期培育和积淀而成的，蕴含于企业文化，深深融合于企业内质之中，难以被其他企业模仿和替代。从这个意义上讲，企业所拥有的专利、专有技术等是核心竞争力的要素。而且，企业独创性的持久程度是由它赖以存在的基础所决定的，内化于整个企业组织体系中、建立在系统学习的经验积累之上的专长，比建立在个别专利、个别技术骨干或某个出色的管理者基础上的专长，具有更好的独创性。如果企业专长容易被竞争对手模仿、抄袭，它就很难给企业提供持久的竞争优势。

（3）延展性。拥有强大的核心竞争力，意味着企业在参与依赖核心竞争力的相关产品市场上拥有选择权。企业核心竞争力是一种基础性能力，是一个坚实的"平台"，是企业其他各种能力的统领，可以支持企业向更有生命力的新事业领域延伸和扩展。企业核心竞争力的延展性保证了企业多元化发展战略的成功。如果缺乏延伸和扩展功能，企业就不能获取领先地位，失去的不仅仅是一种产品市场，而是一系列的行业市场和商机。

核心竞争力所具有的这些特征，决定了它对企业长远发展超乎寻常的战略意义。首先，核心竞争力超越了具体的产品和服务层次，跨越了企业内部所有的职能部门和业务单元的限制，将企业之间的竞争直接升级为企业整体实力的对抗。其次，核心竞争力可以增强企业在相关行业和产品市场上的竞争地位，树立带有行业性质和水准的企业形象，其意义远远超过单一产品市场上的胜败，对企业的发展具有深远意义。最后，企业核心竞争力的建设，更多的是依靠经验和知识的积累，而不是某项重大发明导致的重大跃进，因此很难"压缩"或"突击完成"。一方面，核心竞争力是竞争对手难以模仿的，因而具有较强的持久性和进入壁垒；另一方面，建设核心竞争力的投资风险和周期，明确要求企业高层管理人员超越部门利益的局限，更多地从企业整体战略的角度考虑问题，从而及早把握未来市场的需求，及早投入企业核心竞争力的建设之中。

11.1.3　如何建设企业核心竞争力

可以说核心竞争力是企业的生命线，它是一个企业运行、发展的动力源。那么，企业将如何建设自己的核心竞争力？如何才能保持企业的核心竞争力？主要从以下几方面着手建设：

首先，企业的总体目标和远景规划要明确，并根据未来长期的发展战略进行卓越的创新设计。

建设企业核心竞争力的前提是企业必须明确自身的定位和未来的发展方向，并有切实可行的未来发展战略规划，这是核心竞争力赖以生存并发展的基础。一定程度上，企业的总体设计和远景规划突出地体现了企业或企业家的战略意图。战略意图是指企业超越现状能力而在长期内必须达到的某种必胜期望，是通过特定的发展战略形式，经长期的努力后可以达到的预期目标。一般企业家要发现某种技术或产业市场的新价值，他就会设想技术创新、产品创新及产业创新，其企业核心竞争力也就随之形成。无论是采取专业化还是多元化的战略，只要在行业或市场中发现独特的价值，通过可行的、经济的和创新的规划，都能打造出企业核心竞争力。

其次,构造企业的基本竞争优势,以打造核心竞争力要素为工作切入点。培育企业核心竞争能力是一项复杂而系统的工程,必须从对企业基本竞争优势的创建,以及对核心竞争力要素的打造作为工作的切入点。

(1) 培养核心技术能力。企业核心技术的储备水平是企业核心技术能力的基础。企业领导者首先要转变对科技进步的认识,高度重视企业核心技术培育,加大资金投入,充分调动研发人员的积极性和创造性,同时要积极引进人才。

(2) 培养核心生产能力和组织协调能力。传统的生产企业以管理人员为"金字塔"塔尖,业务操作人员为塔底。现代生产企业要求增加拥有知识和信息的专业技术人员,减少基层操作人员,要求企业组织结构扁平化,通过优化组织结构,改变分工合作和分配方式来提高员工的积极性、主动性和创新性,从而逐步向技术化、专业化和管理精细化、科学化迈进。这对提高产品质量和生产效率,提高企业的市场应变能力和竞争能力有重大的促进作用。

(3) 培养管理者的决策能力。企业战略决策是企业长远的全局性谋划。企业要在不断变化的市场环境中对可能发生的重要事件、机会和威胁、优势和劣势及时做出灵敏的反应,准确预测产业的动态变化趋势,才能把企业的核心技术转换成企业的竞争优势。这就要求企业努力提高领导者的素质,提高对信息资源重要性的认识,调动员工的积极性,参与市场信息的收集、分析,推动企业决策迈向民主化、科学化,从而保证战略能力适应新的市场竞争的需要。

(4) 培养营销能力。企业的营销战略对构建企业的核心竞争力有着重要意义。企业要切实转变营销观念,加快营销人才的引进和培训,建立起客户为中心、以客户需求为导向的营销机制,提高营销整体工作的效率和效果。

(5) 培养企业价值观和企业文化。作为无形资产,企业文化和企业价值观对企业核心竞争力的贡献越来越大,企业不仅要抓好技术体系的完善、管理体系的建设、信息体系的培育,还要抓好员工知识技能的提升,抓好企业文化建设和价值观念的培育。这些都是培育和提高企业核心竞争力的重要工作。

最后,构造科学、高效的管理运营机制,实现资源与机制有机融合。一个企业要将卓越的创意设计和战略规划顺利实现产业化、规模化,最主要的一点是要有一套科学、高效的管理运营机制作为保障。构建企业核心竞争力需要科学的管理机制、先进的运营机制和合理的业务机制,并且在决策管理和业务操作中必须遵循,规范并调动全体员工的创造力和积极性,才能使资源、技术与机制有机融合,形成核心竞争力。要通过企业的管理运营机制创造独特的企业价值链,实现企业各种相互分离但彼此相关业务职能的集合,让各种构成核心能力的关键能力配套化、程序化和企业化。

此外,企业还要注重实施先进的管理系统,利用信息系统和计算机系统,不断改进和完善其经营管理机制及效果。客户关系管理(CRM)、企业资源规划(ERP)和供应链管理(SCM)等系统的实施,可以实现企业对客户的完整定位和需求的满足。对市场和渠道的完整管理,对企业资源的整合应用,对企业供应链的合理设计和管理,都会促进企业经营管埋机制对核心竞争力创建的保障功能,从而对企业核心竞争力的建设产生非凡的作用。

总之,企业核心竞争力是企业赖以生存和发展的关键要素,其建立需要一个长期的过程。同时,要科学有效地管理企业核心竞争力。企业只有对自身内部构成核心竞争力的要素和竞争优势加强管理,才能确保其核心竞争力不被竞争对手模仿或超越。

11.2 如何通过客户关系管理打造企业核心竞争力

客户关系管理的出现,使企业真正能够全面观察其外部的客户资源,并使企业的管理全面走向信息化,从而促使企业全面关注其核心竞争力的打造。企业想在瞬息万变的市场环境中立于不败之地,就必须依托现代化的管理思想和管理手段,有效地对企业的内部资源和外部资源进行整合。以客户关系管理为代表的先进计算机管理系统在企业内外资源的整合中,不仅改变了企业的管理和运营模式,也直接影响到企业竞争能力。客户关系管理的出现体现了两个重要的管理趋势的转变。首先,企业从以产品为中心的模式向以客户为中心的模式的转移。这是有着深刻的时代背景的,随着各种现代生产管理和现代生产技术的发展,产品的差别越来越难以区分,产品同质化的趋势越来越明显,因此,通过产品差别来细分市场从而创造企业的竞争优势也就变得越来越困难。其次,客户关系管理的出现还表明了企业管理的视角从"内视型"向"外视型"的转换。众所周知,互联网的发展和在经济全球化、国际化的趋势下,企业之间几乎变成了面对面的竞争,企业仅依靠"内视型"的管理模难以适应激烈的竞争,因此,必须转换自己的视角"外向型"地整合自己的资源。正因如此,客户关系管理将促进企业建设自身核心竞争力的速度和深度。企业通过客户关系管理系统实施形成的统一的客户联系渠道和全面的客户服务能力,将同样成为企业核心竞争力的重要组成。企业细心了解客户的需求,专注于建立长期的客户关系,并通过在全机构范围内实施"以客户为中心"的战略,通过统一的客户联系渠道,为客户提供比竞争对手更好的服务……种种基于客户关系和客户服务的核心竞争力因素,都将在市场绩效中得到充分体现。优质的服务可以促使客户回头购买更多的产品或服务,企业的整个业务也将从每位客户未来不断的购买中获益。

11.3 客户关系管理与企业文化建设

11.3.1 企业文化及其特征

企业文化作为企业核心竞争力构成的要素之一,是指企业为解决生存和发展的问题而树立形成的,被组织成员认为有效而共享,并共同遵循的基本信念和认知,即企业成员共同的价值观念和行为规范。企业文化集中体现了一个企业经营管理的核心主张,以及由此产生的组织行为。讲通俗点,就是每一位员工都明白怎样做对企业是有利的,而且都自觉自愿地这样做,久而久之便形成了一种习惯;再经过一定时间的积淀,习惯成了自然,成了人们头脑里一种牢固的"观念",而这种"观念"一旦形成,又会反作用于(约束)大家的行为,逐渐以规章制度、道德公允的形式成为众人的"行为规范"。

企业文化特指企业在长期生产经营活动中确立的,被企业全体员工普遍认可和共同遵循的价值观念和行为规范的总称。

也有人认为,应该从以下几个方面认识企业文化:

(1) 企业文化是企业在解决生存和发展的问题的过程中形成的基本游戏规则,所以始终会以"解决问题"作为自己的宗旨。

(2) 企业文化是被大家认为有效的,而共享并共同遵循且自觉维护的。

(3) 企业文化是习得的。

(4) 企业文化是维系企业持续发展的。

(5) 企业文化集中反映了企业的关键价值。

广义上说,文化是人类社会历史实践过程中所创造的物质财富与精神财富的总和;狭义上说,文化是社会的意识形态以及与之相适应的组织机构与制度。而企业文化是企业内全体成员的意志、特性、习惯和科学文化水平等因素相互作用的结果,它与文教、科研、军事等组织的文化性质是不同的。企业文化依附于企业,随企业产生,随企业消亡而消亡。即使没有总结或提出外在表现形式,企业文化依然是存在的。

企业文化的内在本质内容与外在表现形式有很大的偏差。第一,外在表现形式通常表现为一句话或几个词,不是内在本质内容的全部;第二,企业文化中实际存在的糟粕是肯定不会出现在外在表现形式中的;第三,外在表现形式通常比较稳定,不会频繁更改,企业文化的本质内容却因各种因素的时刻变化而处在时刻变化之中。

企业文化在与员工的相互作用中处于主要地位。一个人被一家企业录用而成为这家企业的新员工,这个时候的企业文化代表的是大多数老员工相互作用的结果,一个人与一个整体的相互作用,其结果自然是新员工被同化。至于小概率事件,不具有普遍代表性,不说也罢。

总之,企业文化是企业的灵魂,是推动企业发展的不竭动力。它包含着非常丰富的内容,其核心是企业的精神和价值观。这里的价值观不是泛指企业管理中的各种文化现象,而是企业或企业中的员工在从事商品生产与经营中所持有的价值观念,是一个由核心层、中间层和外围层构成的多层次的生态系统,根据内容大致可以分为理念层、制度层、行为层、物质层。企业文化的各个层面是和谐统一、相互渗透的。在现代管理学里,这是一种通过一系列活动主动塑造的文化形态,当这种文化被建立起来后,会成为塑造内部员工行为和关系的规范,是企业内部所有人共同遵循的价值观,对维系企业成员的统一性和凝聚力起很大的作用。这种新型管理理论得到了现代企业的广泛重视。

11.3.2 企业文化的主要功能

企业文化作为推动企业发展的原动力之一,其功能就是企业文化的"性能"与作用,它分为内功能和外功能两种。内功能是指企业文化在其文化共同体内部的文化功能;外功能是指企业文化对外部环境的作用与功能,诸如企业文化对人类文化的影响,对社会各阶层、各种角色的影响，对其他集团文化的示范与冲击。显然，内功能是企业文化的基本功能、主要功能，外功能是企业文化的派生功能、辅助功能。

当然，随着企业文化共同体的全球性的迅速发展及其实力、作用的与日俱增，企业文化的外功能越发重要，其研究和探讨价值也越大。但鉴于企业管理的实用性，本书只介绍企业文化的内功能。

1. 导向功能

企业文化作为广大员工共同的价值观、追求，必须对员工具有强烈的感召力，这种感召力就能把企业员工引导到企业目标上来。这种功能往往在企业文化形成的初期就已存在，并长期地引导员工始终不渝地为实现企业的目标而努力。

2. 规范（约束）功能

企业文化是无形的、非正式的、非强制性和不成文的行为准则，对员工有规范和约束作用。在一个特定的文化氛围中，人们由于合乎特定准则的行为受到承认和赞扬而获得心理上的平衡与满足；反之，则会产生失落感和挫折感。因此，作为组织的一员，往往会自觉地服从那些根据全体成员根本利益而确定的行为准则，产生"从众"行为。这就是企业文化规范（约束）功能的依据所在。

3. 凝聚功能

美国学者丹尼尔·卡兹（Daniel Katz）和罗伯特·卡恩（Robert L. Kahn）认为，在社会系统中，将个体凝聚起来的主要是一种心理力量，而非生物的力量。社会系统的基础，是人类的态度、知觉、信念、动机、习惯及期望等。

企业文化正是以大量微妙的方式来沟通企业内部人们的思想，使企业成员在统一的思想指导下，产生对企业目标、准则、观念的"认同感"和作为企业一员的"使命感"；同时，在企业氛围的作用下，企业成员通过自身的感受，产生对本职工作的"自豪感"和对企业的"归属感"。"认同感""使命感""自豪感""归属感"的形成，将使员工在潜意识中形成一种对企业强烈的向心力。

4. 激励功能

所谓激励，就是通过外部刺激，使个体产生一种情绪高昂、发奋进取的效应。研究激励理论的学者发现，最主要的激励因素是被激励对象觉得自己确实干得不错，至于用绝对标准去衡量他们是否真干得不错，那倒无关紧要。

5. 辐射功能

企业文化还会对企业外部环境产生辐射的作用，通过各种渠道对社会产生影响。

6. 稳定功能

企业文化能为企业的长期稳定发展提供保障，文化观念对企业发展的稳定作用甚至高于企业家的管理能力。

在"人人受到重视、个个受到尊重"价值观指导下的文化氛围中，每个成员所做出的贡献都会受到青睐，得到领导的赞赏和集体的褒奖。结果是，在这种环境中，任何一个心理健全的成员都会感到满意，受到鼓舞，同时为了进一步发挥个人才能而瞄准下一个目标，并以旺盛的斗志开始新的行动。这就是所谓"没有什么比成功更能导致成功的了"。

企业文化功能具有两重性，这可以从两个角度看：

（1）健全、优秀的企业文化传统对企业文化共同体的成长具有积极的作用，不良和病态的企业文化传统对企业文化共同体的发展起阻碍和破坏作用。

（2）常态的企业文化，其功能也可能有两面性：开拓创新型文化有可能稳健不足，稳重求实型文化有可能进取、冒险不够；固守创业文化传统，在企业进入稳定发展时有可能酿成灾变，墨守守成文化传统，企业文化很快就会转变为守业以致败业文化。

文化功能的两重性充分表明了文化的相对性。企业文化传统的优良性是有时间、条件和地点限制的，不存在永恒的完美无缺的企业文化。因此，在企业文化工程、文化管理、文化革新以至革命方面，都必须充分顾及企业文化功能的两重性和文化的相对性。

11.3.3 企业文化对客户关系管理实施的影响

随着市场竞争的加剧，越来越多的企业开始重视对客户的开发，对客户进行细分，并注重客户关系管理的实施。但是，并不是所有企业都形成了符合自己企业特色、组织文化并真正有助于企业的客户关系管理。一个企业的文化传统对企业的整体经营有着十分重大的影响，在客户关系管理的实施中，企业文化这一因素有着不可小觑的影响力。在"产品中心"向"客户中心"转变的时候，往往最烦琐的是企业文化的改变。技术的变革可能需要半年或一年的时间，而文化的变革可能需要1~3年的时间。来自全球实施客户关系管理的实践经验告诉人们，企业文化的变革是实施客户关系管理成败的关键因素。对中国的绝大多数企业来讲，提升企业的客户关系管理能力，绝不是仅仅买一套客户关系管理软件就行了，文化的配套变革才是重中之重。

成功发挥客户关系管理的功效需要能够将客户关系管理文化融入企业运作的方方面面。企业只有实现了销售、营销和服务文化的转变，才能真正实现客户关系管理的价值，才能从根本上实现从以生产为中心转向以客户需求为中心，从单纯的售后服务转为全面的售前、售中、售后服务；更重要的是，可以实现销售团队最大限度的协作，通过让销售团队共享统一的客户信息来发挥团队合作的巨大威力。以客户为中心，以及由此而衍生的重视客户利益、关注客户个性需求、面向感情消费的经营思路等企业文化特征，是经改造后以适应新经济时代要求的新型企业文化的重要特征。

1. 重视以客户资源为主的企业外部资源的利用能力

传统企业企业文化的突出表现是企业管理的着眼点在内部资源管理，即企业管理后台部分。而对于直接面对以客户为主的外部资源的前台部分，缺乏相应管理。客户关系管理作为一个专门管理企业前台的管理思想和管理技术，为企业提供了一个利用各种方式收集和分析客户资源的系统，也提供了一种全新的商业战略思维。它可以帮助企业充分利用以客户为主的外部商业关系资源，扩展新的市场和业务渠道，提高客户的满意度和企业的盈利能力。客户关系管理要求企业将市场营销、生产研发、技术支持、财务金融、内部管理这五个经营要素全部围绕着以客户资源为主的企业外部资源来展开。

2. 客户满意是企业获利的基础与前提

企业在以前的市场竞争中，往往会形成一种以企业自身利益最大化为唯一目的的企业文化。这种企业文化因为能够有效地使企业的各项资源围绕企业如何获取更多利润而展开，在很长一段时间内为企业的发展带来了帮助。在"以盈利为唯一目标"的思想指导下，许多企业为获利而自觉不自觉地损害客户利益，客户对供应商或品牌的忠诚普遍偏低从而导致老客户不断流失，自然企业的利益也因此受损。相反，重视客户利益，让客户满意以提高客户对企业的忠诚度，不仅可以低成本地从老客户身上获取利益，而且可以因客户推介而提升新增客户销售额。

3. 关注客户的个性化需求

资料表明，越来越多的消费者在选择商品时，将能否满足自身的个性化需求当作首要前提。全球经济一体化使商品能够在全世界范围内自由流动，卖方市场的膨胀使消费者对商品的选择有了极大余地，"个性化"和"多元化"的价值观念及消费需求，促使消费者在选择商品时将个性化需求提升到了前所未有的高度。著名的戴尔公司之所以能够在群雄纷争的IT市场上脱颖而出，非常重要的一点就是建立了一套能够快捷地满足客户个性化需求的企业文化体系。

4. 面向感性消费的经营思路

随着社会财富的不断积累，人们的消费观念已经从最初的追求物美价廉的理性消费时代过渡到感性消费时代。感性消费时代最突出的一个特点就是，消费者在消费时更多的是在追求一种心灵的满足。在感性消费时代，产品本身已经摆在次要位置，消费者可以很方便地找到许多在价格、品质、外形等方面相似的产品，而最终决定消费者取舍的因素，很有可能是消费者对企业的感情。感情是难以具体量化的东西，但它确实能为企业争取客户。而企业文化本身是影响企业能否有效地建立与客户之间的良好感情的关键因素，企业通过媒介、合作伙伴、员工等渠道传达给客户的感觉，会影响客户的选择。麦当劳迎合感性消费的做法很值得借鉴。客户在享受麦当劳的美味快餐的同时，更多的是在麦当劳的氛围里得到心灵的满足和快乐。

11.3.4　客户关系管理如何改进企业文化

客户关系管理是运用现代信息技术挖掘和积累客户信息，有针对性地为客户提供有价值的产品和服务，发展和管理企业与客户之间伦理、情感或利益上的关系，培养客户长期的忠诚度，以实现客户价值最大化和企业收益最大化之间的平衡。

虽然本着相同的目的，但是每个企业的客户关系管理的具体方式与方法都不尽相同。而每个企业采取何种客户关系管理模式都会受到企业最基本的文化与愿景的引导，除了满足联系客户、开发客户、营销产品、内部协调这些最基本的功能之外，同时还服务于企业创业之初的愿景与目标。而不同的企业文化是否决定了核心不同的客户关系管理？符合企业目标与文化的优秀客户关系管理又能对企业产生什么样的影响呢？

企业实施客户关系管理将切实改变企业文化。企业将由于客户关系管理系统的实施，重新整合各种信息资源，并使缺少合作的销售、市场营销和服务人员等围绕"满足客户需求"这一中心，开始协调和合作，企业管理流程和机制将发生巨大的变化。这一切都会促使企业文化改进和优化，使企业的发展进入良性循环。

客户关系管理对企业文化的改进具体来说有以下方面：

1. "以客户为中心"的企业战略

真正贯彻了客户关系管理理念的企业，一定也实现了从以生产为中心转向以客户为中心，从销售产品为目的转向以满足客户需求为目的，为其提供整体解决方案。企业高度重视客户关系和客户需求，只有在客户关系管理环境下才得到了理念上、制度上和操作上的全面保障，"以客户为中心"的商业模式也只有通过客户关系管理系统才能得到真正实现。

2. 追求超越、不断前进的企业精神。

客户关系管理系统将全面优化企业的资源配置，提升其核心竞争力，从而空前增强了企业发展的实力和信心，企业将在实力的基础上不断前进和超越，树立不断向上、永不停息的企业精神。

3. 重视整合和集成的团队合作意识。

客户关系管理系统对于企业资源和组织机构、业务流程的整合和集成是全面的，这将要求并促使企业从各部门的多头作战转向团队整体式的协作，从而提高企业的团队合作意识。

4. 保障效率和整体收益的业务状态。

客户关系管理系统将通过优化企业组织体系和业务流程，借助先进的技术工具和系统设备提高企业的运营效率，并追求企业整体效益的动态最大化，这将促使企业全体员工树立高度的效率观念和整体的效益观念。

5. 以人为本、用先进的制度促进发展的管理思维。

企业实施客户关系管理系统将突出管理者和员工的能动性、积极性和创造性，利用先进的科学技术、管理工具和管理机制提高企业的经营管理水平，从而最大化综合效益。

6. 培根植元、整体推进的发展理念

企业实施客户关系管理强调了从基本的企业资源入手，从基础的组织架构和业务流程优化入手，提高企业自身发展的基础条件和核心竞争力，从整体上推进企业的发展，以核心竞争力的提升带动企业长期、稳定、快速发展。

总之，企业文化与客户关系管理是相辅相成的，企业文化决定了客户关系管理，反过来客户关系管理反哺于企业文化的发展和优化。

本章小结

本章共三部分内容，分别阐述了企业竞争力和企业核心竞争力的概念、客户关系管理打造企业核心竞争力及客户关系管理与企业文化建设的问题。通过学习，学生应对企业核心竞争力的要素、企业核心竞争力的打造有较深的理解。

从客户关系管理在企业资源整合中，改变企业的管理模式，提高市场竞争力和企业收益能力，打造企业的战略决策能力和总体规划能力，保证企业核心竞争力的持续提高，以及创建基于互联网的管理应用框架五个方面阐述了客户关系管理打造企业核心竞争力的问题。

客户关系管理将保证企业不断根据市场竞争情况，调整战略，建立产品或技术竞争优势，培养长期、稳定的客户关系，赢得佳绩。

因此，企业只有通过全面的改革，推进客户关系管理实施应用，才能具备在互联网经济和电子商务环境下应对变化、不断创新、进取超越的核心竞争力。

复习思考题

1. 通过本章的学习，谈谈你对核心竞争力的理解。企业将如何打造核心竞争力？
2. 如何利用客户关系管理更好地打造企业核心竞争力？
3. 如何理解企业文化的概念及其特征？
4. 企业文化的功能主要有哪些？企业应该如何加强其内部的文化建设？
5. 客户关系管理在企业文化建设中的作用有哪些？

案例分析

成就上海大众的客户关系管理战略及其实施

随着越来越多的国际品牌开始进入中国市场，上海大众公司在国外市场所面临的竞争开始延续到中国国内。一方面，不断推向市场的新车及其理念直接与大众的产品线产生冲突；另一方面，国际水准的营销手段也开始给大众的营销体系带来挑战。

面对激烈的竞争，上海大众公司于2001年开始筹划实施客户关系管理，并于2002年年初正式实施。在几年内，上海大众公司的客户关系管理取得了良好的效果。2004年，上海大众公司客户关系管理战略获得了"中国最佳客户关系管理实施方案"的美誉。2007年首季，上海大众公司销量超过了10万辆，实现了"开门红"；4月，其销量也一举突破4万辆。在这些漂亮的销售数字背后，客户关系管理实在功不可没。上海大众公司是怎样成功实施客户关系管理的呢？

1. 连接品牌形象与客户体验

上海大众公司认为，传统的市场营销强调品牌宣传，侧重于品牌知名度和美誉度，把品牌作为一种战略资产，从客户那里发现品牌的独特性，进而同响应群体进行广泛的沟通。但这种沟通并没有对客户的反应和行为进行相应的综合分析，没有形成闭环，而只是半圆。客户体验管理，是把客户作为一种战略资产，从客户的行为中发现客户的独特性，从而创造与客户密切相关的体验。但单纯的行为体验并没有与品牌形成互动，因而也只是半圆。将品牌形象与客户体验相连接，通过跟踪客户行为和交易记录，分析客户行为与企业活动的相关性，进而指导和调整品牌宣传与品牌形象的塑造，并通过品牌传播和活动策划，进而引导客户的品牌体验，最终形成良性的品牌客户关系，实现闭环。

上海大众公司的客户关系管理战略正是基于这一闭环的营销理念。它通过各个接触点与目标客户群进行沟通，建立品牌知名度，激发购买意愿。同时，在各个接触点建立信息反馈机制，了解客户意向，收集客户信息，并根据客户在购买过程中所处的不同阶段提供相应的产品和市场信息，开展相应的市场活动，进而有针对性地进行沟通和销售服务。所有的客户信息都反馈到同一个数据库中，每一个客户都有唯一的客户终生档案。随着沟通的逐渐深入，所收集到的客户信息也更为详尽，经过汇总分析，数据挖掘，进而形成对市场、产品、客户需求及营销活动和销售体系的深刻认识，从而为上海大众公司的产品规划和市场策略提供指导。因此，品牌想象与客户体验联系起来，建立品牌关系，管理客户的生命周期，用知识指导营销实践，是上海大众公司客户关系管理战略得以成功实施的关键之一。

上海大众的客户关系管理项目,从针对的目标群体来说包括以下两类:

(1) 车辆的最终用户。从车辆的拥有情况划分,包括车辆的潜在购买者和现有车主;从车主性质划分,包括私人用户和政府、公司。

(2) 上海大众的经销商。所有上海大众的车辆在生产出来之后,都不是直接交到最终用户手中,而必须通过经销商的销售网络。从这个角度来说,经销商是上海大众第一层面的客户。

2. 整合客户关系管理的沟通渠道

上海大众公司为客户关系管理战略的实施构建了多种沟通渠道并加以整合。该公司的沟通渠道主要由以下三部分组成:

(1) 客户开发中心。上海大众公司在2002年年初开通了800-820-1111免费服务热线,对潜在客户和客户关于产品、服务和市场活动等的询问提供实时解答,对经销商与维修站的投诉进行记录,并将结果及时反馈给客户和潜在客户。在回答询问和处理投诉的过程中,充分发掘有购买意向的潜在客户,进一步记录他们的详细信息,针对他们有兴趣的车型提供详细的介绍和讲解。在得到潜在客户关于进一步沟通许可的基础上,根据客户的购买时间和购买意向进行进一步的沟通和跟进。

同时,客户开发中心还肩负着呼出电话验证、更新客户信息、电话调研、邮寄产品资料和市场活动参与等功能。到目前为止,上海大众客户开发中心共有70个座席,全天候接受客户的咨询。

(2) 经销商广域网。经销商广域网是上海大众公司与经销商进行全方位沟通的平台和工具,它是一个基于互联网的安全网站。通过经销商广域网,经销商可以每天获得由上海大众公司开发和维系的潜在客户信息,交给自己的销售人员进行销售跟进。同时,经销商需要在7天内将潜在客户的状态及时反馈给上海大众公司,以便上海大众公司可以根据情况进行不同的沟通,促成销售。一旦销售得以实现,经销商也有义务把客户信息及车辆信息及时反馈到上海大众公司的客户关系管理数据库中。除此以外,经销商广域网还存在着一个突出的功能——在线培训,提供最详尽的产品信息,与竞争对手车型的对比,以及销售技巧等培训信息,帮助经销商了解产品,同时进行销售人员的内部培训。上海大众公司各个车型的市场活动、最新的广告宣传以及最新的销售政策等,都可以在经销商广域网上进行查询并下载。经销商甚至可以通过这个平台进行售点宣传材料和礼品的在线订购。同时,上海大众公司还要求经销商跟踪反馈每天展厅人流数量和电话问询数量,以便对各地区的媒体投放效果进行跟踪和评估。

(3) 消费者网站。消费者网站主要包括两类,分别是针对潜在客户的网站和针对现有车主的网站。

1) 针对潜在客户的网站。上海大众公司针对每一款车型制作了一个官方网站,让有购买意向的客户可以很方便地查询产品信息,了解产品功能,下载产品图片。上海大众公司还充分利用网络媒体的互动性,在每一个网站上制作了一个精美的互动产品广告手册。潜在客户可以自己动手虚拟操作并尝试上海大众汽车的各种先进性能,充分感受和体验每个车型所带来的驾驶乐趣,从而激发更为强烈的购买意愿。在此基础上,网站还会邀请消费者在线登记个人信息和购买意向,以便于客户开发中心的进一步沟通,从而逐步把有兴趣的普通消费者培育成潜在客户。

2) 针对现有车主的网站。它是车主俱乐部和忠诚度计划的一个互动渠道。利用车主俱乐部网站,现有车主可以更新自己的联系方式,便捷地查询与自己所购车型相关的全部信息,推荐朋友购车,也可以查询自己当前的俱乐部积分,享受积分换礼。同时,上海大众公司还与大众的所有车载物品供应商取得联系。作为大众忠诚度计划的合作伙伴之一，车主可以在这个网站享受在线购买原配车载物品的乐趣。此外，车主还可以了解最新的俱乐部活动和售后服务优惠等信息，全方位地帮助上海大众车主呵护他们的爱车，营造车主大家庭。

3. 潜在客户的销售转化

潜在客户销售转化的过程如图11-1所示，每个阶段有如下详细介绍。

图11-1　潜在客户销售转化的过程

（1）潜在客户获取。潜在客户获取的渠道主要包括：

1）800销售咨询热线。上海大众公司所有对外的宣传广告，包括电视广告、平面广告、户外广告、产品折页、车展等，都会在显著位置展示一个电话号码：800-820-1111。这就是上海大众公司的销售热线。

2）网站。所有车型的官方网站上都有一个体现各自品牌个性的潜在客户登记表，有兴趣的潜在客户可以留下自己的联系方式、购车意向等信息，提交后会有电话营销人员进行信息确认。

3）现有客户推荐。现有客户的口碑是最有效的宣传手段之一。上海大众公司充分认识到这一点，除了制订忠诚度计划维系这一全国最大的客户群之外，还制定了有效的激励计划，鼓励老车主的推荐。目前，有11%的新的潜在客户是通过这一渠道产生的。

（2）潜在客户信息验证。为保证数据库中客户信息的准确性，在建立客户终生档案之前，所有的信息都通过了电话营销人员的验证，尤其是对通过产品网站上潜在客户登记表中产生的潜在客户。验证过程还能带来的好处是：通过与电话营销人员的交流与沟通，潜在客户对自己的需求和满足自己需求的车型有了更清晰的认识；而电话营销人员也会有机会加速潜在客户做出购买决定或者进行升级销售。

（3）潜在客户培育。潜在客户信息通过验证，被确认为是合格潜在客户后，就进入了培育过程，培育的目的是保持潜在客户对上海大众产品的兴趣和购买意向。在整个购买决策中，上海大众公司提供必要的信息支持和产品体验，最大限度地实现销售，将潜在客户转变成真正的客户。

为此，上海大众设计了一个沟通模型。根据潜在客户购车的迫切程度和购车过程中所处的不同阶段，模型预设的系统程序会自动激发相应的沟通任务，利用客户倾向的沟通渠道，验证客户对上海大众车辆的购买意向，同时根据当时的实际情况，提供产品折页、《车辆导购手册》和《试乘试驾指导手册》等资料，帮助客户对车辆性能、购车手续、车辆选购有更深入的了解，从而为客户的购车决策提供不同力度的协助和支持。

（4）销售转化。把潜在客户的信息在第一时间通过经销商广域网发送给相应的经销商进行登记并且提供第一次信息反馈。信息反馈让上海大众在把潜在客户分配到全国各地的经销商之后，仍然能够了解潜在客户的状态，同时监控经销商的工作表现。对于最终放弃上海大众产品的潜在客户，上海大众公司会进行一个潜在客户的"客户流失调查"，了解流失原因，为以后的工作改进提供依据；对于成功销售的潜在客户，一扇美妙的忠诚度计划大门将为他们打开。

4. 现有客户忠诚度计划

针对现有车主的忠诚度计划，目的在于维系车主对上海大众品牌的认同感和自豪感。通过身体力行上海大众公司所提倡的生活方式,深入感受上海大众的品牌,将这种良好的品牌体验延续到下一辆车的购买决策中,并且将这种品牌体验传播到周围的人群中去,形成正面的口碑效应。

上海大众选取了帕萨特车主作为试点,建立了帕萨特贵宾俱乐部。

针对帕萨特车主,上海大众设计了一系列适合这一人群的贵宾待遇和市场沟通活动,让帕萨特的品牌渗入车主的日常生活中,成为其中的一部分。

首先,针对现有车主,以个性化直邮的方式介绍帕萨特车主俱乐部的利益点以及今后的活动。同时,邀请帕萨特车主参加这个俱乐部。接着,每个有意向参加俱乐部的帕萨特车主会收到一个欢迎礼包,礼包中包含一封以上海大众公司名义发出的致谢信、一张已经刻有车主姓名和身份证号码的贵宾卡、一本贵宾俱乐部手册和一套精美的《自驾车中国旅游指引手册》。

俱乐部成员可以享有以下服务:携程卡金卡会员待遇、高档杂志订购服务、享受全国18家高级高尔夫球场的预订服务和优惠价格、由上海大众公司主办的专门针对车主生活方式的《季风》杂志免费赠阅。

同时,上海大众公司还专门针对帕萨特车主举办帕萨特高尔夫精英赛,让他们共聚一堂,在纵情挥杆之时,尽情分享拥有帕萨特所带来的乐趣与满足。帕萨特车主可以同时邀请两名好友参加,把这种分享的乐趣带给周围的朋友,这极大地提升了客户的忠诚度。

在车主们享受着俱乐部的各种便利以及参加各种活动的同时,与车主的沟通也在时刻进行着。上海大众公司专门设计了一个针对现有车主的沟通模型,包括:针对车主个人的生日祝福和新年问候;通过整合售后服务的信息,对尚未进行售后首保的客户进行7500km免费保养的提醒,对已进行首保的客户进行15000km的保养提醒;针对购车超过三年的客户,考虑到其可能换车的需求,及时介绍上海大众公司推出的新产品。

经过几年的精心经营打造,上海大众公司的客户关系管理无论在深度还是广度上都有了实质性进展,不仅在市场上赢得了消费者的信赖,而且得到了行业的认可。相信在未来的企业发展中,客户关系管理仍将占据战略主导地位。

(资料来源:白晓晴.CRM管理策略的优势与实施要点剖析[J].大众商务,2010(14).)

案例讨论题:

1. 上海大众公司是如何打造其企业文化的?客户关系管理战略具有哪些特点?
2. 上海大众公司秉承的企业文化体现了客户关系管理的哪些经营理念?

参 考 文 献

[1] 梁娟. 营销的市场细分与定位——美国西南航空公司经营策略个案分析 [J]. 市场周刊财经论坛, 2004 (4).

[2] 沈宇, 叶春明, 周涛. 企业战略与战术的关系——基于美国西南航空公司的实证分析 [J]. 山东理工大学学报（社会科学版）, 2005 (3).

[3] 江林. 客户关系管理 [M]. 北京: 首都经济贸易大学出版社, 2005.

[4] 苏朝晖. 客户关系管理——客户关系的建立与维护 [M]. 2版. 北京: 清华大学出版社, 2010.

[5] 李海芹. 客户关系管理 [M]. 北京: 北京大学出版社, 2013.

[6] 李志宏, 王学东. 客户关系管理 [M]. 广州: 华南理工大学出版社, 2004.

[7] 干霖, 卢泰. 关系营销 [M]. 北京: 中国纺织出版社, 2003.

[8] 丁秋林, 力士奇. 客户关系管理 [M]. 北京: 清华大学出版社, 2002.

[9] 李小圣. 如何进行客户关系管理 [M]. 北京: 北京大学出版社, 2004.

[10] 易明, 邓卫华. 客户关系管理 [M]. 武汉: 华中科技大学出版社, 2008.

[11] 邬金涛. 客户关系管理 [M]. 武汉: 武汉大学出版社, 2008.

[12] 王云峰, 步磊, 赵钊, 等. 大众化定制与管理变革 [M]. 北京: 电子工业出版社, 2009.

[13] 唐缨璋, 孙黎. 一对一营销: 客户关系管理的核心战略 [M]. 北京: 中国经济出版社, 2004.

[14] 周运锦, 黄桂红. 营销法眼: 顾客关系管理 [M]. 广州: 广东经济出版社, 2001.

[15] 宝利嘉顾问公司. 客户关系管理解决方案 [M]. 北京: 中国经济出版社, 2002.

[16] 罗杰·卡特怀特. 掌握顾客关系 [M]. 涂欣, 等译. 桂林: 广西师范大学出版社, 2001.

[17] 施志君. 电子客户关系管理与实训 [M]. 北京: 化学工业出版社, 2009.

[18] Alex Berson, Stephen Smith, Kurt Thearling. 构建面向 CRM 的数据挖掘应用 [M]. 贺奇, 郑岩, 等译. 北京: 人民邮电出版社, 2001.

[19] 菲利普·科特勒. 市场营销 [M]. 余利君, 译. 北京: 华夏出版社, 2003.

[20] 韩小芸, 申文果. 客户关系管理 [M]. 天津: 南开大学出版社, 2009.

[21] 何荣勤. CRM 原理·设计·实践 [M]. 2版. 北京: 电子工业出版社, 2006.

[22] 李先国, 曹献存. 客户服务实务 [M]. 北京: 清华大学出版社, 2006.

[23] 邵兵家, 于同奎, 等. 客户关系管理——理论与实践 [M]. 北京: 清华大学出版社, 2004.

[24] 孙宗虎, 李聪巍. 客户关系管理流程设计与工作标准 [M]. 北京: 人民邮电出版社, 2007.

[25] 马刚, 李洪心, 杨兴凯. 客户关系管理 [M]. 大连: 东北财经大学出版社, 2008.

[26] 彭志忠, 李蕴. 客户关系管理——理论、实务与系统应用 [M]. 济南: 山东大学出版社, 2005.

[27] 杨路明, 等. 客户关系管理理论与实务 [M]. 2版. 北京: 电子工业出版社, 2009.

[28] 王永贵. 客户关系管理 [M]. 北京: 清华大学出版社, 北京交通大学出版社, 2007.

[29] 余力, 吴丽花. 客户关系管理 [M]. 北京: 中国人民大学出版社, 2009.

[30] 姚国章. 电子商务与企业管理 [M]. 北京: 北京大学出版社, 2002.

[31] 张慧芹. 面向大规模定制的客户互动管理研究 [D]. 南京: 东南大学, 2009.

[32] 汤兵勇. 客户关系管理 [M]. 2版. 北京: 高等教育出版社, 2008.

[33] 王广宇. 客户关系管理方法论 [M]. 北京: 清华大学出版社, 2007.

[34] 李志刚. 客户关系管理理论与应用 [M]. 北京: 机械工业出版社, 2006.

[35] 保罗·格林伯格. 实时的客户关系管理 [M]. 王敏, 译. 北京: 机械工业出版社, 2002.
[36] 管政, 魏冠明. 中国企业 CRM 实施 [M]. 北京: 人民邮电出版社, 2003.
[37] 肯·博内特. 核心客户关系管理 [M]. 刘瑞红, 译. 北京: 机械工业出版社, 2001.
[38] 郝雨风. 卓越绩效的客户经营 [M]. 北京: 中国经济出版社, 2008.
[39] 帕特里夏·韦林顿. 客户管理改善策略: 制定与实施有效的客户管理方案 [M]. 何润宇, 译. 北京: 经济管理出版社, 2003.
[40] 王素芬, 汤兵勇. 客户终生价值分析 [J]. 东华大学学报（社会科学版）, 2002 (2).
[41] 弗雷德里克·莱希赫尔德. 忠诚的价值: 增长、利润与持久价值背后的力量 [M]. 常玉田, 译. 北京: 华夏出版社, 2001.
[42] 弗雷德里克·纽厄尔. 网络时代的顾客关系管理 [M]. 李安方, 等译. 北京: 华夏出版社, 2001.
[43] 杰姆 G 巴诺斯. 客户关系管理成功奥秘——感知客户 [M]. 刘祥亚, 等译. 北京: 机械工业出版社, 2002.
[44] 陈军, 贺军辉. 小企业如何"治服"大经销商 [J]. 知识经济, 2002 (9).
[45] 罗纳德 S 史威福特. 客户关系管理: 加速利润和优势提升 [M]. 杨东龙, 等译. 北京: 中国经济出版社, 2004.
[46] Jiawei Han, Micheline kamber, Jian Pei. 数据挖掘——概念与技术 [M]. 范明, 孟小峰, 等译. 北京: 机械工业出版社, 2007.
[47] 林建宗. 客户关系管理 [M]. 北京: 清华大学出版社, 2011.
[48] 乌尔瓦希·毛卡尔, 等. 客户关系管理 [M]. 马宝龙, 姚卿, 译. 北京: 中国人民大学出版社, 2014.
[49] 张丽萍. 一家洋超市的精细思维 [J]. 现代营销（经营版）, 2007 (6).
[50] 于恬, 胡启亮. 连锁经营管理原理 [M]. 北京: 科学出版社, 2008.
[51] 陆新之. 王石管理日志 [M]. 北京: 中信出版社, 2009.
[52] 子秋. 本土客户关系管理案例精解——金牌客服系列 [M]. 广州: 广东经济出版社, 2005.
[53] 白晓晴. CRM 管理策略的优势与实施要点剖析 [J]. 大众商务, 2010 (14).
[54] 邓学军, 张勇, 曾国勇. 透视大客户服务营销 [J]. 中国邮政, 2003 (5).
[55] 郑宝建. 胡萝卜汁 [J]. 中国城市金融, 2004 (5).
[56] 奈杰尔·希, 吉姆·亚历山大. 客户满意度和忠诚度测评手册 [M]. 廉奇志, 唐晓辉, 译. 北京: 机械工业出版社, 2004.
[57] 郑一群. 服务的秘密: 客户满意度提升指南 [M]. 北京: 中国长安出版社, 2013.
[58] 吴宏晖. 客户忠诚的秘密 [M]. 北京: 北京大学出版社, 2012.
[59] 赵溪. 客户服务导论与呼叫中心实务 [M]. 北京: 清华大学出版社, 2009.
[60] 周洁如. 客户关系管理经典案例及精解 [M]. 上海: 上海交通大学出版社, 2011.
[61] 李农, 袁全超. 银行客户服务中心规划与建设 [M]. 北京: 电子工业出版社, 2005.
[62] 苏朝晖. 客户关系管理——客户关系的建立与维护 [M]. 3 版. 北京: 清华大学出版社, 2014.
[63] 何柳, 方晟. 安利的营销策略分析 [J]. 科协论坛, 2007 (5).